AF345136

ŒUVRES

COMPLÈTES

D'ANTOINE-RAPHAËL MENGS,

PREMIER PEINTRE DU ROI D'ESPAGNE.

TOME SECOND.

ŒUVRES

COMPLÈTES

D'ANTOINE-RAPHAËL MENGS,

PREMIER PEINTRE DU ROI D'ESPAGNE, &c.

Contenant différens Traités sur la théorie de la Peinture.

Traduit de l'Italien.

Urit enim fulgore suo, qui prægravat artes
Infra se positas : extinctus amabitur idem.

HORAT.

TOME SECOND.

A PARIS,

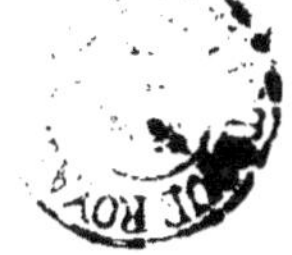

A L'HÔTEL DE THOU, RUE DES POITEVINS.

M. DCC. LXXXVI.

AVEC APPROBATION ET PRIVILÉGE DU ROI.

LETTRE
DE M. MENGS

A M. FABRONI,

Provéditeur - Général de l'Université de Pise.

LETTRE
DE M. MENGS
A M. FABRONI,

*Provéditeur - Général de l'Univerſité de Piſe *.*

JE vous demande mille pardons de n'avoir pas répondu
tout de ſuite à votre agréable lettre ; j'en ai été em-

---

* Ceci eſt une réponſe à une lettre de M. Fabroni, précepteur
des enfans du grand-duc de Toſcane, & connu très-avantageuſement
dans la république des Lettres en Italie.

Ce prélat avoit fait une deſcription du fameux groupe de Niobé
que le grand-duc, qui aime beaucoup les arts, fit tranſporter, il
y a quelques années de Rome à Florence. M. Fabroni, qui ſavoit
de quel prix étoit le conſeil de M. Mengs ſur cette matière, lui
fit paſſer ſa diſſertation, en le priant de lui en dire ſon ſentiment. La ſanté de M. Mengs étoit déjà ſi mauvaiſe dans ce tems-là,
qu'on craignoit à chaque moment pour ſa vie ; cependant il

pêché par une fanté très-foible & une extinction totale
de voix qui ne m'a pas permis de dicter mes penfées.
D'ailleurs, la tâche que vous m'impofez, de dire mon
fentiment fur la differtation que vous m'avez fait paffer,
auroit, dans tous les tems, été au-deffus de mes forces ;
mais elle l'eft fur-tout dans ce moment, où je ne me
fens pas en état de la moindre application. Cependant le
defir de vous obéir, m'a fait vaincre toutes ces difficultés ;
& je vais fatisfaire à votre demande, en vous priant
d'avance de vouloir bien recevoir avec bonté mes réflexions, quelques peu fatisfaifantes qu'elles pourront vous
paroître.

J'ai relu plufieurs fois la differtation fur le groupe de
Niobé, & il me femble y avoir reconnu que votre intention a été de publier une defcription auffi favante
qu'élégante de cet ouvrage, & d'en former une efpèce
de panégyrique, en portant chaque partie de l'art au
plus haut degré de beauté, afin de donner à cette magnifique production toute la gloire qu'elle mérite. Sous
ce point de vue, je ne puis qu'admirer votre docte differtation, où j'ai trouvé tout ce que j'aurois pu defirer
fur ce fujet, & même davantage, à quelques petites
chofes près, qui, pour ainfi dire, font indifférentes,

---

dicta la lettre que nous donnons ici avec les notes qui l'accompagnent, lefquelles ont pour objet différens articles de la differtation de M. Fabroni, qui a été publiée depuis, & dont l'auteur a
fagement profité des avis de M. Mengs.

& que j'ai notées fur la feuille ci-jointe, avec des chiffres
de renvoi à la marge de votre ouvrage.

Je fuis perfuadé que la méthode que vous avez adoptée
dans votre differtation, eft celle qu'il faudroit fuivre en
parlant des chofes qui font dans la poffeffion de grands
princes, & que le public admire ; puifqu'en les expofant
d'une autre manière, on ne feroit approuvé ni de l'un,
ni de l'autre parti ; la critique ne devenant utile que
lorfque le tems y a mis fon fceau, & quand le chagrin qu'elle caufe néceffairement eft affoibli, & permet
enfin à tout le monde de reconnoître la vérité.

La grande inégalité de perfection qui règne entre les
figures qui compofent le groupe de Niobé, ne peut avoir
échappé à vos lumières, non plus que l'incorrection de
plufieurs de ces figures ; vous n'ignorez pas d'ailleurs
qu'un grand nombre d'autres ftatues antiques font bien
fupérieures en beauté à celles-ci. Il y a au Vatican une
Vénus affez médiocre & d'un ftyle qui approche du
lourd, mais dont la tête eft fort belle, égale même à
celle de Niobé ; cependant cette tête eft bien celle de
cette ftatue de Vénus, dont elle n'a jamais été féparée.
Cette ftatue eft certainement la copie d'une autre beaucoup meilleure ; & dans le palais du roi à Madrid, on
conferve une tête parfaitement femblable à celle du Vatican, mais infiniment plus belle, de forte même qu'il
n'y a, pour ainfi dire, aucune comparaifon entre l'une
& l'autre. Je penfe qu'il en eft de même du groupe de
Niobé, dont les ftatues nous paroiffent fort belles, parce
que nous n'avons plus celles qui étoient plus parfaites

encore ; car je fuis perfuadé que vous ne regardez point ce groupe comme la production de très-grands artiftes, & que vous le tenez plutôt pour de bonnes copies faites d'après de meilleurs originaux, par différens artiftes plus ou moins habiles, qui peut-être même y ont ajouté les figures qui nous paroiffent fi médiocres. On doit remarquer auffi qu'elles avoient été en partie refaites dans le tems du bas-empire, & que depuis, les modernes les ont enfin totalement dégradées en voulant les reftaurer. Les recherches qu'on fera donc pour favoir fi tel ouvrage eft de Scopas ou de Praxitèle pourront faire le fujet d'une belle differtation ; mais je crains que la vue des ftatues ne les rendent inutiles, outre qu'il eft bien difficile que nous puiffions actuellement diftinguer ce qu'on ne pouvoit déjà plus déterminer du tems de Pline ; ce qui nous prouve que la différence de ftyle devoit être prefque imperceptible à l'œil.

Je vous prie néanmoins de ne pas croire que je méprife les monumens des anciens en général, ou qu'en particulier je n'eftime pas celui dont il eft ici queftion ; bien au contraire, j'en admire plufieurs autres qui lui font de beaucoup inférieurs ; mais je fais dans les parties de l'art une diftinction entre la bonté du ftyle & la perfection de l'ouvrage. Le premier nous fait connoître les règles & les principes d'après lefquels les anciens artiftes opéroient ; mais la perfection dépend du plus ou moins de talent de ces artiftes, à qui elle étoit particulière. Relativement à la première partie, j'admire prefque tous les monumens de l'antiquité, à l'exception feulement de

ceux du tems où la trop grande ignorance des artiftes
ne leur permit pas de laiſſer, dans leurs ouvrages, aucune trace de la manière des grands maîtres de l'art. Mais
lorfque je confidère les productions des anciens, qu'on
a le plus loués même, du côté de la perfection, je ne les
trouve pas tous également dignes des grandes louanges
qui leur ont été prodiguées par tant d'hommes illuftres,
ainfi que nous l'apprennent quelques écrivains ; ce qui
me fait douter que nous poſſédions les ouvrages originaux des plus célèbres artiftes de l'antiquité ; m'en rap-
portant plutôt fur cet article à la vérité de l'hiftoire
qu'au témoignage de ces productions même. Et lors
même que celles que nous poſſédons me paroiſſent ne pouvoir être furpaſſées, j'aime mieux m'accufer d'ignorance
que de combattre la raifon, qui me dit que ces ouvrages
ne font pas les véritables productions originales des grands
maîtres.

Il n'eft pas probable qu'on ait laiſſé à Rome les plus
beaux monumens de l'art, dans les tems qu'on en a
enlevé le plus grand nombre de ftatues. Tous les noms
que nous lifons fur les marbres antiques, font inconnus
dans l'hiftoire ; outre que plufieurs ont été falfifiés par
les modernes, & peut-être même inventés par eux, tel,
par exemple, que celui de Glicon. Phédre * nous apprend
que de fon tems on mettoit encore des noms pfeudonymes fur les ftatues ; & tel eft peut-être celui de Lyfippe
que porte l'Hercule du palais Pitti. Mais que dirons-nous

* Préface du L. V.

en admirant le fublime Apollon du Belvedere , fait de marbre d'Italie , ainfi que plufieurs autres excellentes ftatues dont parle Pline ** , en faifant mention de la découverte faite de fon tems du marbre blanc des carrières de Lunes ? Qui eft-ce qui oferoit affurer que le fuperbe groupe de Laocoon eft celui dont Pline fait l'éloge ? Et quand cela feroit , fait-on s'il n'a pas été fait du règne de Titus , & fi ce n'eft pas là la raifon pourquoi cet hiftorien en parle avec tant d'enthoufiafme ? D'autant plus qu'il eft fait de cinq différens blocs de marbre , & qu'il y a une trop frappante incorrection dans la ftatue du fils aîné *.

Vous me direz , fans doute , comment devoient donc être ces ouvrages admirables ? Je vous avoue que cette réflexion nous humilie , nous qui ne connoiffons pas affez le talent fublime des Grecs pour en parler dignement ; & il me femble , à vous dire le vrai , qu'il feroit très-utile à l'avancement des arts qui tiennent au deffin, qu'on étudiât & qu'on admirât davantage les monumens qui nous reftent des anciens , pour nous former une jufte idée de ce que devoient être ceux que nous avons perdus. Mais il arrive tout le contraire : on regarde comme les plus excellentes productions des anciens celles que nous

---

** L. XXXVI, ch. 5.

* Il eft fans doute queftion ici de la jambe droite de cette ftatue , qui eft plus courte que l'autre. Voyez ce qui eft dit à la page 43 des Mémoires fur la vie de M. Mengs. *Note du Traducteur.*

avons

avons fous les yeux , & les artiftes modernes en pro-
fitent pour excufer leur propre ignorance , en alléguant
qu'il fe trouve des défauts dans ces chefs-d'œuvre de
l'antiquité ; comme en effet il peut s'en rencontrer dans
les ouvrages les plus fublimes , parce que l'imperfection
eft inféparable de l'humanité.

Il me paffe mille idées à ce fujet dans la tête ; mais
je ne veux pas abufer ici de votre complaifance , & je
crains d'ailleurs de ne pouvoir pas m'exprimer avec affez
de clarté pour me faire comprendre. Je finis donc en vous
affurant de mon refpect , & fuis , &c.

---

1. Ce feroit un malheur pour les arts fi leur perfection
dépendoit d'une liberté qui ne peut avoir lieu de notre
tems : cette idée décourageroit également les princes qui
les protégent , & les artiftes qui les cultivent.

2. Il me femble que les peintres & les fculpteurs de la
première époque de l'art n'ont pas cherché la grace , mais
qu'ils ont feulement voulu atteindre à une imitation de
la nature ; qu'enfuite ils ont connu le beau , qui exclut
déjà toute dureté de ftyle ; & par le petit nombre de
peintures qui nous reftent d'eux , on peut voir que leur
ftyle étoit plus fuave , leur clair-obfcur mieux fondu ,
& leurs contours plus fimples & plus coulans que ceux
des peintres modernes ; de même qu'ils mettoient plus
d'élégance & de grandiofité dans leurs ouvrages de fculpture.

Tome II. B

3. Je ne comprends pas comment il se peut qu'on dise que la grace est austère, ces deux qualités étant diamétralement opposées l'une à l'autre.

4. Je crois que Praxitele & Apelle ne changèrent pas tant les formes que la manière, en rendant les formes de la beauté par un faire plus facile.

5. Je ne puis comprendre qu'il y ait plus d'une espèce de grace dans les arts. Les dessins de Raphaël, de Léonard de Vinci & d'André del Sarte sont beaux, de même que ceux du Guide & de l'Albane; ceux du Corrége sont gracieux, & ceux du Parmesan sont maniérés, & péchent contre la justesse des proportions.

6. Le bord tranchant des sourcils n'est pas un caractère de style dans les anciens ouvrages de l'art; mais il y sert plutôt pour marquer la couleur des sourcils, lesquels, s'ils sont noirs, donnent un caractère de sévérité; & dans ce cas on doit exprimer d'une manière fort sensible l'angle du sourcil. Et, en effet, on remarque que dans toutes les têtes de Jupiter le sourcil est très-aigu, & qu'au contraire le trait en est adouci dans les divinités qui ont une chevelure blonde. Si cela eût tenu au style, on retrouveroit ce même caractère angulaire dans la bouche, dans le nez & dans les autres parties, ainsi qu'on le remarque dans quelques monumens Etrusques, ou des plus anciens tems des Grecs.

7. Le bon Winckelmann étoit quelquefois un peu vifionnaire, défaut excufable dans les antiquaires. J'ai actuellement fous les yeux la tête de plâtre dont il parle. Je n'y vois point une différence remarquable dans les fourcils ; & Pline n'a jamais dit qu'il y a eu deux Niobé , l'une de Scopas , l'autre de Praxitele.

8. Il me femble que la différence des formes entre la mère & fes filles , confifte davantage dans le plus ou le moins de grace , que dans le caractère même des formes.

9. Si l'on veut qu'il règne une douce harmonie dans ces figures , on en détruira le ftyle auftère. L'auftère n'eft propre qu'au ftyle fublime , ou tout au plus au noble ; mais il ne peut pas fe trouver dans le ftyle fuave , ni dans le gracieux.

10. Les feins de Niobé font affez fournis , quoiqu'ils aient un peu perdu de leur élévation , ainfi que cela eft ordinaire aux femmes d'un certain âge.

11. Il me paroît que cette figure ne repréfente pas un moribond , mais un homme déjà mort ; & la poitrine , felon moi, n'eft pas fort gonflée par les mufcles , mais la ftructure en eft feulement d'un jeune homme accoutumé aux exercices du corps , comme on en voit dans la nature, quoiqu'à la vérité en petit nombre ; d'ailleurs cette conftruction dépend plus des os du torax que des

mufcles. Je ne puis croire que les Grecs aient voulu augmenter l'apparence des mufcles ; il me femble feulement qu'ils faifoient choix dans la nature de ce qui convenoit le mieux à l'idée du fujet qu'ils vouloient repréfenter ; car leur fyftême n'étoit point de changer ou d'altérer en aucune manière la vérité ; mais ils tâchoient de choifir ce que la nature offre de plus beau , & d'en fimplifier les formes Le Laocoon nous repréfente un vieillard vigoureux , plein de fanté , fur qui le poifon agit avec violence , & rien de plus ; mais le Torfe n'eft que la vérité même.

12. Je crois que fi vous vous donnez la peine de relire avec attention le paffage de Plutarque , vous ne le condamnerez plus ; car il ne femble pas qu'il ait voulu dire que les peintres négligeoient les autres parties , mais qu'il ne fait qu'une comparaifon au peintre qui , en faifant le portrait d'une perfonne , s'applique à bien rendre les yeux & les autres parties du vifage dans lefquelles réfide , pour ainfi dire , l'ame , en ne donnant pas le même foin aux autres parties ; mais cela ne doit s'entendre que de la reffemblance avec tel ou tel individu ; car il ne s'agit ici que d'un portrait , fur lequel roule la comparaifon. Véritablement, nous voyons des ftatues antiques avec des têtes faites d'après nature , dont les corps font de la proportion la plus élégante , & dont il n'exifte peut-être point de modèle dans la nature : Alexandre , peint par Apelle en Jupiter tonnant , avoit la tête d'Alexandre même , mais le refte de la figure étoit purement idéal.

13. Suivant ce que j'ai pu obferver aux têtes antiques, les yeux en font moins longs qu'aux bonnes têtes modernes ; mais leur grandiofité confifte dans la forme, dans la coupe, & dans l'emboîture même de l'œil, felon les proportions de la beauté.

14. Quoique les os de l'orbite de l'œil doivent être longs & grands, cette doctrine feroit néanmoins dangereufe à enfeigner ; car les anciens ont fait, au contraire, l'os de la joue peu faillante, pour ne pas trop élargir la face, ou lui donner une forme triangulaire.

15. Le terme de *raccourci* appartient à la peinture, & n'a pas lieu dans la fculpture, fi ce n'eft qu'on veuille parler du raccourciffement des mufcles quand ils font en contraction, & de l'effet qui réfulte d'un membre replié fur lui-même.

16. On pourroit demander un peu d'indulgence pour les modernes ; parce qu'il n'eft pas néceffaire de les blâmer pour faire l'éloge des anciens, auxquels on pourroit dire, à la rigueur, que quelques modernes font fupérieurs.

17. Il me femble qu'on fait grand tort à Léonard de Vinci, à Michel-Ange, à Raphaël, à André del Sarte, au Titien, au Corrége, à Paul Véronèfe, & à un grand nombre d'autres, quand on attribue la renaiffance de la

peinture aux Caraches , & cela feulement , peut-être ,
pour faire honneur au groupe de Niobé ; tandis que le
profil de la femme qu'on voit par le dos , dans le tableau de la Transfiguration , & celui d'une autre près
du Démoniaque , ainfi que de plufieurs autres figures de
Raphaël , reffemblent plus à la Niobé que les têtes du
Guide même.

FRAGMENT

D'UNE SECONDE RÉPONSE

DE M. MENGS

A M. FABRONI.

FRAGMENT

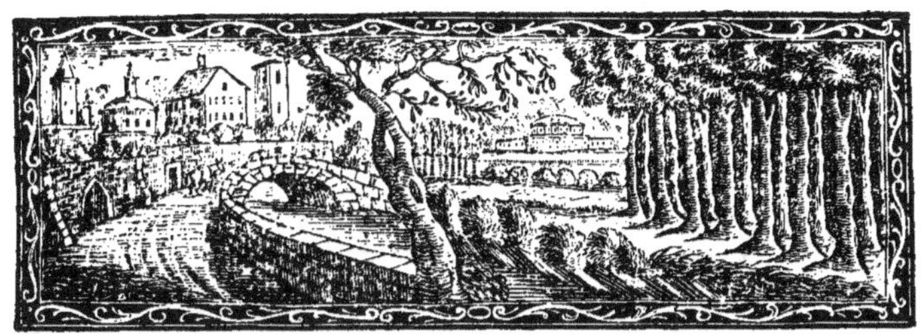

FRAGMENT

D'UNE SECONDE RÉPONSE

DE M. MENGS

A M. FABRONI.*

J'AI reçu la differtation que vous avez faite fur le groupe de la famille de Niobé, avec la gravure qui y eft relative, & la lettre dont vous avez bien voulu m'honorer. J'ai lu avec empreffement cette differtation,

---

* La précédente lettre eft celle que M. Mengs envoya à M. Fabroni. J'ai de plus trouvé dans les papiers de ce peintre philofophe le fragment d'une autre réponfe à laquelle il croyoit, fans doute, donner plus d'étendue, & qui eft celle que je publie ici. J'ai cru ne point devoir en priver le public, parce qu'elle contient quelques réflexions utiles; & que tout ce qui vient d'un homme auffi extraordinaire doit être précieux.

dans laquelle j'ai admiré & la finesse de vos idées ,
& votre pénétration dans les plus grands secrets de l'art ;
ce qui m'auroit déterminé à vous répondre sur-le-champ ,
sans me livrer à de nouvelles réflexions , si je n'avois
pas considéré que vous m'imposez la tâche d'examiner
vos pensées avec le plus grand soin , & de vous dire mon
sentiment avec franchise : demande à laquelle je ne puis
me refuser d'obéir.

Je commencerai par vous dire , que je ne mets point en
doute ce que vous avancez dans votre ouvrage , qui
me paroît très-bien écrit ; d'autant plus que vous expo-
sez votre sujet avec une chaleur & une énergie qui
donnent un grand air de vérité à ce que vous dites.

Je suppose que vous avez fait examiner par des ex-
perts si les statues du groupe de Niobé sont faites de
marbre de Grèce ou d'Italie ; car dans le cas qu'elles
soient de cette dernière espèce , la question si elles sont
un ouvrage de Scopas ou de Praxitelle , tombe de
lui - même , puisqu'elles ne peuvent être alors , ni de
l'un , ni de l'autre de ces artistes. Je vous avoue d'ailleurs que ces deux artistes me semblent si respectables ,
si grands & si excellens , que je ne puis m'imaginer que
nous ayons quelque production de leurs ciseaux , parmi
toutes celles qui nous restent des Grecs. Il me paroît
aussi , par ce que dit Pline , que la différence du style
de ces deux grands maîtres ne devoit pas être fort con-
sidérable ; puisque du tems de cet écrivain même on avoit
déjà beaucoup de peine à distinguer l'un de l'autre.

Permettez-moi de faire quelques réflexions sur le doute
où je suis , que nous possédons les plus beaux ouvrages

de l'antiquité. Perfonne n'ignore que Rome fut fpoliée plufieurs fois de fes plus magnifiques monumens pour en embellir Conftantinople ; & que les ftatues qui y ref- toient encore du tems de Théodofe furent détruites par l'ordre de cet empereur , & de quelques-uns de fes fuc- ceffeurs ; d'où l'on peut conclure que celles qui échap- pèrent à cette barbarie n'étoient pas fort renommées , ou fe trouvoient placées dans des lieux inconnus ou peu fréquentés , & devoient par conféquent être de peu de prix.

Si l'excellence d'un ouvrage peut fervir à nous per- fuader qu'il eft d'un grand maître , c'eft fans doute celle du Gladiateur Borghèfe , d'Agafias * ; mais ce nom ne fe trouve cité par aucun des auteurs anciens qui parlent des plus célèbres artiftes. On peut dire la même chofe du Torfe du Belvédere. Le nom de Glicon qu'on voit fur l'Hercule Farnefe , fait foupçonner que cela cache quel- qu'impofture , puifqu'il n'eft fait mention d'aucun fculp- teur fameux qui ait porté ce nom ; & que d'ailleurs il y a dans le palais Pitti un autre Hercule , qui reffemble à ce premier , avec le nom de Lyfippe ; ce qui a fait croire que ces deux ouvrages font du nombre de ceux auxquels , fuivant Phédre ** , les anciens ont donné des noms pfeudonymes. Si l'Hercule Farnèfe étoit vérita- blement un ouvrage de Glicon , celui qui l'a copié pour

---

* Leffing , dans fon *Laocoon* , *p.* 284---288 , prétend , avec beaucoup de vraifemblance , que cette ftatue repréfente Cabrias , général Athénien. Si cela eft , cette ftatue appartient alors à la fe- conde époque de l'art. *Note du Traducteur.*

** Préface du Liv. V.

faire celui du palais Pitti , y auroit mis le même nom , afin de le faire mieux paſſer pour l'original. En ſuppoſant ce dernier une copie de l'autre , à cauſe de la grande reſſemblance , & parce qu'il a été fait poſtérieurement au premier , il me ſemble toujours que ce n'eſt là qu'une ſtatue de l'empereur Commode. Ajoutons encore à cela que ni Fulvius Urſinus , ni Flaminius Vacca , qui ont parlé de l'Hercule Farnèſe , ne font aucune mention de l'inſcription ; tandis que le dernier parle de celle de l'Hercule du palais Pitti. Remarquons auſſi que la manière dont ſont ſculptées les caractères de ces inſcriptions n'eſt certainement pas celle dont ſe ſervoient les Grecs du bon tems de l'art.

Mais que dirons-nous des plus belles ſtatues antiques qui nous reſtent , telle que celle de l'Apollon Pythien du Belvedere ? La regarderons-nous comme un de ces ouvrages qui ont immortaliſé leurs auteurs ? Si la beauté de ſon exécution nous fait croire qu'elle doit être placée dans cette claſſe , il faut remarquer cependant qu'elle eſt de marbre de Carrara ou de Seravezza ; & ſi l'on prétendoit qu'elle a été exécutée en Italie par quelque grand artiſte Grec , je pourrai objecter que Pline dit expreſſément que les carrières de Lunes ou de Carrara venoient d'être nouvellement découvertes de ſon tems * ; de ſorte qu'il eſt probable que cette ſtatue fût faite du tems de Néron , & placée à Nettuno , où elle a été trouvée. Il eſt à croire auſſi que ſon auteur n'a pas eu autant de talent que les autres ſtatuaires employés par cet empereur à ſes édifices de Rome , où devoient néceſſairement ſe

----

* L. XXXVI , ch. 5.

faire les plus belles chofes par les plus habiles artiftes.

Mais ce qui pourroit nous jeter ici dans le plus grand doute, c'eft le merveilleux groupe de Laocoon, le plus beau monument qui nous foit refté de l'art des anciens, & qui eft exécuté d'une manière fi fublime en marbre Grec, qu'on ne peut mettre en queftion le talent fupérieur de l'artifte. Pline, qui a fait un éloge magnifique de cet ouvrage, dit, que c'étoit la plus belle production de l'art qu'il connut. Mais on pourroit demander fi Pline étoit un juge compétent, d'autant plus qu'il admire fur-tout les ferpens qu'il appelle des dragons, & que cette admiration des accefloires ne prouve pas une grande intelligence ; puifque dans ce cas ils nuifent aux chofes principales. On pourroit d'ailleurs mettre en doute fi le groupe de Laocoon que nous poflédons eft bien le même dont parle Pline, qui nous apprend qu'il étoit fait d'un feul bloc de marbre ; tandis que celui que nous connoiffons eft de cinq morceaux. Les anciens écrivains ne parlent point d'Agefandre comme d'un excellent fculpteur ; & comme il eft vraifemblable que le groupe de Laocoon n'eft pas le feul ouvrage qu'il a fait, il eft à croire que les éloges que Pline lui prodigue, étoient dictés par d'autres caufes que la beauté de ce groupe même, telles que fon amitié pour l'artifte, fa complaifance pour l'empereur Titus, à qui peut-être ce monument plaifoit beaucoup, ou bien l'impreffion qu'avoient faite fur fon efprit les ferpens, qui font la feule partie qu'il loue, tandis que cet ouvrage offre tant d'autres merveilles qui méritent d'être admirées. Telle eft entr'autres la manière de travailler le marbre avec le cifeau feul, fans faire ufage de la lime , de la pierre-ponce , ou de quelqu'autre poliffoir ; ce qui fe voit fur-tout dans les chairs ; manière d'opérer qui fe retrouve dans plufieurs autres beaux ouvrages , comme , entr'autres , dans la Vénus de Médicis. Toutes les ftatues exécutées dans cette manière font moins finies dans les petites parties , & on y remarque un certain goût qui ne fe trouve dans les productions de l'art , que lorfqu'on en a vaincu toutes les difficultés , c'eft-à-dire , lorfque les artiftes font parvenus à cette négligence & à cette facilité qui , loin de diminuer le plaifir du fpectateur , l'augmente au contraire. Ce ftyle cependant ne peut pas s'être introduit du tems des meilleurs artiftes ; parce que pour parvenir à pofer certaines règles , il faut avant tout commencer ftérilement par le plus néceffaire , pour enfuite , à mefure qu'on acquiert des lumières , exprimer les parties les plus effentielles des chofes , & atteindre enfin au plus beau & au plus utile , ce qui conduit à la perfection , laquelle confifte dans une exécution uniforme de toutes les parties & dans leur régularité ; d'où réfulte un tout propre à nous faire comprendre le fujet que l'artifte a repréfenté. En fuivant cette marche , & en cherchant toujours les chofes dont l'exécution eft la plus facile , ainfi que cela eft ordinaire à l'homme , il eft naturel que , trouvant beaucoup de difficulté à unir enfemble toutes les parties de l'art ; favoir , l'imitation parfaite de la nature avec le choix le plus délicat & l'ordre le mieux raifonné , on abandonna ce qui demande le plus de talent, c'eft-à-dire , ce qui tient à une imitation exacte de la vérité ; & l'on fe forma des règles de pratique d'après les ouvrages les plus fameux , qu'on chercha à copier au lieu d'imiter la nature. Voilà ce qui forma ce ftyle gracieux , qui donne une idée de la perfection de l'art , de même que l'autre préfentoit une idée de la vérité. De cette dernière efpèce font , felon moi , tous les ouvrages travaillés avec le cifeau feul.

Ce qui me fait encore croire que cette manière de travailler le marbre n'étoit pas celle des artiftes de la première claffe , c'est que dans le tems qu'on étudia le plus à les imiter, favoir , du règne d'Adrien , on opéroit d'une manière bien différente, c'eft-à-dire , fort recherchée & très-finie, comme on le voit à l'Hercule du palais Pitti ; manière que l'auteur de cette copie a cherché à imiter, pour la faire recevoir comme une production du fameux auteur de l'original. Il eft bien plus facile d'imiter le ftyle que les raifons & le talent des grands maîtres ; & c'eft ainfi que les artiftes auront infenfiblement négligé ces parties, à compter depuis l'époque que la Grèce fut vaincue & opprimée. Cette idée femble confirmer auffi la perfuafion où je fuis , que nous ne poffédons pas les plus excellentes productions de l'antiquité , ou du moins que nous n'en avons tout au plus que des copies. Mais pour ne pas trop vous ennuyer , je pafferai fous filence plufieurs autres réflexions que je pourrois ajouter à celles que je viens de mettre fous vos yeux.

Vous m'accuferez , fans doute , de hardieffe , de vouloir ainfi contefter l'excellence de ce grand nombre de ftatues antiques que nous admirons comme de très-beaux ouvrages. Je ne me hafarderai point de répondre à ce reproche auffi librement que je le voudrois ; cela conviendroit mieux à un homme de lettres, qui connoîtroit l'art, & qui l'auroit étudié, en examinant avec soin & réflexion les statues & les monumens anciens. Cependant pour satisfaire en quelque sorte à votre demande, je dirai que si l'Apollon du Belvedere avoit la plénitude & la morbidesse du soi-difant Antinoüs du même cabinet, cette statue seroit alors, sans contredit, d'une bien plus grande beauté; & elle en auroit davantage encore, si le reste étoit d'un travail aussi fini que la tête. De même, le groupe de Laocoon seroit beaucoup plus admirable, si les figures des deux fils étoient exécutées avec la délicatesse qu'on voit dans d'autres ouvrages. Mais il en est de même de toutes les productions humaines, qui, quelques belles qu'elles soient, pourroient toujours l'être davantage; & comme nous ne connoissons point la perfection absolue, nous ne pouvons pas déterminer les limites auxquelles sont parvenus les anciens artistes, qui furent si estimés & si loués par des hommes du plus grand mérite. Or, comme nous ne possédons aucun monument que nous puissions regarder avec certitude comme l'ouvrage de ces artistes célèbres, je me flatte qu'on me pardonnera de croire que leurs productions réunissoient à la fois la perfection, l'uniformité de style, la parfaite imitation & le beau choix de la nature, avec toute la correction dont l'art est capable, sans aucune apparence de négligence, & qu'elles étoient pleines de ces beautés que je ne puis trouver dans les monumens qui nous restent.

Ces réflexions, loin de diminuer ma vénération pour les ouvrages des anciens, me les rendent, au contraire, plus estimables, en considérant, par ceux que nous possédons,
sédons,

fédons, ce que devoient être ceux que nous avons perdus.
Il y a encore tant de fcience & tant de talent dans les
ouvrages faits par les efclaves & les affranchis, qui exerçoient les arts à Rome, quoiqu’ils y fuffent privés des
honneurs & des récompenfes qui les ont portés à un fi.
haut degré de perfection en Grèce, qu’on y remarque
toujours, jufqu’à l’entière décadence de l’art, ce beau
ftyle de l’école, qui, jufqu’ici, a manqué aux modernes,
& qui rendra à jamais eftimables jufqu’aux moindres
fragmens des productions des anciens.

Pour retourner enfin au groupe de Niobé, je vous
dirai que je crois que c’eft une copie d’un ouvrage beaucoup plus parfait, de quelque artifte Grec, & que les
ftatues font le travail de différens cifeaux d’un mérite
inégal. Je penfe auffi qu’elles ont été reftaurées dans le
tems du bas-empire, & même en partie entièrement refaites ; ce qui a produit cette grande différence qu’on
remarque dans leur exécution.

Quant à la manière dure & angulaire avec laquelle
font faits les fourcils & les cheveux, ainfi que vous
l’obfervez, je ne crois pas qu’il faille l’attribuer à un
ftyle particulier du maître, mais plutôt à une intention
particulière d’imprimer un caractère fevère & trifte à la
figure ; car fi cela avoit tenu au ftyle, on le retrouveroit
dans la bouche & dans les autres parties qui font fufceptibles d’une forme angulaire. On peut fe convaincre
que c’étoit là le véritable motif des artiftes, par les têtes
de Jupiter qui nous reftent des anciens, qui toutes ont
les fourcils angulaires & fortement indiqués ; ce qu’on
ne trouve pas dans les têtes de Bacchus, de Vénus,

d'Apollon , divinités auxquelles les anciens donnoient une chevelure blonde.

Je vous avoue que je n'ai pas aſſez de talent pour diſtinguer diverſes eſpèces de graces ; quoique je ſache que la beauté & la grace ſont deux choſes différentes. Je ne comprends pas non plus comment, en ſculpture , les contours peuvent être appellés raccourcis. Mais la force de ces expreſſions dépend probablement de l'idiôme de la langue Italienne , que je ne poſsède pas aſſez bien. Quoi qu'il en ſoit , dans ma logique , je donne le nom de beau aux deſſins de Raphaël , &c. . . . . . .

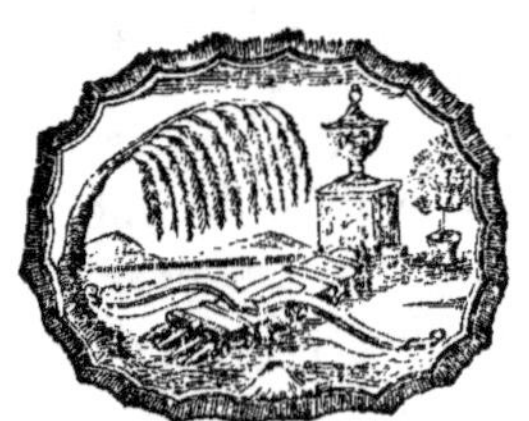

LETTRE
DE M. MENGS
A DON ANTONIO PONZ.

AVERTISSEMENT

DE M. D'AZARA.

LA lettre fuivante de M. Mengs fut imprimée en 1776 à Madrid, dans un ouvrage de Don Antonio Ponz, intitulé : *Viaxe de Efpana* (*Voyage d'Efpagne*) *. M. Mengs voulut que cette lettre fût publiée telle qu'il l'avoit écrite en Efpagnol : langue dans laquelle il ne s'exprimoit pas trop bien ; de forte qu'il s'y trouve quelques endroits affez obfcurs, qu'on a cherché à éclaircir autant qu'il a été poffible, fans néanmoins altérer la manière originale d'écrire de notre auteur. Nous y avons ajouté quelques notes deftinées à expliquer différens termes de l'art.

---

* Cet ouvrage de M. Ponz eft en fix volumes *in-12.* La lettre de M. Mengs fe trouve dans le fixième, pag. 186. Dans le tems de la deftruction des Jéfuites en Efpagne, M. Ponz fut chargé par fa cour de voir fi dans les maifons de cette fociété il n'y auroit point de tableaux & d'autres ouvrages des arts qui mériteroient d'être recueillis. C'eft cette tournée dans les différentes provinces du royaume qui lui fuggéra l'idée d'écrire fon voyage, qui eft fort eftimé. *Note du Traducteur.*

AVERTISSEMENT

Cette lettre a été imprimée à Turin en 1777 ; mais cette traduction Italienne est si mal faite, que M. Mengs n'a pu en cacher son chagrin, & avoit résolu d'en publier lui-même une traduction, si la mort ne l'avoit pas prévenu ; car au défaut de clarté qui règne dans l'original Espagnol, le traducteur Italien a ajouté encore plusieurs erreurs & contradictions manifestes.

Ce fut à Florence que M. Mengs composa les *Mémoires sur le Corrége*, pour être insérés dans une nouvelle Collection des Vies des Peintres de toutes les écoles ; mais les auteurs de cet ouvrage ne prirent des Mémoires de M. Mengs que l'extrait tronqué qu'on y voit. Le but principal de M. Mengs, en composant ce Traité, fut de faire connoître le vrai mérite du Corrége, mais surtout de suppléer à ce qui manque à la vie de ce peintre célèbre, publiée par Vasari, & de corriger les erreurs considérables qu'on y trouve. Malgré qu'on eût déjà accusé Vasari de n'avoir pas écrit cette vie du Corrége avec toute l'instruction & toute l'impartialité convenables ; & quoique M. Mengs fût convaincu lui-même de cette vérité, il ne voulut cependant pas entrer dans cette question, & se contenta d'éclaircir, avec sa modération ordinaire, les faits fur lefquels la reputation du Corrége eft établie, fans fe foucier de l'opinion de ceux qui font une affaire nationale de foutenir le fentiment de Vafari.

Les Leçons-pratiques de Peinture ont été recueillies de différens manufcrits compofés fans ordre & fans méthode. **M.** Mengs les a données en différens tems, en différentes langues, & à plufieurs de fes élèves, fuivant qu'il croyoit devoir les inftruire de telle ou telle partie de l'art. Chaque élève les écrivoit à fa manière, fous la dictée de M. Mengs ; de forte qu'il s'en eft trouvé beaucoup qu'il a été difficile de débrouiller, & d'autres dont on n'a pu tirer aucun parti. Nous fommes loin auffi de prétendre qu'il n'y ait point d'erreurs dans ce que nous en publions ici ; cela feroit même impoffible, pour ainfi dire, vu le défordre dans lequel fe trouvoient ces papiers, l'irrégularite de ftyle qui y règne, les répétitions continuelles & les fautes de langage qu'on y trouve, jointes à la manière diffufe avec laquelle s'eft expliqué M. Mengs. Je ne fais cette remarque qu'afin de prévenir les murmures de certaines perfonnes qui, pour exhaler le dépit que leur infpire le mérite intrinfeque des ouvrages de notre auteur, épiloquent fur le ſtyle, & même ſur les mots ; ſatisfaction que nous ne leur envions point , en condamnant même d'avance, avec eux, ce qu'ils pourront y trouver digne de leur critique. Nous nous contenterons de l'idée où nous ſommes, que leurs têtes ne ſont, en effet, remplies que de phraſes & de paroles , & que le plaiſir d'évaporer leur bile eſt ſans doute auſſi doux pour eux que celui de ſe grater quand ils ont la gale.

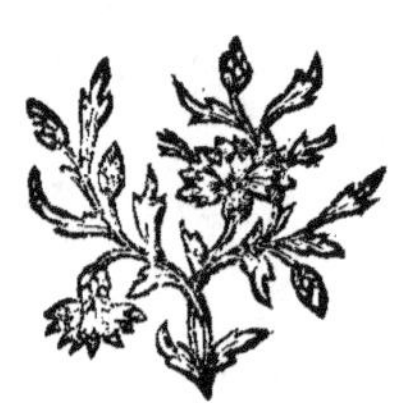

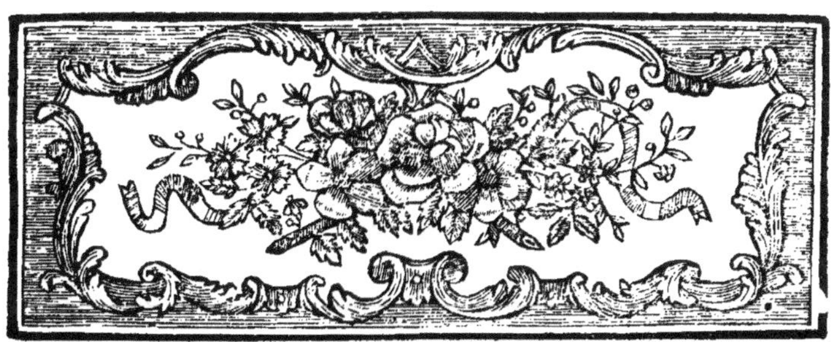

LETTRE

DE M. MENGS

A DON ANTONIO PONZ.

Vous me demandez, Monfieur, mon fentiment fur
le mérite des plus beaux tableaux qui fe trouvent dans
le palais du roi à Madrid , pour en parler dans un de
vos ouvrages. Quoique l'honneur que vous me faites de
me fuppofer le talent néceffaire pour cela , me donne le
defir & le courage de vous fatisfaire ; je vous avoue
néanmoins que cette entreprife me paroît au-deffus de
mes forces, & plus difficile que vous ne le penfez , principalement par le défaut des connoiffances littéraires &
des qualités requifes pour traiter une matière auffi délicate.

Vous n'ignorez pas que tous les ouvrages de peinture

ne peuvent pas me paroître aussi beaux qu'ils le font aux yeux de bien du monde ; quoique d'ailleurs j'admire infiniment plus que le vulgaire des amateurs les chefs-d'œuvre de l'art ; avec cette différence cependant qu'ils placent un artiste au rang des grands peintres en raison du plaisir qu'il fait éprouver à leurs yeux ; & que j'en admets par conséquent beaucoup moins , parce que je me borne au petit nombre de ceux qui ont véritablement mérité le titre glorieux de grands maîtres.

Il est certain néanmoins que tous les hommes font déterminés par le même motif dans leur estime pour les productions des beaux - arts ; car l'ignorant comme l'homme instruit favent, plus ou moins, que ces arts font destinés à caufer un fentiment agréable par l'imitation des objets , & regardent par conféquent comme bons tous les ouvrages où ils trouvent cette qualité , fuivant les connoiffances qu'ils en ont. Si ces ouvrages font affez médiocres pour qu'il foit facile d'en appercevoir les défauts, on les méprife en général. Si , par la variété des objets agréables & faciles à comprendre , on fent du plaifir à les voir, on les admire fans héfiter. Mais lorfque dans un tableau on trouve des idées plus compliquées , dont les plus aifées à faifir nous conduifent à la connoiffance des plus difficiles , on jouit alors du plaifir d'exercer l'imagination ; ce qui, en élevant notre efprit & en flattant notre amour-propre , rend , comme par reconnoiffance , cet ouvrage plus ou moins précieux à nos yeux , felon que les objets en font plus analogues à notre manière naturelle ou habituelle d'être. C'est par cette raifon que le dévot, le lafcif, le favant, le fainéant, l'inepte ou l'homme du peuple , admirent différens objets avec plus ou moins d'enthoufiafme. Mais lorfque les chofes font tout-à-fait au-deffus de la portée de notre efprit , elles ne nous caufent qu'un foible fentiment de plaifir, ou , pour mieux dire , elles ne nous en procurent aucun.

Par ce que je viens de dire, il eft facile de comprendre combien les hommes doivent porter un jugement diffé-rent fur les productions de l'art , & à quel défagrément je m'expofe en hafardant d'en parler avec trop de liberté. Nous tenons fortement à nos idées dans tout ce que nous approuvons , & nous ne manquons jamais de nous offenfer du peu d'eftime qu'on témoigne pour ce que nous avons loué , non par affection pour la chofe même , mais par un effet de notre amour-propre , qui ne peut fouffrir d'être contrarié en matière de goût ; & lorfque nous manquons de force pour combattre la raifon , nous avons recours au moyen ordinaire , qui eft d'attaquer la réputation de ceux qui ofent prendre le parti de la vérité , en les accufant de médifance , de jaloufie , ou tout au moins de fingularité ; de forte qu'il eft fouvent dange-reux de connoître les défauts des hommes , & toujours très-imprudent de les faire remarquer fans néceffité.

Comme je veux néanmoins fatisfaire en partie à votre demande , je le ferai en peintre , c'eft-à-dire , en homme qui connoît toutes les difficultés de l'art, & l'impoffi-bilité de le poffeder fans défauts. Je fuis bien éloigné de vouloir me conftituer juge des maîtres de ma profeffion , & je puis vous affurer que j'ai une grande eftime pour tous en général , même pour ceux fur qui je pourrois exercer la critique la plus févère, fuivant les règles de l'art ; car quand je n'aurois aucun motif pour les eftimer, j'admire du moins le courage & la facilité avec lefquels ils ont fait leurs ouvrages, auxquels il ne manque fouvent que d'avoir été exécutés fur de meilleurs principes. Si je me détermine donc à vous communiquer quelques réflexions critiques, ce n'eft que pour l'avantage qui pourra en réfulter pour l'art, comme vous me le faites efpérer.

Mais avant d'entreprendre la defcription des tableaux que vous me demandez, je crois qu'il ne fera pas inutile de donner une idée fuccinte de la peinture en général, afin que les perfonnes peu verfées dans cette matière en aient du moins quelques notions, & puiffent fe rendre compte à elles-mêmes des beautés qu'on trouve dans les admirables productions de l'art dont je vais parler.

Vous n'ignorez pas que de tout tems la peinture a joui d'une fi grande eftime, que les Grecs lui ont donné le nom d'art libéral, afin de l'ennoblir par ce titre ; mais que depuis on a introduit, avec affez de raifon, le terme de beaux-arts parmi lefquels il lui convient infiniment mieux d'être placée. Il faut par conféquent confidérer la peinture comme un art noble & libéral, qui demande néceffairement une étude réfléchie & une certaine fupériorité d'efprit, avec une ame élevée. Elle doit encore être regardée comme un art noble & eftimable, pour avoir, dans tous les tems, conduit par fon excellence ceux qui l'ont profeffée aux honneurs & à la nobleffe, comme on peut s'en convaincre par plufieurs exemples, tant en *Efpagne* que dans d'autres pays.

La peinture mérite auſſi d'être admiſe au rang des
beaux-arts, à cauſe des belles choſes qu'elle a produites;
car tout ouvrage de peinture doit avoir un certain degré
de beauté, ſans laquelle il ſera toujours mauvais.

La peinture ne peut être mieux comparée qu'à la poéſie,
puiſque ces deux arts tendent également au même but, qui
eſt d'inſtruire en amuſant.

L'objet de la peinture eſt d'imiter toutes les productions
de la nature, non telles qu'elles ſont en effet, mais telles
qu'elles nous paroiſſent être, ou telles qu'elles pourroient
ou devroient être; car comme ſon but principal eſt d'inſtruire en flattant la vue, il ne faut pas imiter la nature telle
qu'elle eſt, puiſqu'il feroit alors auſſi difficile ou plus difficile
encore de comprendre les productions de l'art que celles
de la nature même. Le vrai mérite de la peinture conſiſte
donc à donner une idée des objets qu'offre la nature;
& l'artiſte ſera d'autant plus digne de louange, qu'il ſaura
rendre cette idée d'une manière plus parfaite, plus déterminée & plus préciſe.

Tout ce qui peut être l'objet de l'art ſe trouve dans
la nature qui l'a produit, ſoit en entier, ſoit en partie;
& quoique l'art ne puiſſe pas imiter avec la dernière
perfection les objets de la nature, quand ces objets ſont
d'une beauté parfaite (ce qui eſt fort rare); on peut dire
néanmoins que les productions de l'art ſont, en général,
plus parfaites que celles de la nature même; puiſque,
par le moyen de l'art, on peut réunir toutes les perfec-
tions qui ſe trouvent éparſes dans la nature, ou qu'en
l'imitant, on ſépare de l'objet tout ce qui n'eſt pas eſſen-

tiel à l'effet qu'il doit produire. D'ailleurs, la nature eſt
ſi compliquée dans toutes ſes productions, qu'il eſt difficile d'en ſaiſir la forme & d'en diſtinguer les parties
eſſentielles ; au lieu que la peinture, avec les moyens
dont nous venons de parler, donne des idées exactes &
nettes des choſes produites originellement par la nature,
ſans fatiguer l'eſprit ; ce qui ne peut manquer de mériter
notre approbation : car tout ce qui émeut ou nos ſens,
ou notre ame, ſans cauſer de l'ennui, produit en nous
des impreſſions agréables ; de ſorte que nous jouiſſons
d'un plaiſir plus vif par l'imitation que par l'objet imité.
La peinture ne doit par conſéquent pas avoir pour but
une imitation ſervile, mais idéale des choſes ; c'eſt-à-
dire, qu'elle ne doit choiſir dans la nature que les parties
qui peuvent donner une idée eſſentielle & préciſe des
objets. L'on obtiendra ce but, ſi l'on exprime les différences qui diſtinguent les objets les uns des autres, ſoit
que ces objets ſe trouvent d'une nature tout-à-fait contraire, ſoit qu'ils aient quelque analogie entr'eux. Toutes
les fois qu'on parvient à rendre viſibles ces différences
eſſentielles des choſes, on donne une idée claire de leur
nature & de leurs qualités, & par ce moyen l'eſprit ne
peine pas à les comprendre.

Le peintre doit donc, comme le poëte, faire un choix
dans les objets que lui préſente la nature. Mais ſoit que
ces choſes exiſtent ou n'exiſtent pas, il faut du moins
que le peintre ſe tienne toujours dans les bornes du poſſible ; & jamais la beauté & la perfection ne doivent
être portées à un degré plus qu'humain, ſi ce n'eſt dans

les êtres qu'on suppose d'une nature supérieure ou divine : ce qui seul peut les faire admettre dans la classe des choses possibles.

On donne communément à cette beauté le nom d'*idéale*, parce qu'elle ne se trouve pas dans la nature : ce qui fait que beaucoup de monde ne regarde pas la beauté idéale comme vraie & naturelle. Le peintre doit toujours chercher à parvenir à ce beau idéal ; bien entendu cependant qu'il doit se restreindre aux objets que produit la nature, qui se rapportent à une seule & même idée, & adaptés de manière qu'ils forment unité dans l'ouvrage de l'art, pour fixer l'ame du spectateur, & produire l'effet que desire l'artiste. C'est en quoi consiste la magie de l'art, & c'est ce qui rend *pittoresque* tous les objets de la nature, par le moyen de quelque situation propre à exciter l'admiration de ceux qui contemplent les productions de l'art.

Un tableau sera estimé bon quand le choix du sujet, l'imitation & l'exécution tendront au même but : il sera, au contraire, regardé comme défectueux si ces qualités lui manquent ; quoiqu'il puisse d'ailleurs être d'un style plus ou moins bon, suivant le choix qu'aura fait l'artiste des objets qu'il s'est proposé d'imiter.

Des différens Styles de la Peinture.

LA réunion de toutes les parties qui concourent au mécanisme ou à l'exécution d'un tableau, forment ce que j'appelle *Style*, qui, à proprement parler, constitue la manière d'être des ouvrages de l'art. Il y a une infinité de ftyles : les principaux néanmoins , & ceux dont tous les autres ne font que des nuances , peuvent être réduits à un certain nombre déterminé ; favoir , le fublime , le beau , le gracieux , l'expreffif & le naturel. Je ne parlerai pas de ceux qui font vicieux , quoique je ne veuille pas méprifer les artiftes qui en font ufage : car on voit fouvent de grands défauts unis à de grandes beautés ; ce qui fait qu'on imite ou qu'on adopte quelquefois par ignorance le vicieux , en prenant fes défauts pour des qualités louables.

> *Decipit exemplar vitiis imitabile.*
>
> HORAT.

Je tâcherai de donner de ces différens ftyles la définition la plus exacte & la plus claire qu'il me fera poffible , quoique ce foit peut-être une entreprife au-deffus de mes forces. J'y fuis néanmoins porté par l'efpérance que cet effai engagera des perfonnes plus habiles que moi , à mieux développer les idées que je vais communiquer ; & je me foumets d'avance à la critique , fi l'on peut enfeigner des chofes plus effentielles fur une matière fi importante , tant pour les peintres que pour les amateurs de l'art ; afin qu'on apprenne à bien connoître , à bien diftinguer les différens ftyles , & à apprécier ceux qui méritent à jufte titre d'être admirés.

❋

Du

Du Style sublime.

PAR style sublime dans la peinture , j'entends la manière propre à l'exécution de grandes idées qui préfentent à notre efprit , & qui nous rendent fenfibles les qualités des objets qui font fupérieures à celles qu'offre la
nature. La magie de ce ftyle confifte à favoir former une
unité d'idées du poffible & du non-poffible dans le même
objet. Voilà pourquoi il eft néceffaire que l'artifte n'employe que des formes & des chofes connues , auxquelles il
doit donner une perfection qui n'exifte que dans fon imagination ; en faifant abftraction de tous les fignes du mécanifme des parties dont il fait choix dans la nature. Le *mode* *
de cette manière d'exécuter doit être fimple dans toutes
les parties , uniforme & auftère **, ou du moins grande
& grave.

---

* Par *mode* , M. Mengs entend ce qu'on appelle communément,
en peinture, *ftyle* ou *manière*.

N. B. Comme le mot *mode* pourroit peut - être embarraffer le
Lecteur , nous nous fervirons dans nôtre traduction de ceux de *ftyle*
& de *manière*.

** Par *auftère* , M. Mengs veut dire que l'exécution doit avoir
un air de fimplicité , & que les contours n'en demandent pas une
ligne auffi courbe , ni auffi ondoyante que ceux des fujets gracieux ;
que le clair-obfcur, le coloris, les draperies , les attitudes & l'expreffion exigent un caractère de nobleffe & de grandiofité qui rejète
tous les petits détails , & principalement toute efpèce d'affectation.

Tome II.   F

Nous n'avons aucun modèle de ce ftyle dans les ouvrages de peinture, parce que nous n'en poffédons aucun des anciens Grecs ; ce qui fait que nous devons avoir recours à leurs ftatues, parmi lefquelles celle de l'Apollon Pythien du Belvédère au Vatican approche le plus de ce ftyle; dont la vraie perfection devoit fe trouver dans le Jupiter & dans la Minerve de Phidias à Elide & à Athènes. Raphaël d'Urbin, au lieu du ftyle fublime, n'eft parvenu qu'à la grandiofité ; tandis que Michel-Ange a choifi le terrible* ; & quoique l'un & l'autre aient approché du fublime dans leurs conceptions & dans leurs inventions, ils s'en font toujours écartés dans les formes. Il faut convenir néanmoins que leur manière d'exécuter, principalement celle de Raphaël, étoit très-propre au ftyle fublime. Annibal Carache, en imitant les formes des ftatues antiques, en a quelquefois approché, ainfi que le Dominicain, fans qu'ils aient pu cependant y unir la fublimité des idées & du ftyle.

---

* Nous avons déjà expliqué ailleurs ce qu'on entend par ftyle *fublime* ou *grand* ftyle. L'épithete de *terrible* s'applique, par métaphore, au ftyle pour la compofition duquel l'artifte choifit les attitudes les plus forcées & les plus extraordinaires, ainfi que les lignes les moins fuaves pour l'exécution, les grands extrêmes pour l'expreffion, & le ton le moins naturel & le moins agréable pour le coloris : ftyle qui, par conféquent, eft exactement le contraire du fuave & du gracieux. L'on ne peut nier que Michel-Ange n'ait été très-excellent dans ce genre.

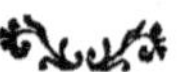

Du beau Style.

LA beauté eſt l'idée ou l'image de la perfection poſſible. On ne parvient jamais à rendre la perfection ſenſible ſans produire la beauté ; & il n'y a point de beauté qui n'indique quelque qualité louable , ou quelque perfection dans l'objet qui en eſt doué. De plus , la beauté élève notre eſprit à la connoiſſance des qualités eſtimables des objets , qui ſans cela lui feroient reſtées obſcures & difficiles à appercevoir.

Le ſtyle propre à rendre de ſemblables objets doit être pur & dépourvu de toutes les parties inutiles & gratuites ; ſans toutefois en omettre aucune qui ſoit eſſentielle , en plaçant chaque choſe ſuivant la dignité & la qualité qu'elle a dans la nature. Cependant l'exécution en doit être plus individuelle & plus ſuave que dans le ſtyle ſublime ; de manière néanmoins à pouvoir nous donner une idée diſtincte & claire de la perfection poſſible.

Ce beau ſtyle n'a pas encore été porté à la perfection par les modernes. Si nous poſſédions les ouvrages de Zeuxis , & particulièrement ſon Hélène , nous pourrions nous en former une juſte idée. Les ſtatues Grecques qui nous reſtent ſont , en général , plus ou moins de ce ſtyle , ſuivant la convenance de chacune ; & quand même dans quelques-unes l'expreſſion énergique des paſſions eſt fortement prononcée , comme dans le Laocoon , les formes heureuſes de la beauté s'y font néanmoins toujours ap-

percevoir , quoique la fituation en foit violente & al-
térée.

Il femble que la beauté change de caractère fuivant
l'objet où elle fe trouve ; c'eft ainfi , par exemple, que
nous voyons que dans l'Apollon du Vatican elle approche du fublime ; dans le Méléagre elle eft humaine ou
héroïque ; la Niobé nous fait voir la beauté du fexe ; &
dans l'Apollino * & la Vénus de Médicis , nous trouvons
celle qui convient aux fujets gracieux. Le Caftor & Pol-
lux de Saint - Ildephonfe, la Lutte de Florence, le
Gladiateur Borghèfe , & l'Hercule Farnèfe , offrent
tous un caractère différent; mais malgré cette différence ,
on remarque facilement que les artiftes qui ont fait ces
chefs-d'œuvre n'ont jamais oublié de leur donner de la
beauté.

Les idées de Raphaël ne fe font élevées que fort peu
au-deffus des objets que lui préfentoit la nature , & il
leur manque toujours une certaine élégance. Annibal
Carache excelloit dans la beauté mâle ; l'Albane dans
celle du fexe ; le Guide dans les têtes de femmes ; mais
elle confifte chez ces artiftes plutôt dans les formes que
dans le ftyle.

---

* Statue d'Apollon plus petite que nature , à laquelle on donne
en Italie le nom d'*Apollino*.

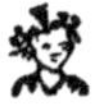

Du Style gracieux.

LA grace eſt un mot ſynonime avec celui de bienfai-
ſance ; de ſorte que les objets qui nous paroiſſent gracieux ſont ceux qui nous donnent une idée de cette
qualité. C'eſt pourquoi le ſtyle gracieux conſiſte à donner aux figures des mouvemens modérés , aiſés , délicats
& plus modeſtes que fiers. L'exécution en doit être bien
finie , facile , ſuave & variée , mais ſans tomber dans le
maniéré.

Ce fut là , à ce que diſent les Grecs , la partie qu'Appelle avoit portée à un degré ſupérieur ; & malgré la mo-
deſtie de cet artiſte , il ſe faiſoit néanmoins gloire d'en
être doué , en avouant ingénument que ſes rivaux poſſédoient , à la vérité , mieux que lui quelques parties de
l'art , mais qu'il les ſurpaſſoit tous dans la grace. Il faut
remarquer ici que les anciens avoient une idée toute différente de la grace , de celle que nous nous en formons
aujourd'hui ; car en comparant celle que nous donnons
à nos ouvrages de peinture avec celle des anciens , la
nôtre ne paroîtra qu'une eſpèce d'affectation théâtrale
qui ne convient pas à la beauté parfaite , & qui ne conſiſte , pour ainſi dire , qu'en certains geſtes , en certains
mouvemens & en certaines attitudes qui n'ont rien de naturel , & qui ſemblent plutôt pénibles & même violens ,
ou ſemblables à ceux des enfans , comme on le voit dans
quelques ouvrages du grand Corrége même, mais plus encore
dans ceux du Parmeſan & d'autres peintres qui ont ſuivi

la même route. Ce n'eſt pas de cette manière que les anciens exprimoient la grace : elle étoit chez eux un caractère qui ſervoit à donner une idée de la beauté , de même que celle - ci ſert à nous former une idée de la perfection , en nous faiſant appercevoir les parties les plus agréables des belles choſes.

Les modèles les plus parfaits que les Grecs nous aient laiſſés de ce ſtyle, ſont la Vénus de Médicis , l'Apollino, l'Hermaphrodite de la *Villa* Borghèſe , & ce qui reſte d'antique du beau Cupidon de la même *Villa*, ainſi qu'une Nymphe qui eſt dans la précieuſe collection de Saint-Ildefonſe , & pluſieurs autres ſtatues. Raphaël a bien donné la vraie grace aux mouvemens des figures ; mais il lui manquoit cependant une certaine élégance dans les formes & dans les contours , & ſon exécution , en général, a quelque choſe de trop prononcé & de trop déterminé *.

Le Corrége peut ſervir de modèle pour le ſtyle gracieux dans les contours , dans le clair·obſcur , & dans tout ce qu'on comprend ſous le nom d'exécution. Cet ar-

---

* Par exécution *determinée* on entend celle qui préſente les objets d'une façon plus évidente qu'il ne convient. Le ſpectateur, ainſi que le Lecteur, aime à trouver dans un ouvrage quelque choſe à deviner ; de ſorte qu'un auteur qui épuiſe trop ſa matière dégoûte le Lecteur, en mortifiant ſon amour-propre ; parce qu'il ſemble le ſuppoſer incapable de découvrir par lui-même les conſéquences de ſon raiſonnement. De même le peintre qui prononce trop fortement les choſes , particulièrement ce qui a rapport à l'expreſſion , nuit à la beauté. Tout extrême eſt vicieux ; & la plus grande difficulté eſt de ſavoir choiſir un terme moyen , & de ne point s'en écarter.

tifte poffédoit au plus haut degré la partie dont fe van-
toit Apelle, quand il dit de Protogène, qu'ils étoient
égaux en tout, mais que celui-ci ne favoit pas quand il
falloit quitter un ouvrage : voulant donner à entendre
par-là que le trop grand travail nuit à la grace des ouvrages de l'art, & qu'il eft contraire au ftyle gracieux.

Du Style expreffif.

Par ftyle expreffif, j'entends celui que l'on admire
dans un tableau dont l'auteur a fait de l'expreffion le
principal but de fon travail. L'exécution en doit être déterminée & finie. On peut propofer Raphaël comme un
parfait modèle de ce ftyle, n'ayant jamais été furpaffé
par perfonne dans cette partie de fon art. Les anciens
Grecs ont préféré la beauté à l'expreffion : trop fenfibles
à la perfection, ils craignoient de défigurer les formes
par l'altération qu'occafionnent les paffions fortes.

Aucun des artiftes modernes n'a fu faifir auffi-bien le
jufte degré de l'expreffion que Raphaël, qui femble avoir
fait le portrait des figures qu'il a mis fur la toile ; tandis
que la plupart des autres maîtres, quoique d'un grand
mérite, n'ont peint que des efpèces de perfonnages fac-
tices ou fcéniques, qui paroiffent vouloir imiter les actions des perfonnes qu'ils repréfentent : ce qui n'eft
qu'une pure affectation, & prouve vifiblement qu'ils ne
font pas pénétrés de la paffion qu'ils veulent rendre ;
mais que l'artifte a feulement cherché à leur donner une

certaine attitude pittorefque. Quelques peintres, eftimables
d'ailleurs , n'ont fait confifter l'expreffion que dans certaines actions particulières ; d'autres font tout - à - fait
froids & fans vie ; mais Raphaël a généralement bien réuffi
dans toutes les parties ; fon exécution répondant parfaitement à toutes les parties de ce ftyle , ainfi que je le
ferai voir en donnant la defcription des tableaux.

Du Style naturel , ou de l'imitation de la nature.

Quoiqu'en général le but de la peinture foit de repréfenter les objets ou les idées que nous offre la nature ,
j'entends néanmoins ici par ftyle naturel celui par lequel
l'artifte ne cherche qu'à rendre la nature mênie , fans la
corriger & fans l'embellir ; ce qui doit être appliqué aux
peintres qui , en imitant la nature , n'ont pas eu le talent
de donner quelque beauté idéale à leurs originaux , ou
de faire un choix de ce que la nature offre de plus beau ,
en fe contentant de la copier telle qu'elle s'eft préfentée
à leurs yeux , & comme on peut la voir à chaque inftant.

Je crois que l'on peut comparer ce ftyle de la peinture
au ftyle de la poéfie comique , pour lequel on fe fert
bien , à la vérité , de la verfification ou du mécanifme
des vers , mais fans employer aucun génie , ni les
moindres idées poétiques. Quelques peintres Flamands &
Hollandois , tels que Rembrant , Gérard Dow , Teniers ,
&c. ont porté ce ftyle à un haut degré de perfection ;
cependant

cependant on en trouve les meilleurs modèles dans les ouvrages de Diegue Vélafquez ; & fi le Titien lui a été fupérieur dans la partie du coloris , on peut dire que Vélafquez l'a beaucoup furpaffé dans l'intelligence du clair-obfcur & dans la perfpective aërienne, qui font les parties les plus néceffaires à ce ftyle pour parvenir à l'idée de la vérité : les objets naturels ne pouvant exifter fans avoir du relief & fans qu'il y ait une certaine diftance entr'eux ; au lieu que la beauté des couleurs locales eft arbitraire. Si l'on veut une plus grande inftruction fur ce fujet que celle qu'on peut puifer dans les ouvrages de Vélafquez , on doit étudier la nature même ; cependant cet artifte nous offre ce qu'il y a de plus effentiel dans cette partie.

Il fera facile de connoître les qualités qui ont du rapport à ces différens ftyles , lorfqu'on confidérera que toutes les parties de l'imitation , de même que celles de l'exécution, doivent concourir à l'expreffion du premier concept de l'artifte. Je ne dirai donc rien des autres ftyles , qui font tous plus ou moins parfaits , & qui ont rapport à l'un ou à l'autre de ceux dont nous venons de parler.

Des Styles vicieux.

J E crains beaucoup de déplaire à un nombre infini d'amateurs, en parlant des ftyles vicieux , qui ont l'approbation de ceux dont le goût n'eft pas affez délicat , ni affez sûr, pour difcerner le vrai mérite des grands maîtres ;

de forte qu'ils fe trompent en prenant l'apparence pour le vrai talent. C'eft cette ignorance qui a fait adopter par plufieurs le ftyle chargé de quelques imitateurs de Michel-Ange , qu'ils ont pris pour la grande manière de ce maître ; de même qu'ils ont admiré comme le ftyle gracieux **du** Corrége, la manière léchée & affectée de quelques peintres de l'école Lombarde. Il en eft de même de ces ftyles maniérés , qui, pour ainfi dire, ne confiftent, en général , que dans une exagération des chofes accidentelles de la nature, dont on fe fert pour donner une idée diftincte des objets à ceux qui ne peuvent les comprendre par leurs feules parties effentielles. Les moyens dont fe fervent les artiftes qui emploient ce ftyle pour plaire aux amateurs de cette trempe , c'eft d'embellir leurs ouvrages par la beauté des couleurs locales de tous les objets , par leur variété , par la force & par le contrafte du clair-obfcur, & par une diftribution arbitraire des ombres & des maffes de lumière : de manière que ces ouvrages font plus faits pour frapper les yeux , que pour plaire au goût & à la raifon. Ce ftyle a été adopté par plufieurs artiftes eftimés , particulièrement hors de l'Italie , dont je refpecte néanmoins les noms , à caufe de leur mérite dans d'autres parties , telles que la facilité & l'abondance d'idées , le talent fupérieur avec lequel ils ont vaincu ou méprifé les plus grandes difficultés , & la modeftie qu'ils ont eue de fe contenter d'exceller dans les parties qui leur étoient faciles , fans craindre la cenfure des amateurs éclairés.

Du Style facile.

QUELQUES peintres ont eu un ftyle fort beau & très-facile, fans être tombés dans de grands défauts, tels, par exemple, que Pierre de Cortone & ceux de fon école, parmi lefquels Lucas Jordans s'eft principalement diftingué. On pourroit donner à ce ftyle le nom de facile ou de commun. Les peintres qui s'en font fervis, n'ont pas cherché la perfection, mais fe font contentés de donner aux différentes parties de l'art l'expreffion néceffaire pour diftinguer une chofe d'une autre, fans les porter à la perfection, qui eft connue de peu de perfonnes, pas même généralement de ceux qui récompenfent le plus magnifiquement les maîtres de l'art ; de forte que les artiftes les plus célèbres n'ont fouvent donné à leurs compofitions que le degré de perfection néceffaire pour que le plus grand nombre des amateurs puiffe les comprendre fans une forte tenfion d'efprit.

Pour ce qui regarde la pratique même de la peinture, elle comprend cinq parties principales, qui font le deffin, le clair-obfcur, le coloris, l'invention & la compofition. Les trois premières parties font abfolument néceffaires dans quelque ouvrage de peinture que ce foit, & l'on peut démontrer fi ce qui s'exécute par elles eft bien ou mal fait. Il n'en eft pas de même des deux autres parties, où il y a beaucoup d'arbitraire ; & quoique la raifon doive y préfider, on peut dire cependant qu'elles font

toujours en quelque forte foumifes à l'opinion. Voilà
d'où naît la difficulté d'établir des règles affez fixes pour
qu'elles puiffent être également fatisfaifantes pour tout
le monde; & comme c'eft l'invention & la compofition
qui règlent le choix, chaque artifte fait le fien fuivant
fa manière de voir, & ne manque pas de le trouver le
meilleur.

Du Deffin.

CE feroit trop entreprendre que de vouloir donner
une idée étendue de toutes les parties relatives au deffin;
cette difcuffion feroit même déplacée ici. Je me contenterai donc de dire que la perfection du deffin confifte
dans la correction, c'eft-à-dire, dans une imitation
exacte de toutes les formes que la nature préfente à
notre vue; & dans le talent de donner à chaque figure
le caractère qui lui eft propre : ce qui dépend fur-tout
du choix qu'on fait dans la nature de ce qui convient
le mieux à l'objet & au fujet du tableau.

Du Clair - Obfcur.

LA beauté du clair-obfcur confifte en ce que le peintre
fache bien imiter tous les effets de la lumière & des
ombres dans la nature; pour donner à fes ouvrages de
la force, de la douceur, de la variété & une jufte dégra-

dation qui ferve au repos de la vue , tant dans les ombres que dans les lumières ; enfin , à faire connoître par le clair-obfcur le caraétère particulier d'un tableau , en y répandant de la gaîté ou de la majefté.

Du Coloris.

LE coloris, pour être beau , demande une exaéte imitation des couleurs locales *, ou du ton des couleurs de chaque objet ; il faut auffi que le même ton règne, tant dans les clairs que dans les ombres & les demi-teintes ; de forte que la dégradation de chaque couleur & de chaque demi-teinte foit en raifon de la diminution de la lumière, ou de l'interpofition de l'air ambiant entre les objets & notre vue ; en un mot, qu'il y ait une parfaite harmonie entre les couleurs , & que celles-ci reçoivent tous les accidens qu'on apperçoit dans la nature ; afin que le coloris foit beau, brillant, moëlleux, vigoureux & fuave.

De l'Invention.

L'INVENTION eft la partie la plus vafte de la peinture, & celle qui fert le plus à faire connoître le génie & le

* Par *couleur locale* , on entend la couleur propre & naturelle des chofes , & qui les diftinguent entr'elles.

talent de l'artifte ; de forte qu'on peut la regarder comme
la partie poétique de l'art. Elle confifte dans le choix de
la première idée d'un tableau ; idée que le peintre ne
doit perdre de vue qu'au dernier coup de pinceau à donner à fon ouvrage. C'eft peu que l'artifte conçoive une
idée heureufe , & rempliffe la toile d'un grand nombre de
figures , fi elles ne concourent pas toutes au dèveloppe-
ment du fujet principal ; & fi cet enfemble de l'ouvrage n'exprime & ne rend pas parfaitement aux fpectateurs l'idée du fujet qu'on traite, de manière à difpofer & à préparer l'ame à être émue par l'expreffion & les
attitudes des principales figures , c'eft en vain qu'on em-
ployera des expreffions violentes & des attitudes forcées,
ainfi que le font ceux qui veulent paroître doués d'une
imagination brillante. Pour donner une idée de cette
partie de l'art , je ferai plus bas la defcription du tableau
connu fous le nom de *lo fpafimo di Sicilia* , qui eft dans
le palais du roi à Madrid.

De la Compofition.

Par compofition on entend l'art d'agencer & d'unir
enfemble , d'une manière belle & convenable les objets
dont on a fait choix par le moyen de l'invention. Ces
deux parties vont toujours enfemble ; car les meilleures
idées , ou les inventions les plus heureufes feroient bien
moins agréables fans une bonne compofition. La beauté
de celle-ci dépend principalement de la variété , des op-

poſitions , des contraſtes * & de la diſtribution bien entendue de toutes les parties qui compoſent un ouvrage.
Cependant c'eſt l'invention qui doit diſpoſer convenable-
ment des parties de la compoſition , pour aſſigner à chacune la deſtination & la place qui lui convient.

La peinture , comme toutes les choſes humaines , a
éprouvé beaucoup de révolutions ; elle a eu ſon tems
d'accroiſſement & de décadence ; tantôt elle s'eſt élevée
juſqu'à un certain degré de perfection , tantôt elle eſt
tombée de nouveau. Elle a été non-ſeulement ſoumiſe à
différentes variations dans ſes ſuccès , mais elle a éprouvé
des changemens dans ſes principes fondamentaux même ;
de ſorte que ce qui dans un tems a été l'objet principal
de l'art , a été regardé, dans un autre tems , comme à
peine néceſſaire. Les différentes parties de la peinture
ont de même ſubi de pareilles révolutions , & ont été
ſoumiſes aux diverſes opinions des hommes.

Il eſt à croire qu'avant les Grecs aucune nation n'avoit
réduit la peinture en art , & qu'aucun autre peuple ne
l'a portée à un ſi haut degré de perfection qu'eux. Leur
ſtyle & leurs principes étoient bien différens de ceux de

---

* Par *contraſte* on entend , en peinture, la variété bien raiſonnée
de toutes les parties. C'eſt l'oppoſé de ce qu'on appelle répétition.
Si , par exemple, dans un groupe de trois figures , l'une ſe montre
de face , l'autre de profil , & la troiſième par le dos , il y aura un
bon contraſte. Ainſi chaque figure & chaque membre doit être en
contraſte avec les autres du même groupe ; ainſi que les différens
groupes d'un tableau doivent contraſter entr'eux. Les couleurs locales même ont leur contraſte.

nos artiftes modernes ; quoique dans tous les tems l'imitation de la nature ait été le principal objet de la peinture.

La beauté étoit en fi grande eftime chez les anciens
Grecs , qu'ils ne regardoient comme digne d'être imité
que ce que la nature leur offroit de plus beau ; de manière qu'on peut dire que c'eft ce peuple qui a créé &
perfectionné le beau ftyle. Le foin fingulier que leurs
meilleurs artiftes donnèrent à cette partie , leur fit négliger les grandes compofitions qui font la gloire de quelques artiftes modernes. En effet , les tableaux les plus
célèbres de Polignote , de Zeuxis , de Parrhafius & d'A-
pelle , étoient compofés d'un très-petit nombre de figures;
& leurs compofitions , quoique pleines de génie , ne
contenoient pas beaucoup d'objets. Par les ouvrages qui
nous reftent des Grecs , il eft facile de s'appercevoir que
dans leurs grandes compofitions même ils s'appliquoient
plus à rendre parfaite chaque figure en particulier qu'à
en former un bon enfemble. On pourroit donner encore
d'autres raifons pourquoi les anciens peintres ne mettoient pas beaucoup de figures dans leurs ouvrages ;
dont l'une eft, qu'un objet , pour être beau & parfait ,
demande à être avantageufement placé pour refler dans
fon vrai jour ; car il eft certain que la multiplicité d'objets nous empêche de jouir de la perfection du fujet principal.

Lorfque les peintres Grecs eurent fait d'affez grands
progrès pour fixer l'attention de leur nation , portée à
la philofophie, ils cherchèrent à parvenir à la perfection
de l'art , en ne copiant plus la nature telle qu'elle eft ,

mais

mais embellie ; de forte qu'ils ne tâcherent pas tant de multiplier les objets que de leur donner toute la beauté poffible. C'eft de cette manière qu'ils perfectionnèrent peu-à-peu la peinture, depuis la quinzième jufqu'à environ la quatre-vingt-dixième Olympiade, tems auquel on poffédoit déjà les plus grandes parties de l'art ; & il ne leur reftoit plus alors à lui donner pour complément de perfection que la grace, laquelle, comme je l'ai déjà dit, n'eft pas, à proprement parler, la perfection, ni la beauté, mais l'idée de la beauté exprimée avec cette facilité qui procure un état de repos * à l'efprit du fpectateur qui admire les productions de l'art. Cette partie étoit réfervée au grand Apelle qui fleurit dans la cent douzième Olympiade, & qui porta par-là à fon plus haut degré la perfection de l'art chez les anciens, qui, depuis cette époque tomba dans un goût mefquin, baroque & bizarre.

Quant au quatorzième fiècle de l'ere Chrétienne, la peinture commença, pour ainfi dire, à renaître ; le

---

* La vue trouve de la tranquillité & du *repos* dans un tableau quand il n'y règne point de confufion, & lorfqu'il y a une bonne entente & une jufte dégradation de couleurs locales & de clair-obfcur ; de manière que l'œil & l'efprit puiffent faifir avec facilité l'idée de l'artifte. Un tableau dont le peintre aura épuifé tout le fujet, & qu'il aura chargé de trop d'objets, ou bien dont il aura mal difpofé les couleurs locales, pour lui donner de la variété, fera un effet contraire au *repos* dont nous parlons. Les loges du Vatican, dites improprement de Raphaël, font un exemple frappant de cette confufion, parce que tout y eft furchargé.

monde fe trouvoit plongé dans une profonde ignorance, & la philofophie étoit fort peu connue ; auffi les premiers peintres fe bornèrent-ils à faire des ouvrages qui ne demandoient aucune beauté, ni perfection. En Italie, où le renouvellement de l'art eut principalement lieu, ils s'occupèrent à peindre les murs des églifes, des cimetières & des chapelles, où ils repréfentoient les myftères de la paffion & d'autres fujets femblables ; de forte que la peinture eut à peine reparue, qu'il s'offrit un vafte champ pour la rendre plutôt abondante que parfaite : ce qui a été caufe que chez les modernes cet art a confervé beaucoup de défauts de ces premiers effais. Car de nos jours il n'eft pas néceffaire que l'artifte cherche à fatisfaire le goût des hommes inftruits & des philofophes, comme chez les Grecs ; il fuffit de plaire aux yeux des gens riches & d'une multitude groffière & ignorante. Auffi voit-on que nos artiftes, au lieu de chercher à atteindre à la perfection de l'art, ont recours à l'abondance & à la facilité, qui font les parties les plus propres à être appréciées par les amateurs pour qui la plupart de leurs ouvrages font deftinés.

Mais comme rien n'eft conftant, ni durable, & que les hommes, guidés par leur inquiétude naturelle, cherchent toujours à donner du prix aux chofes médiocres, & à déprimer ce qui eft en eftime, il étoit naturel que tous les peintres cherchaffent les moyens de fe furpaffer les uns les autres, en joignant un peu de théorie à la pratique barbare qu'ils avoient adoptée. La première partie qu'ils trouvèrent fut la perfpective, dont la connoiffance avança tellement l'art, que pouvant déjà rendre le raccourci , ils furent en état de donner plus d'effet à leurs ouvrages.

Dominique Ghirlandajo , Florentin , fut le premier qui , moyennant ces parties , améliora le ſtyle ou la manière de ſa compoſition en groupant ſes figures ; & en diſtinguant , par une dégradation raiſonnée , les lignes ou les plans ſur leſquels elles ſe trouvent , il ſut donner de la profondeur à ſes tableaux ; cependant il n'eut pas encore la hardieſſe que ſes ſucceſſeurs ont montrée depuis dans leurs compoſitions.

Vers la fin du quinzième ſiècle , on vit fleurir à la fois quelques artiſtes d'un talent ſupérieur, tels que Léonard de Vinci , Michel-Ange , le Giorgione , le Titien, Barthélemi de Saint-Marc & Raphaël d'Urbin. Léonard de Vinci fut l'inventeur de beaucoup de détails dans l'art. Michel-Ange , par l'étude des antiques & la connoiſſance de l'anatomie , agrandit la partie du deſſin dans les formes. Le Giorgione de Caſtel-Franco , améliora l'art en général , & donna plus de brillant au coloris que ne l'avoient fait ſes prédéceſſeurs. Le Titien , par une imitation plus ſoignée de la nature , mit plus de perfection dans les tons du coloris. Barthélemi de Saint-Marc étudia particulièrement la partie des draperies , & trouva , par le moyen du clair-obſcur , la bonne manière de draper ſes figures & de faire ſentir le nud que couvre l'étoffe. Raphaël Sanzio d'Urbin , doué d'un talent ſupérieur & décidé pour la peinture , commença par bien étudier tous ſes prédéceſſeurs & ſes contemporains , & unit lui ſeul toutes les grandes parties qu'ils poſſédoient ſéparément , dont il ſut faire un heureux emploi , ſuivant la vérité de la

nature & fuivant les convenances , pour fe former un
ftyle plus parfait & plus univerfel que ne l'a jamais poffédé aucun peintre avant & même après lui. Mais fi Raphaël excella dans toutes les parties de l'art , il fut fur-
tout fupérieur dans celles de l'invention & de la compofition ; de forte que je crois que les Grecs eux - mêmes
auroient été faifis d'admiration en voyant fes chefs-d'œuvre
au Vatican , où tant d'abondance fe trouve jointe à tant
de perfection , de fini , de délicateffe & de facilité.

Comme la peinture étoit parvenue chez les Grecs à
fon plus haut degré de perfection du tems de Zeuxis &
de Parrhafius , le grand Apelle ne trouva rien à ajouter
à l'art que la grace , ainfi que nous l'avons déjà remarqué.
De même , chez les modernes , il ne reftoit , lorfque Raphaël parut , que la grace feule qui manquât aux
ouvrages de l'art , qu'Antoine Allegri , appellé le Corrége , lui donna ; ce qui porta alors la peinture chez les
modernes au plus haut degré de perfection ; de forte que
non-feulement le goût éclairé des vrais connoiffeurs fut
fatisfait , mais encore les yeux peu exercés de la multitude.

Après ces grands maîtres , il y eut un long intervalle
qui dura jufqu'au tems des Caraches de Bologne. Ces
peintres s'étant appliqués avec foin à étudier les ouvrages
de leurs prédéceffeurs , particulièrement ceux du Corrége,
devinrent les premiers , les plus grands & les plus célèbres de leurs imitateurs. Annibal eut le deffin le plus
correct , & réunit le ftyle des antiques à la grandiofité
de Louis , fon frere ; mais il négligea de chercher les
fineffes de l'art & fes caufes philofophiques. Les difciples

des Caraches formèrent une école affez favante, en fuivant néanmoins la même route ; mais le Guide, peintre d'un talent heureux & facile, fe créa un ftyle tout-à-la-fois beau, gracieux, riche & facile. Le Guerchin fut l'inventeur d'un ftyle particulier de clair-obfcur, formé d'ombres fortes, d'oppofitions & d'interruptions.

Après ces grands artiftes, qui, d'une manière facile, imitèrent l'apparence de la perfection de leurs prédéceffeurs & de la nature, vint Pierre de Cortone, qui, trouvant plus de difficulté pour y réuffir, & ayant d'ailleurs un grand talent naturel, s'appliqua principalement à la partie de la compofition & à ce qu'on appelle *goût.* Jufqu'alors on avoit confervé dans la compofition une efpèce de fymmétrie, ou, pour mieux dire, une forte de diftribution raifonnée fuivant l'équilibre des parties, en fe conformant à l'invention du fujet. Mais Pierre de Cortone diftingua, pour ainfi dire, l'invention de la compofition, en s'arrêtant fur-tout aux parties qui flattent la vue, c'eft-à-dire, aux oppofitions & aux contraftes des membres des figures ; de façon qu'on commença alors à charger les tableaux d'un grand nombre de figures bien groupées, fans fonger fi elles convenoient ou non au fujet d'hiftoire qu'on traitoit. Et tandis que les anciens Grecs n'ont employé dans leurs ouvrages qu'un petit nombre de figures, afin de rendre plus fenfible la perfection de celles qu'ils y mettoient. Les peintres de l'école de Cortone ont, au contraire, cherché à cacher leurs imperfections en multipliant les objets. Cette école de Cortone s'eft divifée en plufieurs branches, & a changé le caractère de l'art.

Peu de tems après , parut à Rome Carle Maratte, qui, voulant parvenir à la perfection , la chercha dans les ouvrages des grands maîtres , particulièrement dans ceux de l'école des Caraches ; & quoiqu'il eût déjà étudié la nature , il s'apperçut , par les ouvrages de ces artiftes, qu'il ne faut pas toujours l'imiter avec la plus exacte vérité. Ce principe , employé dans toutes les parties de l'art , donna à fon école , qui fut la dernière de Rome, un certain ftyle foigné , mais qui eft tombé un peu dans le manièré.

La France eut auffi de grands hommes, principalement dans la partie de la compofition ; partie dans laquelle le Pouffin a été , après Raphaël , le meilleur imitateur du ftyle des anciens Grecs. Charles le Brun & plufieurs autres fe diftinguèrent par une grande fécondité ; & auffi long-tems que l'école Françoife ne s'écarta point des principes de l'école d'Italie , elle produifit des maîtres d'un grand mérite dans les différentes parties de l'art. Mais lorfque, dans la fuite , il y eut des élèves qui préférèrent les ouvrages magnifiques de Rubens , qu'on voit en France, aux chefs - d'œuvre de Raphaël , & qui , felon les principes de Rubens , fe bornèrent à imiter en partie les objets agréables que la nature leur offroit dans leur pays, il s'y forma un ftyle totalement contraire , que fon brillant & fa nouveauté piquante firent admirer par cette nation , qui rejeta dès-lors le goût de l'Italie. C'eft en fuivant cette route , qu'ils fe formèrent un ftyle national, dont le goût ingénieux & ce qu'ils appellent *efprit* , furent les qualités diftinctives. Auffi depuis ce tems-là n'ont-ils jamais fait entrer dans leurs tableaux des perfonnages

Egyptiens, Grecs, Romains ou Barbares, ainsi que le
grand Pouffin leur en avoit donné l'exemple ; mais ils se
sont bornés à peindre des figures Françoises, même pour
représenter l'histoire de tout autre peuple.

On verra, par la description des ouvrages des meilleurs maîtres, ce que je pense des autres écoles.

Quoique ce que je viens de dire ne suffise pas sans doute
pour donner une idée bien parfaite de l'art, je crains
néanmoins que vous ne l'ayez déjà trouvé trop prolixe
pour servir de préambule à la description que je dois
vous faire des tableaux de sa majesté Catholique. Il feroit à desirer que tous les ouvrages précieux qui
sont dans les différentes maisons du roi, se trouvassent
rassemblés dans son palais à Madrid, & qu'on en formât
une galerie digne d'un si grand monarque ; afin qu'on
pût en donner une description propre à servir d'instruction
au Lecteur : en commençant par les ouvrages des anciens
qui sont venus à notre connoissance jusqu'à ceux des
derniers tems, qui méritent quelque éloge. Par ce moyen,
on pourroit distinguer sans peine la différence qu'il y a
entre les uns & les autres, & je pourrois donner plus
de clarté à mes idées. Mais comme on n'a jamais songé
à faire une pareille collection de tableaux, je parlerai,
sans suivre aucun ordre, des peintres des différens tems,
en commençant par les meilleurs artistes Espagnols, dont
les ouvrages se trouvent dans les principaux appartemens
de sa majesté.

Description des principaux Tableaux qui font dans le palais du Roi à Madrid.

C'est dans la falle où s'habille le roi qu'on voit la plus grande partie de ces tableaux , particulièrement des trois meilleurs maîtres Efpagnols ; favoir , Don Diègue Vélafquez , Ribera & Murillo. Mais quelle différence ne règne-t-il pas entre ces trois artiftes ! Quelle vérité & quelle intelligence de clair-obfcur dans les ouvrages de Vélafquez ! Qu'il a fupérieurement bien entendu l'effet de l'air ambiant interpofé entre les objets , pour en faire connoître les diftances ! Quelle école pour tout artifte qui veut étudier dans les tableaux des trois tems de ce maître qui fe trouvent ici , la méthode qu'il a fuivie pour arriver à une auffi excellente imitation de la nature ! Le tableau du Porteur-d'eau de Séville , nous prouve clairement combien ce peintre s'eft reftreint dans fes principes à imiter la nature , en finiffant toutes les parties , & en leur donnant la vigueur qu'il a cru appercevoir dans fes modèles , ainfi qu'en faifant connoître la différence effentielle qu'il y a entre celles qui font éclairées & celles qui fe trouvent dans l'ombre ; de manière cependant que cette févère imitation de la nature l'a fait tomber dans un ftyle un peu dur & fec.

Dans le tableau du feint Bacchus qui couronne quelques buveurs , on remarque une touche plus facile &
plus

plus fpirituelle, avec laquelle il a imité la nature, non telle qu'elle eſt, mais telle qu'elle nous paroît être. Ce pinceau facile & libre ſe remarque néanmoins davantage dans ſon tableau de la Forge de Vulcain, dont quelques forgerons font une parfaite imitation de la nature. Cependant Vélaſquez donna une plus juſte idée encore de la nature dans ſon tableau des Fileuſes, fait dans ſon dernier ſtyle; de manière que la main de l'artiſte ne paroît avoir eu aucune part à l'exécution de cet ouvrage, qui ſemble créé par un ſimple acte de volition; & l'on peut dire que c'eſt une production unique en ce genre. Outre les tableaux dont nous venons de parler, il y a quelques portraits de Vélaſquez dans ce même ſtyle, qui, ſans doute, eſt le plus beau de ce maître.

Ribera eſt admirable dans l'imitation de la nature, par la force du clair-obſcur, par la facilité de ſon pinceau, & par l'art de rendre ſenſibles les plus petits accidens du corps, tels que les rides, les poils, &c. Son ſtyle eſt toujours vigoureux; cependant il n'eſt pas parvenu au degré de Vélaſquez dans l'intelligence des lumières & des ombres, parce qu'il n'a pas connu la partie de la dégradation des couleurs, ni l'effet de l'air ambiant; quoique d'ailleurs ſon coloris eſt plus brillant & plus animé, comme il l'a fait voir dans quatre tableaux qui ſervent de deſſus-de-porte.

Il y a, dans la même ſalle, des ouvrages des deux différens ſtyles de Murillo. De ſon premier tems, ſont les tableaux de l'Incarnation & de la Nativité du Seigneur, dans leſquels (mais principalement dans le ſecond) on admire une touche fière & hardie, & une grande vérité , quoiqu'ils aient été faits avant qu'il eût acquis ce moëlleux qui caractérife fon fecond ftyle ; comme on peut s'en convaincre par quelques autres tableaux qui font dans la même falle , & fur-tout par le petit tableau de chevalet des Epoufailles de la Vierge , & par une très-belle figure à mi-corps de S. Jacques , qui eft dans la chambre voifine qui fert de paffage.

Dans la falle d'audience du Roi , il y a un excellent tableau de Vélafquez : c'eft le portrait de l'infante Donna Marguerite-Marie d'Autriche. Comme cet ouvrage eft fort célèbre par fon admirable exécution , je n'en dirai rien , finon qu'il nous prouve que l'effet que produit l'imitation de la nature plaît généralement à tous les hommes ; mais fur-tout quand ce n'eft point dans la beauté qu'on cherche le principal mérite des productions de l'art.

Je ne parlerai point , pour le moment , du grand nombre d'excellens tableaux du Titien qui fe trouvent dans les appartemens du palais , pour m'arrêter au magnifique portrait équeftre de Philippe IV , peint par Vélafquez. Tout excite dans cet ouvrage l'admiration : le cheval auffi-bien que la figure du roi ; le fite même en eft exé-cuté avec une touche * du meilleur goût. Ce qu'il y a

---

* *Touche* fignifie , en peinture , le maniement du pinceau & des couleurs. Tout objet qu'on fuppofe être vu à une certaine diftance, doit être rendu d'une manière plus indécife , à caufe de l'inter-pofition de l'air ambiant , que ceux qui font proche de nous. Les cheveux , par exemple , ne peuvent pas alors être diftingués auffi parfaitement , ni paroître divifés par parties , comme ils le font dans la nature ; il faut donc que le peintre les repréfente en maffe.

néanmoins de plus admirable dans ce tableau , c'eſt la manière facile & finie avec laquelle eſt peinte la tête du roi ; de forte que la peau en paroît luifante. Au reſte , tout en eſt fait avec la plus grande légèreté , juſqu'aux cheveux mêmes , qui font admirablement beaux. Ce tableau a pour pendant le portrait du comte-duc d'Olivarès, qui n'eſt prefque en rien inférieur à celui du roi.

Il nous reſte encore à obferver le beau tableau du même maître , dont le fujet eſt la Reddition d'une ville , qui ci-devant étoit placé dans le falon de *los reinos* au palais d'*el Kitiro* , & qui fe trouve aujourd'hui dans la falle à manger du prince des Aſturies. Ce tableau a toute la perfection que comporte le fujet , & tout en eſt exécuté de main de maître , à l'exception des manches des lances. Dans la même falle , on voit le portrait de l'infante Donna Marguerite-Marie d'Autriche , & celui d'un infant à cheval , tous deux peints par Vélafquez , dans fon meilleur tems , ainſi que d'autres portraits du même maître.

Dans la chambre où le prince s'habille , il y a trois admirables tableaux de Ribera, dont l'un eſt un S. Jérôme, & l'autre un S. Benoît de même grandeur : ils font du meilleur tems de ce maître, d'une touche excellente & d'une grande vérité ; il y a fur-tout une expreſſion peu commune dans le vifage de S. Benoît. Le troiſième repréfente le Martyre d'un

---

Cette maſſe doit fe faire d'une certaine manière , qui dépend du ſtyle & du choix. C'eſt ce qui fait qu'on dit qu'un peintre a telle ou telle *touche* ; favoir , une touche vigoureufe , fuave , facile , délicate , large , &c.

faint , qui de même eſt fort beau , mais d'un ſtyle plus vigoureux.

Il feroit inutile de parler ici de tous les ouvrages de Rubens & de ſon école, qui ſont en grand nombre dans ce palais. Il y en a cependant un qui mérite de fixer notre attention : c'eſt l'Adoration des rois, qu'on peut regarder comme un des chefs-d'œuvre de ce maître. Il a peint ce tableau en Flandres, dans ſon meilleur tems ; quand il vint en Eſpagne , il y ajouta de la toile pour l'agrandir , & y mit de nouvelles figures, parmi leſquelles eſt ſon propre portrait. Ce tableau a toute la beauté que Rubens pouvoit donner aux ſujets d'hiſtoire , & le deſſin n'eſt pas des moins corrects de ce maître.

Parmi les différens tableaux de Van-Dyk, il y en a un très-beau dont nous devons parler : c'eſt un Chriſt dans le jardin, peint dans un auſſi grand goût & d'un auſſi bon coloris que le comporte la ſcène , qui ſe paſſe de nuit. Le portrait du Cardinal infant , frère de Philippe IV , eſt de même un très-bel ouvrage, tant pour la vérité admirable qui y règne , que pour la beauté du coloris, la touche facile , la morbideſſe & la franchiſe.

Le nombre des tableaux de Lucas Jordans * eſt , pour ainſi dire , infini, & l'on peut aſſurer que ce maître n'a jamais rien fait de mauvais , puiſque le bon goût ſe

* Nous avons déjà remarqué dans le premier volume qu'il ne faut pas confondre ce Lucas Jordans , né à Naples en 1632 , & diſciple de Ribera, avec Jacques Jordans , né à Anvers en 1594, & diſciple de Rubens. *Note du Traducteur.*

trouve dans tous ſes ouvrages ; quoique néanmoins on ne puiſſe les regarder que comme des ébauches , quand on les compare aux productions ſublimes des maîtres célèbres de l'école d'Italie. D'ailleurs Jordans n'a jamais atteint à la perfection en aucune partie de l'art ; de ſorte que le ſtyle de cet artiſte ne peut ſouffrir la moindre négligence ſans perdre totalement ſon mérite ; & tous ceux qui ont voulu l'imiter, ſont reſtés au même degré. Les ouvrages de Jordans ſont , en général, de deux eſpèces , quoiqu'il ait ſouvent imité quelque maître en particulier. Pluſieurs de ſes tableaux ont un vigoureux ton de couleur, qui approche du faire de Ribera , de qui Jordans fut le diſciple, & dont il commença par adopter le ſtyle. C'eſt néanmoins celui de Pierre de Cortone dont il a fait le plus généralement uſage, & qui paroît avoir été le plus analogue à ſon génie, comme on peut le voir par la plupart de ſes tableaux. Dans ce goût, eſt le magnifique ouvrage à freſque au pavillon d'*el Ritiro* , de même que pluſieurs autres tableaux qui ſont au palais du roi. Dans d'autres ouvrages, qu'il fit enſuite à Madrid , il s'éloigna un peu de ce ſtyle, en y mêlant des figures drapées dans le goût de Paul Véronèſe, & en portant la dégradation des teintes & du clair-obſcur juſqu'à tomber dans le lourd ; ainſi que cela ſe remarque dans quelques tableaux de l'hiſtoire de Salomon, qui ſont au palais , & qu'il a fait après ceux de l'Eſcurial.

Parmi ceux du palais, il y a une Vierge à mi-corps avec l'Enfant Jéſus & S. Jean-Baptiſte, qu'on attribue à Raphaël. A la vérité , l'Enfant eſt preſque entièrement copié d'après ce maître. Les chairs des figures en ſont

un peu rougeâtres ; le fond & le payfage tirent fur le bleu ;
la tunique de la Vierge eft d'un incarnat de carmin affez
vif , & la mante eft, d'un bleu foncé : tous fignes
bien caractériftiques du ftyle de Raphaël. C'eft pourquoi ceux qui ne connoiffent pas fes beautés effentielles ,
prennent ce paftiche de Jordans pour un ouvrage de ce
grand maître. Il y a dans ce palais d'autres tableaux de
Jordans dans la manière de l'école Vénitienne, mais qui
cependant n'ont pas ce degré de perfection que quelques
écrivains leur attribuent gratuitement.   .

Nous pourrions encore placer ici , comme des ouvrages
d'un grand mérite , quelques tableaux du Tintoret , du
vieux Palme & de Jacques Baffan ; qui tous néanmoins
font éclipfés , felon moi , par ceux de Paul Véronèfe ,
& plus encore par ceux du Titien , faits dans fon meilleur tems. Ce peintre , comme on le fait , n'a jamais été
furpaffé dans l'intelligence & la beauté du coloris ; &
l'excellence de fa manière dans cette partie eft fi grande
qu'il eft , pour ainfi dire , impoffible d'y connoître l'art,
de forte qu'on croit voir la nature même. Le pinceau du Titien eft extrêmement facile , fans cependant tomber dans
des défauts de négligence ; fes touches font , au contraire,
fi belles qu'elles paroiffent deffinées. La force & l'effet de
fon clair-obfcur ne confiftent pas dans l'obfcurité des
ombres & dans la clarté de lumières , mais dans une favante difpofition des couleurs locales propres au fujet.

Toutes ces qualités fe trouvent dans la fuperbe
Fête des Bacchantes , dont les figures ont le tiers de
grandeur naturelle. Ce tableau eft actuellement dans le
cabinet de la princeffe des Afturies. Chaque partie en

particulier , & toutes enfemble font fi belles dans cet ouvrage , que ce feroit trop entreprendre que de vouloir
les décrire. Je me contenterai de vous dire que je ne
vois jamais ce chef - d'œuvre fans admirer la figure
de la femme , qui dort fur le premier plan , & qui
me paroît toujours nouvelle , comme fi je ne la voyois
que pour la première fois. Le coloris de cette figure eft
de la plus grande fraicheur qu'on connoiffe du Titien ;
& la dégradation des teintes en eft fi admirable , qu'à
mon avis il n'y a rien de plus beau dans ce genre. On ne
peut les diftinguer les unes des autres qu'en les comparant avec la plus grande attention ; chácune en particulier paroît être de la chair , & la variété de toutes eft foumife à un feul ton de couleur. Dans toutes les figures
en général , & dans chacune en particulier , la teinte
locale des chairs eft variée avec la plus exacte propriété ,
& les couleurs des draperies font de la plus grande
beauté. Quant aux acceffoires , le ciel eft formé de nuages
diaphanes , les arbres font d'une belle verdure & d'un
feuillier varié & bien ombragé ; le fite eft couvert de
tendres herbes , & l'enfemble eft d'un grand brillant ,
fans néanmoins s'écarter de la vérité de la nature.

Un tableau , à-peu-près de la même grandeur , repréfentant des Enfans qui jouent avec des pommes qu'ils
cueillent des arbres , eft pareillement d'une beauté admirable , du ftyle le plus fini , & paroît être du même
tems que le précédent. On eft furpris de la diverfité des
enfans, ainfi que de la différence marquée de leurs cheveux,
qui font prefque tous noirs & frifés. La dégradation des
demi-teintes eft fur-tout faite avec un art extraordinaire, fe

perdant infenfiblement dans les objets les plus éloignés:

Ces deux tableaux étoient autrefois à Rome dans le palais Ludovifi , & furent donnés au roi d'Efpagne. Ils ont fervi , comme le dit Sandrart , d'étude au Dominicain , au Pouffin & à Fiamingo , pour la beauté des enfans. L'Albane a mis dans fes ouvrages un petit groupe de ces enfans qui danfent. On voit dans le palais deux copies de ces tableaux peintes par Rubens , qu'oh peut comparer à la traduction libre d'un livre en langue Flamande , où l'on auroit confervé toutes les penfées de l'original , mais en lui faifant perdre la grace du ftyle. Il y a encore plufieurs autres tableaux du Titien , mais qui font tous de fon dernier tems ; quelques-uns mêmes font des ouvrages de fa vieilleffe , lorfque la foibleffe de fa vue ne lui permit plus de manier le pinceau avec la même franchife , quoiqu'il eût confervé la beauté des teintes. Ça donc été un grand préjudice pour les progrès de l'art que le Titien nous ait laiffé ces fruits de fa vieilleffe , exécutés avec tant de négligence ; parce que plufieurs artiftes fe font empreffés de les imiter , fans fe rappeller que le Titien s'étoit appliqué , dans fon meilleur tems , avec un foin extrême , aux principes & aux règles de l'art , quoique le coloris foit la partie dans laquelle il a excellé & furpaffé tous les autres maîtres.

Il y a peu d'ouvrages du Corrége ; mais comme chaque production de ce grand maître nous préfente toute la magie de l'art , les deux feuls qui font dans ce palais fuffifent pour nous donner une idée du talent fupérieur de cet artifte. La Vierge qui met des langes à l'Enfant, & S. Jofeph qui eft dans le fond , femblent faits en manière

nière d'ébauche ; tant la variété que l'artiste a fu mettre dans les mouvemens de l'Enfant & de la Vierge eft étonnante. On eft furpris qu'une figure qui a moins de deux palmes de hauteur produife un fi grand effet à une diftance affez confidérable : car on croiroit qu'elle excède fa grandeur réelle. Cette magie ne confifte cependant pas tant dans la grande force du clair-obfcur que dans les demi-teintes imperceptibles dont il s'eft fervi pour paffer des clairs aux ombres , & dans l'art admirable avec lequel il a fu employer les uns & les autres : art par lequel il a fi bien rendu le relief & les formes qu'on a de la peine à croire que fes tableaux ne foient qu'une furface plane.

Si le Titien a été furprenant par fes teintes & fes couleurs locales dans tout ce qu'il a fait, on peut dire que le Corrége , quoique moins parfait dans cette partie , l'a néanmoins furpaffé dans le relief , particulièrement des parties faillantes & des inflexions , ainfi que dans la perfpective aërienne ; non-feulement par rapport aux objets dégradés au moyen du clair-obfcur par la diftance qui les fépare , mais encore par une certaine intelligence de la nature de l'air , lequel étant d'une qualité plus ou moins diaphane , fe remplit de lumière , & paffant entre les corps leur communique cette lumière dans les endroits où fes rayons directs ne peuvent pas aller frapper , & forme de cette manière cet air ambiant par le moyen duquel nous diftinguons les objets dans l'ombre même ; de forte qu'on peut mefurer la diftance qu'il y a de l'un à l'autre. Cette partie étoit parfaitement bien connue des anciens Grecs, comme on en eft convaincu par les peintures d'Her-

culanum, même les plus mauvaifes ; de forte qu'on peut
dire qu'ils s'en étoient formé une règle fixe. Parmi les
modernes les artiftes les plus célèbres dans cette partie ,
font le Corrége , Diègue Velafquez & Rembrant.

Mais retournons à. notre tableau. L'Enfant eft d'un
travail fini , non-feulement pour l'intelligence du clair-
obfcur , mais encore pour le coloris , pour l'empâtement
des couleurs , pour le deffin & pour la grande grace qui
y règne. Le Corrége étoit admirable dans les raccourcis ,
& favoit donner du contour aux corps par l'expreffion de
leurs formes même ; talent très-rare , qu'aucun autre
peintre n'a jamais poffédé au même degré que lui , à
l'exception de Michel-Ange & de Raphaël. Les Grecs
regardoient cette partie comme la plus difficile , ainfi que
nous l'apprend Pline en parlant de Parrhafius.

« Peindre les corps & les milieux des objets , c'eft
» fans doute beaucoup ; cependant plufieurs y ont réuffi ;
» mais de bien rendre les extrêmités des corps , & de
» bien terminer & arrondir les parties , c'eft ce qu'on
» trouve rarement exécuté avèc fuccès : car l'extrêmité
» doit s'entourer elle-même , & fe terminer de façon qu'elle
» promette autre chofe après foi , & faffe voir ce qu'elle
» cache * ».

L'autre tableau , qui repréfente la Prière du Chrift dans
le jardin , quoique petit auffi , eft d'un travail fini &
raifonné. Au premier coup-d'œil on n'apperçoit que le
Seigneur avec l'Ange & le ciel éclairé , tout le refte

* Pline , L. XXXV, c. 10.

étant couvert d'ombres comme pendant la nuit. Mais
après un examen plus attentif, on y trouve divinement
bien rendu l'effet de l'air ambiant dans la dégradation des
objets, exactement de la même manière qu'on les voit
dans un *medium* foiblement éclairé, où nous discernons
bien les objets qui font près de nous, mais où ceux qui
font un peu éloignés échappent à notre vue. On ne peut
pas diftinguer la troupe qui vient pour fe faifir du Sauveur, & l'on n'apperçoit aucune touche ni aucun coup
de pinceau fenfible dans les arbres, fi ce n'eft au groupe
des apôtres, où l'on commence à voit le feuiller des arbres, & enfin les tendres brins d'herbe, ainfi qu'un tronc
d'arbre avec la couronne d'épines, & la croix couchée
par terre, fuivant que ces objets font plus près de la lumière. L'éclat dont brille le vifage du Chrift éclaire tout
le tableau, & le Sauveur qui reçoit lui-même la lumière
d'en-haut, comme du ciel, la fait réfléchir fur l'ange.
L'idée de cet ouvrage eft fage, belle & exécutée avec toute
la beauté que ce maître feul étoit capable de lui donner.

Ces tableaux font aujourd'hui dans le même cabinet
de la princeffe des Afturies, où fe trouvent ceux du Titien dont j'ai parlé, & quelques-uns de Léonard de Vinci.
De fon meilleur ftyle eft celui de Deux Enfans qui jouent
avec un agneau, qui cependant n'eft pas affez fini ; &
un autre qui ne contient qu'une feule tête de S. Jean-
Baptifte adolefcent. On remarque dans ces deux tableaux
la grande étude que ce peintre avoit faite du clair-obfcur ;
c'eft-à-dire, de cette dégradation de la plus forte lumière
jufqu'à la plus forte ombre : il règne de plus une certaine grace dans les mouvemens agréables & gais des

figures, par laquelle il paroît que le Corrége s'eſt ap-
plani la route du ſtyle gracieux qui ſe trouve dans tous
ſes ouvrages *.

Ce même cabinet contient quelques tableaux qu'on
piétend être de Raphaël. Il y a de ſon invention une
Sainte Famille dont les figures ont la moitié de grandeur naturelle, qui paroît être peinte par quelqu'un de
ſes meilleurs diſciples, & dont il a fait lui-même le deſſin. Un autre petit tableau repréſente la Vierge à mi-
corps avec l'Enfant, dont la compoſition eſt la même que
celle du fameux tableau de Florence, connu ſous le nom
de *la Madonna della Seggiola*. Il manque ſeulement à celui
dont nous parlons ici le S. Jean-Baptiſte ; il eſt d'ailleurs d'une forme carrée, au lieu que celui de Florence
eſt rond, & que les figures en ſont preſque grandes comme
nature. Celui du palais du Roi ſemble avoir été retou-
ché par Raphaël ; on ne doit cependant pas le regarder comme un ouvrage fini, mais ſeulement comme
une eſpèce d'ébauche. La tête de la Vierge, entr'autres,
eſt toute de lui, & peut aller de pair avec ſes autres
ouvrages, étant pleine d'ame & d'expreſſion.

Comment pourrai-je parler aſſez dignement de l'admirable tableau connu ſous le nom de *lo Spaſimo di Sicilia ?*
Vous n'ignorez pas que Raphaël l'a peint à Rome pour
être placé en Sicile dans l'égliſe de Notre-Dame de *lo
Spaſimo*. Cet ouvrage, comme le dit Vaſari, ſe trouva

----

* Parmi les tableaux qui de Modène ont paſſé dans la galerie
de Dreſde, il y a une Vierge du Corrége dont la tête a beaucoup du ſtyle de Léonard de Vinci.

englouti par la mer, mais il fut retrouvé fans avoir fouffert aucun dommage. De tous tems, le prix de ce tableau fut apprécié par les vrais connoiſſeurs, & Auguſtin de Veniſe en a donné la gravure, ſans rendre néanmoins la beauté de l'original. Le comte Malvaſia en parle avec mépris ; mais les écrits de cet auteur nous prouvent que ſa critique étoit peu ſûre en fait de peinture, & qu'il s'en eſt trop rapporté à quelques peintres, qui, par la diſtance immenſe qui les ſéparoit de Raphaël, n'étoient pas en état d'apprécier le mérite de ce grand homme, ni de connoître les raiſons qui doivent nous guider dans notre jugement ſur les ouvrages des artiſtes.

Il me ſemble inconteſtable que la partie la plus noble de la peinture n'eſt pas celle qui flatte ſeulement la vue ; car c'eſt par ce mérite que les productions de l'art plaiſent aux hommes les plus ignorans ; mais que les parties les plus eſtimables ſont celles qui ſatisfont l'eſprit, & qui obtiennent le ſuffrage des perſonnes qui exercent leurs facultés intellectuelles. Si cela eſt, comme j'en ſuis perſuadé, Raphaël doit être regardé comme le plus grand de tous les peintres dont les ouvrages ſont venus juſqu'à nous. L'invention & la diſpoſition de ſes tableaux nous font appercevoir au premier coup-d'œil ce qu'il a voulu préſenter à l'eſprit de ceux qui devoient les voir. Voilà pourquoi ſes ſujets tranquilles ou tumultueux, terribles ou agréables, gais ou mélancoliques, n'ont rien d'incohérent avec l'idée de leur ſujet ; c'eſt en quoi conſiſte la véritable magie de l'art, & par laquelle il émeut notre ame & prend un ſi grand empire ſur elle, ainſi que la poéſie & l'éloquence.

D'ailleurs , on voit diſtinctement dans toutes ſes figures un demi - chemin d'action ; c'eſt-à-dire , qu'on apperçoit ce qu'elles faiſoient avant le mouvement actuel dans lequel elles ſe trouvent , & qu'on prévoit , pour ainſi dire , exactement ce qu'elles doivent faire enſuite ; de ſorte qu'elles ne repréſentent jamais de mouvement tout-à-fait achevé : ce qui leur donne un tel degré de vie , qu'elles ſemblent ſe mouvoir quand on les regarde avec attention. En effet , lorſqu'on examine dans le tableau de *lo Spaſimo di Sicilia* toutes les parties dont nous venons de parler , on ſe convainc facilement que ſi Raphaël n'avoit pas toujours été ſi grand dans ſes productions , on pourroit dire que celle-ci eſt unique par ſa beauté admirable.

Vous n'ignorés pas que le ſujet de ce tableau eſt pris de l'Ecriture Sainte , au moment que Jeſus-Chriſt porte la croix au calvaire & que les Saintes Femmes , fondant en larmes , il leur dit , d'un ton prophétique , de ne point pleurer ſur lui , mais ſur leurs propres fils ; en leur prédiſant la prochaine ruine de Jéruſalem. Raphaël pour faire mieux comprendre cette idée , fait appercevoir dans le lointain le calvaire , vers lequel on monte par un chemin ſinueux , qui prend à la droite de la porte de la ville. Il a repreſenté le Sauveur au moment où , pour la première fois , il tombe à ce détour vers lequel un officier de juſtice le tire avec la corde dont il le tient lié.

Il eſt à croire que , comme ce tableau a été fait pour l'égliſe de Notre-Dame-des-douleurs , les chefs de cette égliſe ont voulu que le peintre y introduiſit la Vierge ;

il fe peut néanmoins que cette idée foit de l'artifte même. Quoiqu'il en foit, Raphaël a trouvé l'art de rendre tous les fujets qu'il a traités de la manière la plus noble, la plus convenable & la plus expreffive.

Comme Raphaël avoit à placer dans ce tableau la mère d'une perfonne conduite au fupplice & injuftement maltraitée, il lui a donné le caractère d'une mère mal-heureufe & refpectable qui, pour obtenir quelque foulagement pour fon fils, fe voit réduite à la cruelle né-ceffité d'implorer une infâme populace à prendre pitié de lui. Dans cette fituation, il a peint la Vierge à genoux, ne tournant pas les yeux vers fon fils, à qui elle ne peut donner aucun fecours; mais dans l'attitude d'une vraie fuppliante: faifant entendre que le Chrift, qui eft tombé par terre, a befoin de la compaffion de celui qui le traite fi inhumainement. A cette humble expreffion de la Vierge, Raphael a donné un air de nobleffe & de majefté, en repréfentant autour d'elle la Madeleine, S. Jean & les autres Maries qui accompagnent la mère de Dieu, & qui lui prêtent du fecours en la foutenant fous le bras.

Ces perfonnages paroiffent tous plongés dans de trifles réflexions fur les fouffrances du Seigneur, principalement la Madeleine qui femble parler au Sauveur. S. Jean donne du fecours à la Vierge. Jefus-Chrift eft tombé par terre, mais fans faire paroître aucune foibleffe, ni le moindre abattement, ayant plutôt l'air d'un juge, tel que le repréfente l'Ecriture; & fon vifage, outre qu'il eft dans ce tableau d'une beauté & d'une excellence, pour ainfi dire, inexprimables, femble animé d'un efprit prophétique qui répond parfaitement au sujet, non seulement par rapport à la personne repréfentée, qui eft toujours Dieu, quoique fouffrant; mais par rapport à Raphaël même, qui n'a jamais donné de caractère bas à tout ce qui étoit fufceptible de nobleffe. L'attitude de toute la figure eft très-belle, noble & animée. Le bras gauche qui, avec une très-belle main, porte fur une pierre, eft tout-à-fait étendu. Cependant les plis de la large manche font appercevoir un demi-chemin d'action; car ils femblent fe tenir encore en l'air & n'avoir pas fini leur chûte, fuivant la tendance que doit leur donner le poids fpécifique de l'étoffe. De la main droite le Seigneur tâche d'empoigner la croix fous laquelle il fuccombe, & femble vouloir empêcher qu'on ne la lui ôte, en cherchant à la foulever lui-même : idée fublime, digne du grand génie de Raphaël, qui, par ce mouvement fimple & qui peut-être paroîtra indifférent à bien des yeux, nous rappelle l'idée que le Sauveur du monde fouffroit parce qu'il vouloit bien fouffrir.

La variété de caractère qu'il a fu donner aux officiers de juftice, n'eft pas moins digne d'admiration, en faifant remarquer que par parmi les hommes méchans, il y en a de plus pervers que les autres. La figure qu'on voit par le dos & qui tire le Chrift avec la corde, ne paroît remplie que de la brutale impatience d'arriver avec la victime au lieu du fupplice. L'autre perfonnage qui, en quelque forte, femble foutenir la croix, paroît ému d'une efpèce de compaffion qui le porte à foulager le Sauveur. Près de lui eft un foldat qui, en pouffant la croix fur l'épaule du Chrift, exprime la plus grande

iniquité,

iniquité, en cherchant à accabler encore davantage le Seigneur, qui fuccombe déjà fous le fardeau de la croix.

Toutes ces réflexions ont particulièrement pour objet l'invention, qui eft la partie qui donne de la nobleffe & de la valeur à l'art, & qui fait connoître la force du génie du maître ; & l'on peut dire que quiconque la poffede au même degré où Raphaël l'a portée, eft véritablement un grand homme, tels que l'ont été, dans leur genre, les meilleurs poëtes & les plus célebres orateurs. Il eft donc néceffaire de bien connoître ce qu'on entend par une invention parfaite, qui confifte non feulement en un beau concept, ou en une idée fage & bien digérée ; mais dans cette unité & fuite d'idées qui remplit & occupe d'abord l'efprit de l'artifte, & enfuite celui de ceux qui voient fes productions ; unité qu'il doit conferver depuis la première difpofition de fon ouvrage jufqu'au dernier coup de pinçeau, pour en former un feul tout en achevant fon tableau.

Plufieurs artiftes, que le commun des amateurs & les peintres médiocres ont regardés comme doués de la partie de l'invention, ont abfolument ignoré ces détails heureux que poffédoit le grand Raphaël ; car on voit qu'ils ont confondu, à chaque inftant, l'invention avec la compofition. L'invention eft la vraie partie poétique d'un tableau, déjà conçu dans l'efprit du peintre qui fe le repréfente, comme s'il avoit vu effectivement, ou comme s'il avoit encore actuellement devant les yeux le fujet que fon imagination ou fa verve fe propofe de rendre.

Tome II.   L

La compofition confifte , au contraire, dans l'agencement des objets que l'imagination a conçus. L'erreur qui s'eft gliflée à ce fujet dans les écoles & parmi le commun des amateurs , a donné naiflance à la fauffe idée qu'on ne doit inventer & compofer des tableaux que pour plaire aux yeux par la diverfité des objets , par les oppofitions & par les contraftes variés, en négligeant la partie la plus eflentielle & la plus noble , favoir l'expreffion , qui appartient à l'invention.

Des ignorans ont ofé avancer que Raphaël n'entendoit pas la partie de la compofition , parce qu'il leur eft tombé , par hafard , entre les mains quelque petite tête de Vierge, & qu'ils n'ont jamais vu les magnifiques ouvrages du Vatican , ni ceux des actes des Apôtres qu'il a compofés pour être travaillés en tapifferie , & dont on peut voir la collection complete dans le cabinet du duc d'Albe, à Madrid. Mais quand même on n'auroit pas vu les chefs-d'œuvre du Vatican , ni les deffins dont nous venons de parler, ni les gravures des œuvres de Raphaël ; le feul tableau , dont il eft queftion ici, doit fuffire pour nous convaincre de fon mérite éminent dans cette partie. Qui mieux que lui a fu mettre de l'équilibre * dans fes compofitions , piramider * * les groupes & donner un contrafte de mouve-

---

* Par *équilibre* on entend , en peinture, l'art de diftribuer les objets avec difcernement , de manière qu'une partie du tableau ne refte pas vuide , tandis que l'autre eft trop chargée. Il faut auffi que cette diftribution paroiffe naturelle & ne foit jamais affectée·

** *Piramider* les groupes , c'eft les difpofer de façon que les ob-

ment alternatif aux membres des figures, avec une variété infinie dans les attitudes ; de forte que toutes les
parties de fes divins ouvrages femblent animées ? Quel
peintre, en un mot, a mieux connu que lui la jufte
quantité des figures qu'il faut introduire dans un fujet
d'hiftoire, & qui eft-ce qui a mieux fu les difpofer, de manière
qu'il n'y en ait aucune d'oifive ou d'inutile ? Si par fois
il a employé certaines attitudes violentes, ce n'a été
que rarement & avec modération, pour les rendre plus
expreffives & pour faire mieux connoître la fituation de
l'ame des perfonnages qu'il repréfentoit ; n'étant pas vraifemblable qu'un homme qui réfléchit faffe les mêmes
geftes que celui qui fe bat, ou qui court, ou qui
marche. Dans la bonne compofition il eft néceffaire de
diftinguer fi l'on repréfente une perfonne d'un rang élevé
ou un homme du peuple ; fi c'eft un vieillard ou un
jeune homme ; & l'on doit obferver de même fi cette figure
eft dans une fituation naturelle ou accidentelle, comme
on le voit dans les compofitions de Raphaël, afin que
toutes ces parties foient analogues & fubordonnées à
l'invention.

Le deffin, qui eft la partie la plus utile dont le
peintre puiffe fe fervir pour exprimer les idées qu'il
a conçues eft d'une grande beauté dans le tableau dont
nous parlons, ainfi que dans tous les ouvrages de Ra-

---

jets forment réellement des piramides, c'eft-à-dire, qu'ils aient
plus de bafe que de pointe. Toute autre forme, tant la droite,
que la circulaire, feroit un effet monftrueux dans un tableau.

phaël ; & l'on peut dire que, s'il n'eſt pas parvenu à la parfaite beauté qu'on trouve dans les ſtatues Grecques, on ne doit l'attribuer qu'aux mœurs de ſon tems ſi différentes de celles des Grecs, ainſi qu'aux circonſtances & à la diverſité des objets ſur leſquels il a exercé ſon talent. Si cependant les anciens Grecs avoient eu à repréſenter un officier de juſtice à côté du Chriſt, ils ne l'auroient pas mieux fait que lui, ni d'une autre manière qu'on le voit dans le perſonnage qu'on apperçoit par le dos. Si les proportions de cette figure ſont d'un homme vil du peuple, il faut conſidérer quelle faute de convenance Raphaël auroit commiſe, en y mettant une figure élégante comme celle du Gladiateur de la *villa* Borghèſe, laquelle auroit plus fixé l'admiration que le Chriſt même ; défaut qu'on remarque dans le fameux tableau du Dominicain, qui eſt dans la chapelle de S. André de l'égliſe de S. Grégoire à Rome, dont on admire plus le bourreau qui flagelle le ſaint que la figure principale du ſaint même, qui néanmoins eſt le héros de cet ouvrage. Ce défaut a été commun à tous les peintres célèbres qui ont fleuri au commencement du dix-ſeptième ſiècle. Ceux qui voudront voir dans l'antique l'exemple d'un caractère qui n'a de point beauté, pourront le trouver dans le Rotateur de Florence ; & je ſuis perſuadé qu'ils ne remarqueront dans cette ſtatue ni le caractère du Lutteur, ni celui du Silène, ni celui du Gladiateur ; ils verront même qu'elle eſt moins belle que la figure dont nous parlons.

Ceux qui prendront la peine d'examiner attentivement le ſtyle du deſſin de Raphaël, tant dans ce tableau que dans fes autres ouvrages, y remarqueront le même efprit que celui des anciens ; c'eft-à-dire, qu'il a fu concevoir & exprimer avec précifion & exactitude toutes les parties effentielles du corps humain, en laiffant, pour ainfi dire, indécifes celles qui font inutiles ou fans expreffion. Ce qu'il y a néanmoins de plus merveilleux dans le deffin de Raphaël, c'eft que le caractère des perfonnages répond fi parfaitement aux attitudes dans lefquelles il les repréfente, qu'on croit réellement voir un homme qui fait, non par accident, mais par une propention naturelle, le mouvement dans lequel Raphaël l'a peint. Cela fe remarque non feulement dans les traits du vifage, où l'on a coutume de lire les difpofitions de l'ame, mais encore dans la conformation entière du corps & de toutes fes parties.

De la figure qu'on voit par le dos, Raphaël a fait un homme membru & lourd, ainfi que le font, en général, les gens du peuple ; & il lui a donné une attitude analogue à cette conformation, fans lui faire exprimer aucune intention particulière. Mais dans les deux autres figures dont j'ai parlé, il a exprimé l'intention fur le vifage, en leur donnant auffi des proportions plus élégantes. Dans le Chrift il faut fur-tout remarquer la beauté de la phyfionomie unie à l'expreffion la plus vive, fans qu'elle altère cependant en aucune manière la régularité & la nobleffe des traits. Toutes les parties effentielles des os & des mufcles y font indiquées, mais avec une telle délicateffe qu'elles ne nuifent point à la grandiofité des formes principales. Ce même caractère fe fait fenfiblement appercevoir dans le col, ainfi que dans la main fur laquelle s'appuie le Chrift ; & quoique le poids du corps, qui porte fur ce bras, en comprime la chair, de manière que les os & les articulations font, pour ainfi dire, cachés ; il a néanmoins fu donner un contour au pouce & aux doigts qui convient fi parfaitement au caractère de la tête, que les plus célèbres artiftes Grecs ne l'auroient pas mieux fait en voulant repréfenter une figure d'un caractère moyen entre celui de Jupiter & d'Apollon, qui réellement doit être celui qui convient au Chrift ; en y ajoutant néanmoins l'expreffion accidentelle de la paffion dans laquelle il a repréfenté le Sauveur.

Je ne m'arreterai pas à faire remarquer la beauté de chaque touche pour l'intelligence des raccourcis & des contours, qui vont fe perdre l'un derrière l'autre, fuivant que le demande le point d'optique ; de manière qu'on croit voir à une grande diftance derrière la fuperficie du tableau. Le mouvement de toutes les parties des têtes, fuivant l'action & le point de vue, eft rendu dans la manière ordinaire de Raphaël. Il feroit trop long de parler de toutes les beautés de détail, ainfi que des réflexions qu'elles offrent ; & l'on doit être perfuadé que fi dans les tableaux de Raphaël on trouve quelque partie médiocre, c'eft l'ouvrage de fes difciples qu'il n'a pu que retoucher, à caufe du grand nombre de tableaux dont il fut chargé dans fon meilleur tems : par conféquent on ne peut pas lui attribuer ces défauts.

Après avoir examiné parmi les ouvrages qui fe trouvent dans le palais du roi, ceux que nous avons jugé les plus dignes de notre attention, par les parties les plus effentielles de l'art, nous allons paffer maintenant aux bons tableaux d'un genre plus facile, dont les maîtres ont glissé sur toutes les difficultés; nous ne ferons qu'y jeter un coup-d'œil général.

Les premiers ouvrages qui se présentent sont ceux de Lanfranc, parmi lesquels est l'admirable tableau des Funérailles d'un empereur, avec un combat de gladiateurs. Cet ouvrage présente un assemblage des plus excellentes choses de l'art, & le dessin en offre, en quelque sorte, l'idée générale de la construction du corps humain, dans laquelle consiste la beauté de l'antique. On y trouve l'expression de Raphaël, ainsi que les masses & la facilité du clair - obscur du Corrége; tout cela n'est cependant pas bien fini, mais seulement indiqué. Il y a encore une Naumachie ou un combat de barques, un Sacrifice & d'autres tableaux de ce maître qui méritent d'être admirés.

Le nombre des tableaux de différentes écoles qui n'ont pas le degré de perfection de ceux dont nous venons de parler, est infini. Parmi ceux-ci il y en a quelques uns du Poussin ; entr'autres une fort belle Bacchanale, dont les figures ont un peu moins d'un pied de grandeur. Il est d'un travail fini, d'un excellent dessin & d'un bon coloris. Il représente quelques femmes & plusieurs enfans qui dansent, d'un style agréable : le site en est de la plus grande beauté. Ce tableau, fait d'abord pour couvrir un clavecin , fut ensuite agrandi par le Poussin même ou par son beau-frère Gaspard.

Il seroit à desirer que plusieurs jeunes peintres s'appliçassent avec soin à étudier les modèles de l'art que je viens de décrire, non feulément en les copiant, mais en les imitant : opérations entre lefquelles il y a une grande différence ; car ce n’eft pas en copiant feulement un ouvrage qu’on fe rend capable d’en produire d’autres qui lui reffemblent, fi l’on ne médite pas fur les caufes qui on fait agir le maître de l’original : unique moyen cependant de tirer quelque fruit de l’étude des ouvrages de l’art.

Un tableau offre deux parties effentielles ; l’une comprend les raifons des chofes, ce que nous pourrions appeller la trace que le peintre laiffe de fon génie ; l’autre eft le faire, c’eft-à-dire, la manière ou la méthode que l’artifte s’eft formée. Ordinairement ceux qui copient ou qui prétendent étudier les ouvrages des grands maîtres, mettent leur principal foin à imiter l’apparence, que j’appelle le *mode* * ou la manière ; ce qui fait que lorfqu’ils n’ont plus devant les yeux l’original, & qu’ils effayent de faire quelque ouvrage où il entre des parties différentes de celles qu’ils ont copiées, ils reftent fans guide. Mais ceux qui s’appliquent réellement à étudier & à admirer les productions des plus célèbres artiftes, avec un véritable defir de les imiter, parviennent au point de pouvoir en produire d’autres qui y reffemblent ; ce qu’ils doivent à l’etude qu’ils ont faite des caufes qui ont déterminé ces artiftes. Affermis & confolidés ainfi dans leurs principes, ils font en état d’employer les

---

* Voyez la note à la page 41 de ce volume.

mêmes

mêmes caufes & les mêmes moyens dans les circonftances néceffaires & convenables , ou de les imiter fans être plagiaires.

Je crois donc que les jeunes peintres doivent étudier avec foin les ouvrages des grands maîtres , non dans l'idée de les copier aveuglément , mais pour y chercher les parties de la nature dont ceux-ci ont fait choix , pour les imiter ; en fe perfuadant d'ailleurs , que rien ne peut être bon dans ces maîtres , quoique fameux , que ce qui eft conforme à la nature. Après avoir acquis une certaine habitude à copier ces ouvrages , le meilleur confeil qu'on puiffe leur donner , c'eft d'étudier la nature même , en prenant d'elle les parties qui reffemblent le plus à celles qu'ont choifies les maîtres dont ils ont étudié les ouvrages en les copiant.

De cette manière , ils pourront acquérir un vrai talent , pour peu qu'ils ayent une aptitude naturelle pour l'art ; & quand même ils n'atteigneroient pas au degré des maîtres qu'ils ont tâché d'imiter , ils ne laifferont pas de parvenir à un affez grand mérite pour devenir célèbres : la nature étant fi riche & fi variée dans fes productions , que , quiconque a 'du talent ou du génie peut y trouver des parties analogues à fes forces , pourvu qu'il les imite de la manière que je viens de l'indiquer le mieux qu'il m'a été poffible , & que mon peu d'habitude d'écrire me l'a permis.

Ce petit ouvrage ne doit donc être regardé que comme une fimple lettre diétée par le defir d'être utile , mais avec de trop foibles moyens pour lui donner la forme convenable. Je vous prie , par conféquent , de m'excufer vis.

à-vis du public , & de diſſiper , par quelques éclairciſ-
ſemens , l'obſcurité qui peut régner dans cet écrit ; afin
de le rendre , par plus de clarté , inſtructif pour ceux qui
pourront en avoir beſoin ; ce que je n'oſerois jamais entreprendre par moi-même.

Recevez avec bonté ce que mes occupations multi-
pliées , plus utiles que mes diſcours ou que mes écrits ,
m'ont permis de vous donner ; & diſpoſés entièrement de
celui qui vous a voué la plus parfaite eſtime , & qui
deſire ſincèrement de vous obliger.

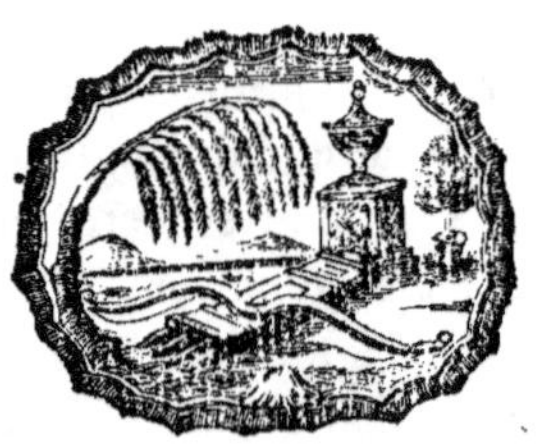

LETTRE
DE M. MENGS

Sur l'origine, les progrès & la décadence des Arts qui tiennent au Dessin.

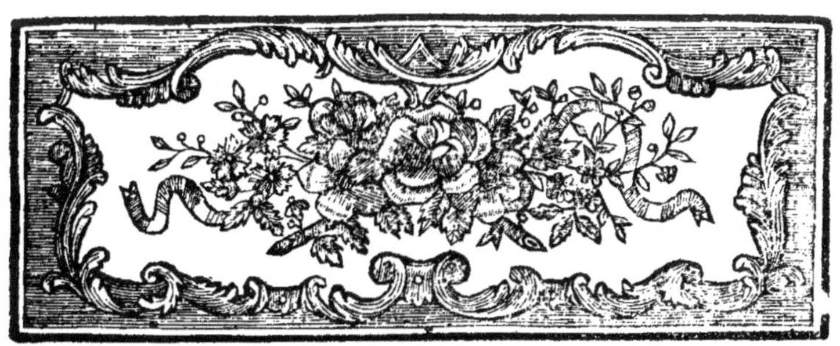

LETTRE
DE M. MENGS

Sur l'origine , les progrès & la décadence des Arts qui tiennent au Dessin.

Vous me demandez le résultat de nos entretiens sur les arts qui tiennent au dessin, & vous voulez que je vous dise mon sentiment sur leur origine, leurs progrès & leur décadence. Je suis prêt à vous communiquer tout ce que mes réflexions & une longue expérience peuvent m'avoir appris, si vous croyez que cela puisse être de quelqu'utilité. Cependant je me trouve retenu par deux raisons : la première est la méfiance que j'ai de mes propres forces, ne me sentant pas le talent nécessaire pour m'exprimer avec la justesse & la clarté requises ; la seconde est l'impossibilité que j'entrevois de donner une

idée exacte & lumineuse de ces choses , sans entrer dans
des détails sur les moindres principes de l'art ; pour
m'élever ensuite , par degré , aux parties les plus subli-
mes ; ce qui m'engageroit dans un travail trop étendu
& supérieur à mes facultés physiques & morales. Néanmoins le desir que j'ai de vous satisfaire me fera oublier
toutes ces difficultés , & je vais mettre la main à la plume
pour vous prouver mon empressement à vous obéir ;
mais , en même tems , je vous prie de recevoir ce que
je vais vous dire plutôt comme un simple essai que mon
amitié a hasardé pour vous satisfaire , que comme un
traité digne d'être présenté au Public.

C'est à la nécessité que la plupart des inventions de
l'homme doivent leur naissance , à l'exception néanmoins de ce qu'on appelle beaux-arts , qui sont le produit de l'inclination naturelle que nous avons d'imiter
tous les objets qui se présentent à notre vue. Les principes dont ces arts sont composés sont puisés dans la nature même ; & comme il se trouve dans la nature des
choses qui ont quelque sorte de ressemblance entr'elles ,
je crois que c'est cette ressemblance qui a porté l'homme
à suppléer aux parties défectueuses , ou d'une trop grande
disparité , pour en former un tout régulier ; & c'est sans
doute par le moyen de cette comparaison & de cette
combinaison que se sont formé plusieurs choses , qu'on
a ensuite exécutées par l'art de l'imitation.

Pour faire mieux comprendre ce que j'aurai à dire dans la
suite, il est nécessaire que je commence par expliquer le sens
que j'attache au mot *Idée*. Par idée j'entends l'impression
que les choses laissent dans notre esprit , & par le moyen

de laquelle la mémoire peut se rappeller, quand elle le veut, les perceptions qu'elle s'est formées des choses. Ces idées sont d'autant plus claires & d'autant plus distinctes, que l'impression que les objets ont faite sur notre esprit a été plus vive & plus forte, & suivant notre plus grande aptitude à distinguer & à déterminer les parties les plus essentielles des choses. Il y a peu d'inventions que l'on ne doive pas au hasard, c'est-à-dire, à une certaine combinaison à laquelle nous donnons ce nom, parce que nous en ignorons la cause. Les arts qui tiennent au dessin doivent probablement leur origine, comme je l'ai dit, au desir & au penchant que l'homme a d'imiter tout ce qu'il voit ; ce qui aura donné naissance au plastique ; car il est naturel de croire que l'on a d'abord conçu l'idée de modeler avec de l'argile des figures humaines ou d'animaux *, & qu'ensuite, par hasard ou par réflexion, on aura exposé ces figures au feu, pour leur donner plus de dureté & de consistance. L'histoire ne nous dit pas exactement la marche que l'art a tenu dans son principe ; mais il y a tout lieu de croire que c'est celle que nous venons d'indiquer ; puisque nous savons que même après que les arts eurent été perfectionnés, il y a eu des peuples qui ont fait usage de statues de terre cuite. Et comme l'art de faire des briques, de leur donner une certaine

---

* Pline dit expressément que le plastique existoit avant l'art de faire des statues. (*Hist. Nat.* . *l. XXXIV*, c. 7, à 16.) Voyez aussi le *liv. XXXV*, c. 12, à. 45, où il est dit « Que Varron a » loué Pasitèle qui a dit, que l'art de modeler est la mère de la » statuaire, de la sculpture & de la cifelure ». *Note du Traducteur.*

forme , & de les durcir par le moyen du feu , eſt de la plus haute antiquité * ; il paroît vraiſemblable que c'eſt dans ces mêmes tems que les hommes auront auſſi conçu l'idée de faire des figures de la même matière & de leur donner la dureté néceſſaire. Il y a des écrivains qui prétendent que les *Téraſins* ou *Séraphins* , c'eſt-à-dire, les dieux Lares de Laban, que Rachel lui enleva , étoient des figures de terre cuite * *. Mais je ne m'arrêterai pas à diſcuter ici des faits d'une ſi haute antiquité , & ſur leſquels les écrivains ſont ſi peu d'accord entr'eux : différence de ſentiment qui néceſſairement a dû avoir lieu, parce qu'étant tous guidés par l'idée de faire l'hiſtoire exacte des arts, ils l'ont tous entrepris dans la préoccupation que ces arts ont été inventés dans un ſeul pays & par un même peuple ; ce qui néanmoins paroît contraire à la

---

* Dans le principe , les briques n'étoient pas cuites au four , mais ſeulement ſéchées , pendant quelques années , au ſoleil. Vitruve, *liv. II* , *c.* 3, parle de la manière dont on faiſoit ces briques, & dit qu'elles ſe décompoſoient par l'eau. Pauſanias cite pluſieurs temples & autres édifices conſtruits de pareilles briques. *Note du Traducteur.*

* * On trouve qu'au vingt-deuxième ſiècle , Tharé, père d'Abraham, étoit déjà adonné au culte des faux dieux. (*Joſué, ch.* 24 , *v.* 2 , 24) ; & Laban, qui vécut au vingt-troiſième ſiècle , avoit ſes dieux domeſtiques. (*Moïſe , liv. I* , *ch.* 31 , *v.* 19 , 30). Ces dieux Pénates , ou Séraphins , ſuivant Samuël (*ch.* 19 , *v.* 13), avoient la forme humaine ou du moins la tête de l'homme. Il paroît donc certain que la ſculpture a été connue en Méſopotamie dans le tems où l'on n'en trouve pas encore la moindre trace dans la Grèce. *Note du Traducteur.*

vérité ,

vérité ; parce que l'homme étant par-tout doué des mêmes facultés , & ayant par-tout les mêmes befoins , il faut néceffairement que , dans tous les tems & dans tous les lieux, il ait penfé de la même manière , & ait inventé les mêmes chofes.

Mais avant d'aller plus loin , il eft néceffaire que je dife ce que j'entends par le mot *Art*. Je crois que c'eft la manière de produire un ouvrage quelconque, par des moyens raifonnés & pour une fin déterminée. Le but des beaux‑arts , eft de faire naître des fentimens agréables par l'imitation; c'eft-à-dire , que cette imitation doit nous préfenter les objets avec plus d'ordre & de clarté que la nature même ; & c'eft ce qui produit la *Beauté*. Voilà pourquoi on a donné le nom de *Beaux-Arts* à tous les arts qui ont pour but cet ordre & cette clarté. La beauté, en particulier, ne confifte que dans la manière d'être des chofes, qui, par les moyens les plus fimples, nous donne une idée claire & diftincte de leurs qualités eftimables & effentielles.

Quelques écrivains penfent que la fculpture eft le plus anciens de tous les beaux‑arts , parce que fa manière d'imiter les objets eft la plus fimple. Elle a été inventée à différentes époques & dans différens pays ; mais il femble que c'eft à l'idolatrie qu'elle doit fa naiffance. *

---

* Pline (*Hift. Nat. Liv. XXXV, ch.* 12 , ℓ. 43) prétend que Dibutade , potier de Sycione , a été le premier inventeur de l'art du plaftique ou de modeler en argile. Il ajoute cependant que d'autres attribuent cette invention à Rhecus & Théodore , de l'ifle de Samos, long-tems avant que les Bacchiades euffent été chaffés

Il se pourroit, néanmoins, que cet art ait eu une origine plus
noble , & qu'on le doive au desir de conserver l'image des

---

de Corinthe ; & que Démarate , exilé de cette ville , conduisit
avec lui Euchir & Eugrammus , qui portèrent en Italie l'art du
plastique.

Quoi qu'il en soit , il paroît certain que l'invention de modeler
en argile doit être attribuée aux Grecs , sans qu'on puisse néanmoins
en déterminer exactement l'époque. Car quand même on adop-
teroit avec M. le comte de Caylus (*Tom. II*, *p.* 255) qu'il faut
en faire honneur à Rhecus & Théodore ; & en supposant que
l'expulsion des Bacchiades ait eu lieu dans la trentième Olympiade ,
& par conséquent l'an 3320 du monde ; nous savons que Pline dit
que le plastique a été inventé long-tems auparavant, puisque par
multo ante il a sans doute voulu faire entendre plusieurs siècles.
On sait aussi que le bouclier d'Achille , qu'Homère décrit dans le
XVIIIe Livre de son Iliade , & dont M. le comte de Caylus a
donné le dessin (*Tom. II*, *p.* 231), qui lui avoit été commu-
niqué par Boivin , étoit un bel ouvrage de sculpture pour ce
tems-là. Cet art étoit donc déjà fort avancé chez les Grecs avant
le siége de Troye , c'est-à-dire , avant l'an 2792. Or , si l'on place
Euchir & Eugrammus à cette époque , il est très-possible que ce
soient ces artistes qui aient porté le plastique en Italie. Mais suivant le premier sentiment de Pline , cela ne peut pas être ; car
alors l'invention de la sculpture devroit être placée dans la cin-
quantième Olympiade ; c'est-à-dire , à - peu - près vers l'an 3400,
tems où les Etrusques avoient déjà porté cet art à un certain degré
de perfection. Suivant Diodore de Sicile (*Bibl. hist.*, *L. I*, *c.* 98),
les sculpteurs Tecle & Théodore, fils de Rhécus, (ou pour mieux
dire , Rhécus , fils de Philas , & Théodore , fils de Teclel, comme le
remarque fort bien M. Heyne , dans sa Dissertation critique sur
l'*Histoire de l'Art* , de M. Winckelmann , qui se trouve dans les

perſonnes dont on regrettoit la perte . ou de perpétuer la mémoire des hommes d'un talent ou d'un mérite ſupérieur; peut-être bien auſſi eſt-ce la néceſſité de rendre ſenſibles au peuple, par des ſignes hiéroglyphiques, quelques propriétés de la nature qui y a donné lieu, comme on ſait que cela eſt arrivé en Egypte. Ce peuple n'a jamais pu s'élever à la perfection de l'art *, quoiqu'il l'ait cultivé pendant plu-

---

Mémoires de la Société de Gottingen). Telecle & Théodore, diſons- nous, ſe ſont arrêtés quelque tems en Egypte , & ont enſuite paſſé à Samos, où ils ont fait, dans le ſtyle Grec, la fameuſe ſtatue d'Apol- lon Pythien. *Note du Traducteur*, tirée d'un livre Allemand inti- tulé: *Hiſtoire & Principes des Sciences & des Beaux-Arts* du célè- bre profeſſeur *Buſching*, avantageuſement connu par ſa *Géographie*, & par pluſieurs autres ouvrages eſtimables.

* Quoiqu'il paroiſſe décidé, dit M. Buſching, que les Egyptiens ne ſe ſoient jamais élevés dans l'art juſqu'à la beauté, il ſemble néan- moins qu'on ne peut pas en conclure qu'ils n'aient pas mis dans leurs ouvrages de la convenance & du goût, & qu'ils ſe ſoient toujours arrêtés, comme le prétend M. Winckelmann, à la ligne droite & roide de leur premier ſtyle, qu'on trouve, par exemple, dans la ſtatue de Memnon ou d'Amenophis. On ſait que les Egyptiens ne travailloient pas comme les Grecs ſur la ſimple vue de l'objet, mais d'après une meſure déterminée de toutes les parties du corps humain, ainſi que nous l'apprend Diodore de Sicile (*Bibl. Hiſt.*, *Liv.* 1. *c. 98.*); ce qui, ſuivant M. Winckelmann, eſt une des principales cauſes qui ont nui à l'avancement de l'art en Egypte. M. Caſanova (*Abhandelung über verſchiedene alte Denkmaler der kunſt*) penſe néanmoins que l'art y eſt parvenu à un certain degré de perfection; & il cite, pour appuyer ce ſentiment, les trois ad- mirables lions de granit & une tête d'Oſiris, qui ſe trouvent dans la galerie royale d'antiques, à Dreſde, ainſi que la ſtatue de marbre

N ij *

fieurs fiècles, parce que fon culte religieux ne lui permettoit point de s'écarter des formes établies pour fes
idoles ; & qu'il regardoit comme vile la claſſe des citoyens
qui exerçoient les arts. A ces caufes, il s'en eſt encore
jointes d'autres qui ont empêché les progrès de la fculpture, dont la principale étoit que les Egyptiens, de même
que les Caldéens, les Arabes & les autres peuples, qui
ont bien ébauché groſſièrement quelques figures, étoient
trop ignorans & trop peu civilifés pour parvenir à
la beauté. L'homme a naturellement du goût & de l'at-
tachement pour les objets matériels qui tombent fous les
fens ; c'eſt pourquoi les autres nations, qui vinrent dans
la fuite, quoique dans des tems plus éclairés, fuivi-
rent la route tracée par les premiers inventeurs de l'art,
& ne s'écartèrent même jamais entièrement de leur manière informe & groſſière. La même chofe arriva à la

---

blanc qu'on voit au Capitole à Rome ; qui n'eſt pas un Antinous,
comme on l'a prétendu, mais un prêtre Egyptien (qu'il ne faut
pas confondre avec l'Antinous du Belvédère). Il eſt vrai que M.
Winckelmann aſſure, & fans doute avec raifon, que la ſtatue de
ce prétendu Antinous n'eſt pas d'une forme Egyptienne, & qu'à
l'attitude près, elle eſt faite felon les règles de l'art des Grecs.
Cependant, malgré cette critique, M. Winckelmann convient lui-
même, que les Egyptiens faifoient très-bien les figures d'animaux,
& que leurs figures humaines étoient achevées & polies avec un
foin infini. On fait qu'ils creufoient quelquefois les yeux pour y
incruſter des prunelles d'une matière étrangère. Pour faire leurs ſtatues ils fe fervoient du granit, qui eſt fort commun en Egypte,
du bafalte, du porphire, de l'albâtre & du plafme d'émeraude.
Note du Traducteur.

renaiffance des arts en Europe , comme nous le dirons plus bas.

Lorfque les arts , qui tiennent au deffin , *fe furent introduits dans quelques parties de la Grèce , & que dans d'autres on les eut inventés fur les lieux mêmes ; l'efprit s'y éleva tout-à-coup à des formes plus heureufes , tant parce que les artiftes de la Grèce commencèrent fur de meilleurs principes , que parce qu'ils avoient devant les yeux des modèles d'une plus grande beauté. On peut fe convaincre du premier point , en fe rappellant qu'avant Homère il n'a fleuri dans la Grèce aucun peintre , ni aucun fculpteur de quelque réputation* , & le fecond eft attefté par l'hiftoire, ainfi que par l'expérience. Les œuvres du divin Platon , nous apprennent que , de fon tems , les beaux-arts n'avoient fait que de foibles progrès , puifque l'idée qu'il nous en donne eft bien médiocre , & qu'il n'en dit rien qui puiffe être comparé aux ouvrages que les Grecs ont faits dans la fuite. Il ne parle d'aucune ftatue de marbre ; & lorfqu'il fait mention de quelque production de l'art , ce n'eft que pour en louer la richeffe & les ornemens ; d'où je conclus que l'idée qu'il s'en étoit formée il l'a tenoit des Phéniciens , qui , par le moyen du com-

---

* Dans leur tems groffier les Grecs adoroient leurs dieux fous des figures de maffe informe , ainfi que le faifoient les Arabes , qui , fuivant Affemani (*Biblioth. Orient. T. III , P. II , p.* 584) avoient à la Mecque une pierre noire qui leur fervoit à repréfenter Vénus. Le Palladium étoit une des plus anciennes ftatues Grecques ; c'eft-à-dire , la première ftatue de Minerve , laquelle étoit affife , ainfi que Strabon (*Liv. XIII.*) l'a remarqué , d'après un paffage du liv. VI de l'Iliade. *Note du Traducteur.*

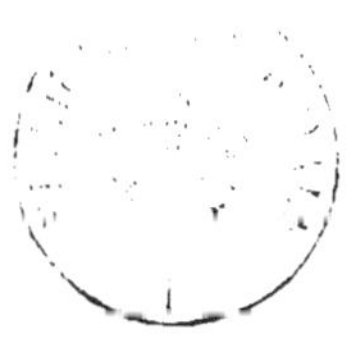

merce, avoient introduit les arts dans quelques provinces maritimes.

Lorsqu'enfin les Grecs commencèrent à cultiver le dessin, ils formoient déjà, pour ainsi dire, un peuple civilisé; de sorte qu'ils ne se contentèrent pas, comme les Egyptiens & les autres peuples dont nous avons parlé, de copier grossièrement les ouvrages les uns des autres; mais déterminés par des réflexions philosophiques, ils tâchèrent de saisir les parties les plus essentielles & les plus belles des objets, pour les imiter; & en ajoutant toujours des idées nouvelles à celles qu'ils s'étoient deja formées, ils parvinrent au plus haut degré de perfection.

Ils ne faut pas croire que les Grecs avent omis les petits détails de l'art parce qu'ils les ignoroient, puisque nous savons que Dédale, un des plus anciens sculpteurs en bois, fut admiré pour l'expression admirable qu'il savoit donner aux veines du corps, & pour le fini de son exécution. Mais cette pratique, qui ne dût sa naissance qu'à une pure imitation de la nature, fut bientôt abandonnée des Grecs, qui s'apperçurent que pour donner une idée de la figure de l'homme, c'est la construction & la fabrique générale du corps qu'il faut rendre, en prenant pour cela les parties les plus grandes & les plus essentielles. Ils remarquèrent que le corps humain est composé de la tête du tronc & des autres parties qui ont leurs articulations particulières, & que ses actions & ses mouvemens dépendeut du pouvoir d'étendre ces membres & de les replier vers le corps, leur centre commun de gravité; d'où ils conclurent que l'agilité & la facilité de ces mouvemens demandent que ces parties ne foient pas trop lourdes , mais d'une proportion aflez jufte pour qu'elles puiflent être mifes en action par les mufcles les plus voifins. Les jeux gymnaftiques & l'expérience leur apprirent que les perfonnes qui ont le torax fpacieux , font plus propres aux excercices & à la fatigue ; & d'après ce principe, ils donnèrent à leurs figures des contours plus fimples , en exprimant feulement l'idée néceflaire & diftincte de chaque membre & de chaque partie du corps , fans entrer dans les petits détails ; mais en faifant fentir néanmoins exactement & d'une manière déterminée toutes les parties eflentielles , & même plus fortement qu'ils ne le font dans la nature , fans aller cependant au-de là des limites du poffible.

C'eft de cette manière qu'ils inventèrent & établirent le beau ftyle , en donnant une plus grande perfection au corps humain & à fon mécanifme. En partant de ce point , ils continuèrent à donner plus d'expreflion à leurs ouvrages ; & divifant de plus en plus les parties générales , ils trouvèrent la grace & le fuave de l'art. La beauté fut portée à fa plus grande perfection par Phidias , du tems de Pericles ; & les autres parties jufques à la grace même , firent conftamment des progrès jufqu'au regne d'Alexandre le Grand , que Praxitele & Policlete élevèrent la fculpture au plus degré de perfection ; de forte qu'il fut , pour ainfi dire , impoffible de porter cet art plus loin. Mais comme l'homme cherche toujours à faire de nouveaux progrès , il arriva que les artiftes qui vinrent enfuite , voulant furpafler les chefs-d'œuvres de ces grands maîtres , ne trouvèrent pas autre chofe à faire que d'ajouter le gratuit & le superflu à l'essentiel. Cependant comme l'esprit humain ne peut s'étendre au-de là des bornes qui lui sont prescrites, il leur fut impossible d'accorder ces différentes parties ensemble ; & le nécessaire disparut d'autant plus que l'inutile s'introduisit davantage. Se trouvant ainsi privé de ce qui est le plus essentiel, l'art dégénera bientôt & perdit beaucoup de sa perfection. Malgré cette marche naturelle des connoissances humaines, l'art se soutint long-tems dans la Grèce & particulièrement à Athènes, parce que la philosophie, à laquelle les Grecs étoient fort adonnés, les préserva du défaut de négliger les grandes parties essentielles pour ne s'occuper que des petites ; ainsi que cela est arrivé à ces peuples qui se sont laissés séduire par le simple plaisir de la vue, & par ce frivole caprice qu'on appelle *Mode*, qui, en général, n'a d'autre mérite que de n'avoir pas existé le jour précédent.

Tous les arts, en général, se trouvèrent au moment de tomber dans l'oubli lorsque les Romains conquirent la Grèce ; mais heureusement ces vainqueurs ne furent pas assez barbares pour rester insensibles à la noble magnificence & à la beauté des ouvrages Grecs, de sorte que malgré la supériorité de leurs armes, la forme de leur gouvernement tout-à-fait militaire & l'austérité, pour ne pas dire la rudesse de leurs mœurs, ils se trouvèrent vaincus par l'amenité & l'esprit cultivé des Grecs, ainsi que par le charme de leurs productions ; de sorte qu'ils avouèrent eux-mêmes qu'ils étoient des barbares, aussitôt qu'ils eurent connu les Grecs, en appellant les arts & les artistes en Italie, & en s'appliquant eux-mêmes à cultiver les

inventions

inventions du peuple qu'ils venoient de foumettre.

Confidérons maintenant l'effet qu'une pareille caufe a dû produire chez différentes nations , fuivant la diverfité de leurs mœurs & de leurs coûtumes. Les Romains, qui ne compofoient alors qu'un peuple de foldats & d'orateurs , fans avoir des philofophes , commencèrent à peine à fortir de leur groffièreté , qu'ils tombèrent dans la profufion d'un luxe exceffif , & confondirent l'idée de la beauté avec celle de la richeffe , en fuivant cette fauffe maxime , que beaucoup de monde adopte encore de nos jours : que tout ce qui plait eft beau ; & guidés par ce principe ils s'érigèrent en arbitres des arts , fur lefqules ils voulurent prononcer fans aucuns principes , & fans aucune connoiffance de l'effence des chofes. Les Romains n'ont eu que peu d'artiftes en comparaifon des Grecs , & fe font prefque toujours fervi de ceux de cette nation ; mais ils ont beaucoup préjudicié aux arts en les faifant exercer par des efclaves & en prononçant, fans le moindre favoir, fur leurs productions. Les Grecs , malgré leur état précaire , faifoient fleurir les arts à la moindre lueur de liberté & de bonheur ; & quoi qu'enfin , fuivant la viciffitude ordinaire des chofes humaines, les arts tombèrent chez eux, ils n'en perdirent néanmoins entièrement la trace , qu'à l'époque malheureufe où la Grèce fut envahie & opprimée par le peuple barbare & féroce, qui en eft encore aujourd'hui le maître & le tyran.

La tranflation de l'empire Romain à Conftantinople, contribua auffi grandement à la décadence des arts en Italie & dans la Grèce. La Grèce fe trouvant déja privée de fes meilleurs artiftes & de leurs plus beaux ouvra-

ges , fe vit enlever ceux qu'elle poffédoit encore, pour
en décorer la nouvelle Rome ; & l'Italie perdit les fiens
par les invafions & les conquêtes des peuples barbares.
Une nouvelle caufe qui contribua beaucoup au dépe-
riffement des arts , fut la néceffité où fe virent reduits les
chefs du chriftianifme de ces tems-là , d'extirper l'idolatrie
& de détruire les idoles ; anathème dans lequel furent
indiftinctement compris les plus belles ftatues & les artiftes qui les avoient faites : ce zèle facré fut même fi
grand qu'il faut s'étonner de ce qu'il nous refte encore
tant de chefs-d'œuvre de l'antiquité.

Lorfque le nouvel empire d'occident s'éleva, l'idolatrie
fe trouvoit déja abolie , & le chriftianifme fleuriffoit dans
fes vaftes provinces , de forte qu'on fongea bien , à la
vérité , aux arts , mais avec peu de fuccès , parce que
le monde entier fe trouvoit alors plongé dans l'ignorance ;
& comme les empereurs n'étendirent leurs conquêtes que
fur des nations barbares & féroces , fans avoir le moindre
commerce avec ces climats doux & heureux , dont les
peuples policés avoient autrefois cultivé les arts & les
fciences , les artiftes ne purent rien produire de bon ; &
les fculpteurs, en particulier, fe bornèrent à donner à leurs
ftatues les vétemens ridicules de leur tems , qui cachoient
plutôt le corps qu'ils ne fervoient à le couvrir. C'eft
dans ce goût que font exécutés les monumens qu'on appelle
Gothiques , par lefquels il faut entendre tous ceux qui
ont été fait par les peuples de l'Allemagne ou des pays
limitrophes.

Les arts reftèrent pendant plufieurs fiècles plongés dans
cet état déplorable , fans faire le moindre progrès , jufqu'au

tems où ils commencèrent, pour ainſi dire , à renaître en Italie & particulièrement dans la république de Florence. Le premier pas qu'on fit dans cette carrière fut de raſſembler les médailles & les pierres gravées antiques ; & c'eſt en les imitant qu'on ſortit de la barbarie du goût Gothique. Ghiberto fut le premier qui eſſaya d'imiter l'antique, mais comme il ne vit jamais de grandes ſtatues , il ne ſe rendit habile que dans les petites choſes. Il fut ſuivi par Donatello & bientôt après Michel Ange Buonarotti, qui, éclairé par les ſtatues que les Medicis avoient raſſemblées, ouvrit les yeux & connut que les anciens avoient tenu une certaine route pour arriver à l'imitation de la vérité , par le moyen de laquelle ils l'avoient rendue plus diſtincte & plus belle qu'elle ne l'eſt dans la nature même. Ce grand artiſte chercha la cauſe de la beauté & crut l'avoir trouvée dans la ſcience de l'anatomie ſur laquelle il fixa principalement ſon eſprit, & qui le conduiſit à un tel degré de perfection qu'il s'eſt rendu immortel par cette nouvelle route. Cependant il n'eſt pas parvenu au but qu'il s'étoit propoſé , c'eſt-à-dire , à la beauté, parce qu'elle ne ſe trouve pas dans une ſeule partie, mais dans la réunion de l'anatomie, de la proportion & de toutes les autres parties qui concourrent à former les belles choſes.

Les autres ſculpteurs de l'école de Florence imitèrent Michel Ange dans l'apparence du ſtyle anatomique, mais ſans pouvoir ſaiſir l'eſprit de ce maître : voila pourquoi Jean Bologna, Mont-Orſoli & pluſieurs autres lui ſont ſi inférieurs. A la fin l'art de la ſculpture tomba entièrement à Florence avec la république , & alla ſe fixer à Rome.

Ce fut l'Algardi qui commença à y introduire, dans la
fculpture, le ftyle que les peintres de fon tems y avoient
déja adopté; c'eft-à-dire, qu'il chercha à fe fervir dans fon
art de la même imitation qu'on emploie dans la peinture,
qui confifte à chercher les effets du clair-obfcur, à agrandir
certaines parties propres à frapper la vue; en un mot,
à fortir des limites de la fculpture, dont l'objet eft d'i-
miter les formes de la nature & non les apparences des
objets; partie qui appartient à la peinture: c'eft de cette
façon qu'il introduifit le ftyle maniéré.

A l'Algardi fuccéda le Bernin, qui commença par où
l'Algardi avoit fini, & qui, cherchant uniquement à
éblouir les yeux, fe livra, dans l'invention de fes
ftatues & de fes groupes, à une manière hardie & même
fantafque, mais qui ne laiffoit pas d'être agréable,
comme on peut le voir par fes ouvrages qui font à Rome,
dans lefquels il a toujours facrifié la correction au
brillant, & dont il a altéré toutes les formes.

Les fculpteurs qui font venus enfuite ont imité l'Algardi & le Bernin, mais d'une manière indécife; & s'ils
ont fait ufage de la nature ce n'a été que pour trouver
les formes & pour les foumettre à la manière de ces
maîtres. Le Fiamingo, qui a fu donner tant de beauté à la
nature des enfans, a cherché à imiter l'antique dans fa Sainte
Sufanne; & en effet il eft parvenu à en rendre les apparences, mais non pas les raifons effentielles. Rufconi eft
le dernier de ces fculpteurs qui mérite d'être cité. Ses
ouvrages font plus agréables que parfaits, parce que leur
beauté, au lieu de découler des bons principes de l'art,
ne confifte uniquement que dans l'obfervation de certaines

règles pratiques, qui, loin d'ennoblir l'art, ne font que l'avilir.

De tout ce que nous venons de dire fur la fculpture, il s'en fuit que cet art s'eſt élevé par le moyen de la philofophie; qu'il commença à tomber lorſqu'on eut négligé ou outre-paſſé les principes eſſentiels; qu'enſuite l'imitation des ouvrages des anciens lui donna une nouvelle naiſſance; qu'enfin lorſqu'il ne fut plus guidé par l'eſprit philofophique, le vrai but & l'objet de l'art, il tomba dans l'état méprifable où nous le voyons aujourd'hui. Peut-être y aura-t-il des perfonnes qui diront qu'il a fleuri en France, & qu'il y eſt même encore dans un état floriſſant. Mon ami, vous connoiſſez les ouvrages des maîtres de cette nation, & vous favez ce qu'il faut en penfer. Le même efprit qui a régné parmi fes peintres a égaré auſſi fes fculpteurs; c'eſt-à-dire, qu'ils fe font tous trompés dans ce qui eſt bon, en le portant au-delà des bornes néceſſaires & de la vraifemblance.

Suivant les obfervations que l'hiſtoire m'a fournies touchant les arts, il me femble que la peinture a été inventée beaucoup plus tard que la fculpture; je doute même fi les nations qui ont pratiqué la fculpture avant le tems des Grecs, ont jamais connu la peinture. Du moins n'en eſt-il pas fait mention, ni dans l'Ecriture fainte, ni dans l'hiſtoire ancienne, pas même dans celle des Egyptiens; d'où je conclus que toutes les nations ont ignoré cet art, jufqu'à ce qu'elles en euſſent été inſtruites par les Grecs. Et comme tous les arts doivent leur origine à l'imitation des objets que nous offre la nature, je crois qu'on ne fit pendant long-tems que peindre les fimula-

cres fculptés en bois avec des couleurs qui , à la vérité ,
imitoient celles de la nature ; peut-être même dut-on
cette idée aux couleurs propres aux fubftances dont ces
fimulacres étoient faits , & particulièrement à celle de la
terre cuite , qui, en quelque forte, reffemble au coloris
de la chair. Pline rapporte plufieurs faits touchant l'invention de la peinture ; mais cet écrivain les regarde
lui-même comme peu exacts. Il croit néanmoins que cet
art eft très-ancien ; il cite même quelques peintures faites par les Grecs en Italie , qui de fon tems fe con-
fervoient à Lanuvium , & dont les couleurs étoient
encore fraiches , quoique ces ouvrages euffent été faits
peu de tems après la deftruction de Troye. Le tems
auquel fleurit , fuivant cet écrivain , Bularque, eft
très-reculé ; cependant il fuppofe qu'avant cet artifte
avoient déjà paru ceux qui s'étoient occupé à faire des
tableaux monochrones, c'eft-à-dire, d'une feule couleur.
Ce paffage de Pline m'engage à faire quelques réflexions
fur les ouvrages monochrones qu'on a trouvés à Herculanum , & qu'on garde dans le cabinet de Portici ,
que fa majefté Catholique a commencé à y former avec
tant de goût , & qui pourra fatisfaire un jour au vœu
de toutes les nations policées , fi l'on continue à le foi-
gner avec le même zèle & le même amour éclairé pour
les arts.

Ces peintures , ou pour mieux dire ces deffins , faits
d'une feule couleur, c'eft-à-dire , d'un rouge noirâtre,
fur des tables de marbre blanc, ont un foible degré de
beauté dans le profil des figures ; mais dans tout le refte
ils femblent indiquer l'enfance de l'art , tant par le goût

des draperies que par les extrêmités des mains & des pieds. Quelques favans verfés dans la langue Grecque n'ont pas été de mon opinion fur l'antiquité de ces tableaux , parce qu'ils prétendent que les caractères des noms des perfonnages repréfentés font d'un tems bien poftérieur. A quoi je pourrois répondre , que comme l'artifte étoit Athénien , il fe pourroit que cette nation eût dévancé & furpaffé les autres dans l'art de former des caractères. Mais, outre que cette explication ne me paroît pas fuffifante , je trouve d'autres difficultés dans les couleurs avec lefquelles ces peintures font faites ; n'étant pas de la terre rouge , mais du cinabre (que les anciens appelloient *minium*) ; couleur que nous favons n'avoir été employée qu'après le tems d'Apelle. En un mot , fi ces peintures n'ont pas été faites après-coup , c'eft-à-dire , que fi dans ce tems on n'a pas cherché à les faire paffer pour plus anciennes qu'elles ne l'étoient en effet , il faudra convenir alors que la peinture a commencé à fleurir fort tard à Athènes , ou que les mauvais peintres n'ont pas rougi de mettre leur nom à leurs ouvrages ; à moins qu'on ne fuppofe que ces tableaux étoient l'ouvrage de quelque riche amateur , qui n'étoit pas obligé d'en favoir davantage ; ou bien enfin , qu'ils ne peuvent nous être d'aucune utilité pour la partie technique de l'hiftoire de la peinture.

Mais pour en revenir à nos réflexions , j'obferverai que comme les écrivains ne nous apprennent rien de certain touchant l'origine de la peinture , nous avons lieu de croire que cet art commença par le fimple trait , c'eft-à-dire , par le contour , qu'on rempliffoit d'une

couleur qui approchoit le plus de celle de l'objet qu'on
vouloit imiter. Quelques peintures d'Herculanum , dans
lesquelles on a cherché à imiter des ouvrages Egyptiens ,
viennent à l'appui de cette conjecture. Je ne prétends
néanmoins pas qu'elles soient de ce tems-là ; mais je
crois qu'on a tâché de les faire dans ce goût , afin de les
faire passer pour des productions véritablement Egyp-
tiennes. C'est à-peu-près de cette manière que la peinture
moderne a pris naissance , ainsi que je le ferai voir plus
bas ; & c'est aussi la même route qu'ont suivie les Chi-
nois , qui , comme nous le voyons , n'ont pas porté l'art
beaucoup plus loin que cette première ébauche grossière.
Il paroît vraisemblable que cette enfance de la peinture
a duré peu de tems dans la Grèce , si même elle y a jamais
subsistée. Quoique Pline , qui a compilé tout ce que les
auteurs qui ont vécu avant lui avoient écrit sur les arts ,
ne parle des couleurs qu'en passant , il nous donne
cependant une idée de ce que devoient être les coloristes
antérieurs aux monochronomistes ; & comme je suppose
qu'il parle principalement des Grecs , on peut hardiment
conjecturer qu'ils ont bientôt abandonné cette manière.
Je crois qu'ils commencèrent par donner à leurs ouvrages
un peu de clair-obscur , qu'ensuite ils firent des monochrones, & qu'enfin ils sont parvenus , peu-à-peu , à donner aux
objets leurs véritables couleurs locales ; de sorte que le
même esprit philosophique qu'ils montrèrent dans la sculpture, les conduisit sans doute aussi dans la peinture jusqu'au
plus haut degré de perfection. Polygnote , qui vécut à-
peu-près dans le même tems que Phidias , fut le premier qui
observa parfaitement bien les convenances & le costume ,

&

& mérita par ce talent les éloges de ce beau fiècle de la
Grèce. Parrhafius eut un pinceau facile , & poſſéda toutes
les parties de fon art , ainfi que Zeuxis & les autres
peintres de fon tems. Protogène fut doué d'un plus grand
talent encore , & mettoit plus de fini dans fon travail.
Enſuite on vit paroître Apelle , lequel trouvant la carrière ouverte , & ayant le bonheur de vivre fous Alexandre le grand , (tems auquel la nature fembla faire des
efforts fupérieurs pour produire & vivifier les plus beaux
génies , afin de foutenir la gloire & la liberté de la Grèce)
porta l'art de la peinture à fon plus haut degré , en lui
donnant la grace : fruit heureux d'un talent décidé qui
opère avec facilité , tant dans l'invention que dans l'e-
xécution. Apelle étoit fi convaincu lui-même qu'il poſſédoit bien cette partie , qu'en louant le favoir des autres
peintres , il ajoutoit qu'il les furpaſſoit feulement dans
la grace , & il blâmoit Protogène de ce que celui-ci ne
favoit pas quand il falloit quitter un ouvrage. D'où l'on
peut conclure que l'art étoit alors parvenu à fon plus
haut degré ; mais comme par cette même raifon il ne pouvoit plus faire de nouveaux progrès,ni refter au même point,
on commença à multiplier les tableaux & à les faire plus
grands , en les divifant en différentes claſſes , comme , par
exemple , en fujets bas ou *bambochades* , en une variété
de chofes bizarres ou *caricatures* , & en plufieurs autres
efpèces ridicules ; de forte que la peinture éprouva le
même fort que la fculpture , jufqu'à ce qu'enfin le luxe
des Romains lui fit perdre toute la nobleſſe avec laquelle
on l'avoit traitée dans la Grèce , en faifant peindre les
murs de toutes les maifons par des pauvres Grecs ou par

des efclaves , incapables de penfer par eux-mêmes , ou d'imiter même les ouvrages des beaux tems de la Grèce , lorfque tous les citoyens d'une ville , où le peuple d'une province entière concouroient à payer le prix d'un ta- bleau. A Rome , au contraire , les citoyens aifés faifoient peindre les pans des plus chétives maifons ; car on croyoit que la peinture auroit déparé les beaux édifices , qu'on revêtoit de marbre & de bronze ; ce qui demandoit plus de dépenfe que de goût. Dans les villes d'Hercu'anum , de Stabia & de Pompeii , fi heureufement découvertes , par les foins de fa majefté Catholique , on a trouvé des peintures fur les murs des moindres maifons , & même fur ceux des auberges & des cabarets ; & fi dans quelques endroits on a découvert des ouvrages de peinture dans des temples , aux héâtres & aux autres bâtimens publics , on ne doit l'attribuer qu'à la pauvreté de ces villes , à la ra- reté ou à la difette entière du marbre ; tandis qu'on l'em- ployoit avec tant de profufion à Rome.

Examinons maintenant, mon cher ami, à quel degré de perfection les peintres Grecs, du meilleur tems, peu- vent avoir porté leur art , & combien leurs ouvrages doivent avoir été beaux, puifque ceux qu'on a trouvés à Herculanum nous paroiffent fi dignes de notre attention. Nous ne pouvons douter que les anciens aient porté l'art du deffin au plus haut degré de perfection, comme nous le voyons par leurs ftatues; & quoique dans les ta- bleaux d'Herculanum la partie du deffin n'eft pas celle qui eft la plus admirable, on y remarque cependant , en général, un très-bon goût & une très-grande facilité à refter dans les juftes bornes des contours; c'eft-à-dire ,

qu'ils ne font ni chargés, ni durs, ni fecs. On eft furpris fur-
tout de la grande intelligence du clair-obfcur qui y règne &
de la nature de l'air ambiant, lequel étant un corps d'une
certaine denfité réflechit la lumiète & la communique aux
parties qui ne peuvent pas la recevoir en ligne direcle. Ayant
remarqué combien ces parties font bien traitées même dans
les plus mauvais tableaux, quoique faits fans doute avec
négligence, ce n'eft qu'avec étonnement que je penfe à
la perfeclion que doivent avoir eu les ouvrages des célèbres artiftes contemporains des fculpteurs qui ont
fait l'Apollon du Belvedère, la Vénus de Médicis & les
autres ouvrages de cette beauté, qui cependant ne font
pas encore des produclions des artiftes du premier rang
de l'antiquité.

Quoique le coloris de ces peintures ne foit pas excellent, nous ne pouvons néanmoins pas douter que les
anciens aient poffédé cette partie en perfeclion, lorfque nous nous rappellons qu'ils ont fu diftinguer le
coloris de deux Ajax, faits par deux différens artiftes ;
en difant que l'un étoit nourri de rofes & l'autre de chair.
Ils connurent auffi la perfpeclive, comme on peut s'en convaincre par les ouvrages trouvés à Herculanum. Et fi l'on
prétend qu'ils n'ont pas poffédé cette partie, je deman-
derai alors quelle pouvoit être l'idée de Parrhafius quand
il difoit, qu'on ne pouvoit être bon peintre fans favoir
la géométrie. Ce que les anciens n'ont peut-être pas fi bien
connu que les modernes, c'eft la compofition pittorefque
ou théâtrale ; parce que leur principale étude avoit pour
objet la perfeclion & la qualité des chofes & non pas
leur quantité. Il eft a croire que leur manière de com-

pofer les tableaux étoit peu différente du ftyle de leurs bas-reliefs, comme il eft facile de le remarquer par ces mêmes peintures d'Herculanum, qui font admirables pour les contraftes, la grace des figures, les belles parties & l'expreffion. On voit auffi qu'elles ont été exécutées avec une grande prefteffe & franchife, & peintes d'un bon frefque. De forte que, fi l'on compare ces ouvrages avec les productions des modernes, & fi l'on confidère qu'ils ont été faits pour des lieux fi peu confidérables, on comprendra aifément combien la peinture des anciens devoit être fupérieure à celle de notre tems.

J'ai cru devoir faire cette petite difgreffion pour lever le doute où l'on eft, en général, fi les anciens ont été plus habiles dans l'art de peindre que les modernes, en fe fondant fur la médiocrité des peintures d'Herculanum & de quelques autres qui fe confervent à Rome; fans fe rappeller l'état miférable où les Romains avoient réduit la peinture. Cet art eut le même fort que la fculpture; les maîtres de l'un & de l'autre tombèrent dans la plus parfaite ignorance & le plus grand mépris; & l'abolition de l'idolatrie contribuant encore à leur décadence, on peut dire, qu'ils furent prefqu'entièrement oubliés, ou du moins réduits à cet état miférable que nous remarquons dans les images des Saints, & les Mofaïques d'un goût barbare qu'on voit encore dans quelques anciennes églifes.

Les arts languirent pendant plufieurs fiècles dans cet état d'abjection; & il eft furprenant que la même caufe qui hâta leur chûte fut auffi celle à laquelle ils durent leur renaiffance; favoir, le culte de la religion Chrétienne.

Le grand commerce que l'Italie faifoit à cette époque avec la Grèce & avec toutes les autres parties du monde, y produifit l'opulence ; de forte que les Italiens, voulant élever des temples & les orner d'images, appellèrent chez eux les miférables artiftes Grecs de ce tems-là, pour venir exercer le peu de talent qu'ils avoient. Ce fut par ce moyen que les Vénitiens, les Tofcans, les Romains & les Bolonois apprirent de ces nouveaux maîtres à faire quelques ouvrages grofliers ; & c'eft ainfi que l'art de peindre fe répandit & fe conferva en Italie jufqu'à ce que les Tofcans le tirèrent enfin de fa barbarie, par l'exemple que leur donna Giotto & ceux de fon école.

Ces premiers peintres Tofcans continuèrent pendant quelque tems à fuivre le ftyle des derniers Grecs, tant dans les draperies que dans les proportions des figures, parce qu'ils fe trouvoient plus éloignés des monumens Gothiques, & plus à même d'étudier les antiquités Romaines & les médailles anciennes. Cette première école fut fuivie par d'autres maîtres qui firent quelques foibles progrès ; tels furent Mafolini & Mafaccio, dont le jet des draperies approcha un peu de celui de Raphaël, quoiqu'il foit venu près d'un fiècle avant lui. Ce qui retarda beaucoup le progrès de la peinture, c'eft la méthode vicieufe qui s'introduifit alors, de remplir les fujets tirés de l'hiftoire ancienne des portraits de perfonnes vivantes habillées fuivant le coftume Florentin de ce tems-là ; manière qui nuifit infiniment au bon goût. Cependant on fit alors quelque progrès dans l'art d'imiter la nature & dans l'étude de la perfpective, par le moyen de laquelle Dominique Ghirlandajo trouva la manière de bien difpoſer ſes figures & ſes groupes, & acquit une grande correction de deſſin. Léonard de Vinci s'appliqua au clair-obſcur & aux autres principales parties de l'art, qui dans ce même tems, commença à fleurir dans les états de Veniſe & dans la Lombardie, par les ouvrages des Bellini, de Mantegna, de Bianchi & de quelques autres. Mais la route que ces artiſtes avoient ſuivie & qu'ils tracèrent à leurs diſciples ne permit pas à l'art de faire des progrès ſenſibles, ni d'aller au-delà de ce qu'avoient fait Léonard de Vinci & Pierre Perugin, dont le premier poſſédoit déja les principes du grand ſtyle, & le ſecond une certaine grace & une facile ſimplicité.

Dans cet état des choſes il ſe répandit ſur l'art un rayon de cette même lumière qui avoit éclairé l'ancienne Grèce, lorſque Michel Ange, que ſon talent ſupérieur avoit déja élevé au-deſſus de Ghirlandajo, vit à Florence les productions des anciens Grecs, dans la magnifique collection de Laurent de Médicis. Il chercha auſſi-tôt à imiter ces grands modèles dans ſes ouvrages de ſculpture ; & ſe diſputant d'émulation avec Léonard de Vinci dans les ouvrages qu'ils étoient chargés d'exécuter tous deux dans les ſalles de l'ancien palais de Florence, il donna une nouvelle face à la peinture. Remarquez, je vous prie, mon ami, combien les circonſtances peuvent contribuer à réveiller le talent, lorſque le gouvernement fait ſtimuler à propos l'amour-propre des artiſtes & cherche à les employer aux grandes choſes. Combien ne ſe perd-il pas de beaux génies faute de recevoir les encouragemens néceſſaires ? Mais dans ce ſiècle, où la grande proſpérité de la république de Florence fut la cauſe même

de la perte de sa liberté , & que le pouvoir temporel
sans borne de la cour de Rome la conduisît à sa chûte ,
toutes les puissances de l'Europe se trouvèrent en fermentation , & les idées du peuple même s'agrandirent parmi
ces troubles. Dans ce tems , dis-je , on s'apperçut que les
talens supérieurs doivent être employés aux grandes choses ; ce qui servit beaucoup à donner de l'essor aux arts.
Michel Ange fut chargé de faire une statue de marbre
de vingt-deux palmes de hauteur, qui est l'ouvrage le plus
colossal qu'on ait fait dans les tems modernes.

Le pape Jules II , voulant se faire ériger un magnifique mausolée , appella Michel Ange à Rome , & pendant le tems qu'on cherchoit un emplacement convenable
à ce monument, ce pontife fit peindre , par Michel Ange ,
la voûte de la chapelle de Sixte IV. Cet ouvrage offrit
un champ proportionné au talent de l'artiste , lequel
n'ayant alors que trente ans , savoit déja nourrir le feu
de son génie au lieu de le dissiper. Et en effet , on voit
dans cette chapelle , peinte à différentes reprises , quoique successivement , qu'il améliora peu-à-peu son style ,
& que sans une pareille occasion il ne feroit peut-être
jamais parvenu au degré auquel il a atteint ; car il donna
de la grandiosité à tout l'ouvrage , les contours en sont
corrects, les formes pleines d'intelligence, toutes les parties
ont un grand relief & il y règne une variété convenable ,
dont on n'avoit pas encore eu jusqu'alors une juste
idée.

Sous le même pontificat de Jules II , Raphael fut appellé à Rome pour peindre les salles du Vatican. C'est
dans ce vaste champ que commença à s'exercer ce sublime

génie, qui avant de finir le premier tableau avoit déja agrandi son style.

En commencant son second tableau, c'est-à-dire, celui de la Philosophie, appellé l'Ecole d'Athènes, il partit du point où il étoit resté quand il finit le premier, & ce fut alors qu'il porta la peinture au plus haut degré où on l'ait jamais vu depuis le tems des Grecs. Toutes les parties qui restoient à découvrir après Michel-Ange se trouvent réunis dans cet ouvrage. L'invention, la composition, l'expression, le jet des draperies, la variété des caractères, l'intelligence & les finesses de l'art y sont exécutés avec la plus surprenante facilité.

Raphaël continua à peindre les autres salles; & ce fut lorsqu'on découvrit la première fois la voûte peinte par Michel-Ange, que les ouvrages de Raphaël trouvèrent le plus d'admirateurs. On prétend qu'il avoit étudié à Florence les cartons de Michel-Ange; mais quand même cela feroit vrai, on peut dire que le style n'en étoit pas analogue au goût délicat du peintre d'Urbin, lequel pratiquoit encore alors la manière de son maître; d'ailleurs, ce style ne convenoit point aux tableaux qu'il peignit dans les logés du Vatican. Peut-être que le talent de Michel-Ange avoit flatté le goût de Raphaël dans les ouvrages de la chapelle Sixtine, où il a montré une plus grande facilité & suavité; & que c'est de la réunion de ce grand style de Michel-Ange & de la pureté & de la correction qu'il possédoit lui-même, qu'il forma le goût qu'on trouve dans les ouvrages qu'il fit dans la suite.

Le premier fruit de ce nouveau style de Raphaël, fut le tableau du Prophête Isaïe qui est dans un pilastre de

l'église

l'églife de S. Auguftin à Rome ; il a toute la grandiofité des prophêtes de la chapelle Sixtine ; mais avec cette différence, que dans l'un on ne reconnoit point l'art dont le peintre s'eft fervi pour lui donner cette grandiofité , & que dans les autres on apperçoit trop l'intention de l'artifte. On raconte qu'à l'occafion d'une conteftation qui s'étoit élevée entre Raphaël & celui qui avoit ordonné ce tableau , le peintre d'Urbin en appella au jugement de Michel-Ange , qui décida que le feul genou qui eft nud , valoit plus que le prix qu'on payoit pour tout l'ouvrage ; fait qui nous donne à connoître la manière de penfer de ces deux immortels artiftes. Le Condivi rapporte une autre preuve du caractère élevé & noble de Raphaël , qui avoit coutume de dire : « qu'il rendoit grace au ciel d'être né » du tems de Michel-Ange ». C'eft avec une pareille grandeur d'ame que les perfonnes d'un vrai mérite doivent fe difputer la palme de la gloire.

Ce fut dans le ftyle dont nous venons de parler , que Raphaël peignit les Sybilles dans l'églife *della Pace* , & l'on ne peut rien voir de plus parfait en ce genre. C'eft auffi dans le même goût que font les autres ouvrages qu'il exécuta lui-même. Le dernier tableau que nous avons de lui , c'eft-à-dire, celui de la Transfiguration , offre de fi grandes beautés , tant dans l'invention & la difpofition , que dans l'exécution des parties qu'il a peintes lui-même, que nous ne pouvons que regretter que cet artifte ait laiffé , pendant une partie de fa vie , fommeiller fon fublime génie , qui femble avoir été d'une trempe pareille à celui des Grecs ; & qui nous prouve que s'il eût fleuri pendant les beaux jours des arts , il auroit fans doute

produit des chofes auffi admirables qu'eux ; puifque parmi les modernes, il eft le feul qui ait poffédé les parties
effentielles de la peinture, favoir, l'invention, la compofition, l'expreffion, la variété, le deffin, le coloris
& le jet des draperies; de forte que pour égaler les
anciens, il ne lui manquoit que le ftyle de la beauté,
qu'il ne pouvoit apprendre ni des écoles, ni des ufages
de fon fiècle.

Dans ce même tems, le Giorgone formoit une école de
peinture à Venife un peu antérieure à celle du Titien;
laquelle école fit de rapides progrès par les occafions
qu'elle eut de peindre de grandes chofes. Comme le
Titien, qui demeuroit à Venife, ne put jouir de l'avantage de voir les ouvrages des anciens, il n'eut pas le
moyen de fe pénétrer, comme Michel Ange, du grand
ftyle ; ce qui fut caufe qu'il n'a pas donné à l'intelligence
des formes, toute l'attention que mérite cette partie,
& qu'il s'eft appliqué davantage à faifir les apparences de
la vérité qui dépendent des couleurs locales des objets;
de forte qu'en s'appliquant conftamment à imiter la nature, il eft parvenu dans cette partie à une telle perfection que perfonne n'a jamais pu l'égaler. Le Titien
eft en partie redevable de fes talens à la magnificence
des feigneurs Venitiens, qui fe faifoient peindre eux-
mémes par cet artifte, ou qui vouloient avoir des femmes
nues de fa main.

Le duc de Mantoue employa Mantegna, contemporain
du Titien ; & dans ce méme-tems, il s'établit, dans le
duché de Modène, une académie qui fut la première
d'Italie & dont eft forti Bianchi, le maître d'Antoine

Allegri, dit le Corrége. Celui-ci fut appellé à Parme pour y peindre l'églife de S. Jean des moines Bénédictins; & c'eft par cet ouvrage, qui étoit très-confidérable pour ce tems-là, qu'il fe forma un ftyle analogue à cette manière, qui frappa tellement les Parmefans qu'ils le chargèrent de peindre la coupole de la cathédrale. Le Corrége devoit ce grand talent à l'étude qu'il fit des belles parties des peintres de fon tems & de ceux qui l'avoient précédé. C'eft fous le Bianchi qu'il apprit les premiers élémens de la peinture; enfuite il étudia fous Mantegna, artifte favant & grand admirateur des anciens, qu'il lui confeilla d'étudier. Le Corrége s'appliqua auffi au plaftique ou à l'art de modeler, qu'il pratiqua de compagnie avec Begarelli. Ce fut cette pratique de la fculpture qui lui facillita beaucoup l'intelligence des formes; & par l'étude de l'antique, il fortit des limites étroites du ftyle mefquin & froid de fes maîtres, & fut le premier peintre qui chercha à flatter les yeux par une certaine grace & fuavité, dont il fut l'inventeur : partie dans laquelle perfonne n'a pu encore l'égaler.

Le mérite principal des ouvrages du Corrége, confifte dans la rondeur ou le relief, dans l'intelligence du clair-obfcur & dans la variété avec laquelle il a rendu la nature, ainfi que dans l'invention des maffes.

C'eft en fuivant cette marche que la peinture parvint au plus haut degré de perfection auquel les modernes l'aient jamais portée : Michel Ange lui ayant donné la fierté des contours, les formes des corps les plus robuftes & toute la grandiofité poffible; Raphaël, l'invention, la compofition, la variété des caractères, l'expreffion des paſſions de l'ame & l'idéal des draperies ; le Titien l'intelligence des couleurs locales avec les divers accidens que la modification de la lumière peut y produire ; le Corrége enfin, la beauté dans la dégradation du clair-obſcur, la ſuavité & l'expreſſion agréable de la grace & du goût.

La peinture étant parvenue à ce degré, il fallut néceſſairement, ou qu'elle fit de nouveaux progrès ſur les traces de ces maîtres, ou bien qu'elle dégénerât en nouveautés bizarres, ainſi que cela eſt, en effet, arrivé. Les Toſcans qui voulurent imiter le ſtyle de Michel-Ange, parvinrent bien, en quelque ſorte, à copier la fierté de ſes contours, mais ſans y mettre l'eſprit & l'intelligence de leur maître ; & c'eſt de cette manière que Salviati, Bronzini, Vaſari & quelques autres tâchèrent de ſe donner ſa manière.

Ce fut ſur ces mêmes principes que les diſciples de Raphaël parvinrent à poſſéder quelques parties de ſon talent ; mais aucun d'eux ne ſut atteindre à l'eſſentiel. Jule Romain, en cherchant à imiter ſon goût grave & expreſſif, tomba dans le noir, & ſes figures ont une expreſſion théâtrale & affectée. Polydore, dit le Caravage, voulant être facile ne fut ſouvent qu'incorrect. La manière de Pierino reſſemble toujours au ſtyle Toſcan. Pellegrino Manari eſt mort jeune ; & c'eſt ainſi que finit cette illuſtre école.

Le Corrége ne laiſſa aucun diſciple digne de lui ; car le Parmeſan qui lui ſuccéda immédiatement, ſe fit un goût particulier de la manière des diſciples de Raphaël & de la grace du Corrége, mais en la chargeant.

Quoique le Titien n'ait pas non plus laiſſé de diſciples,

les Vénitiens furent néanmoins plus heureux , parce que l'art continua à fleurir dans leur pays par le pinçeau de Paul Veronèfe , qui dédaignant d'imiter fes prédéceffeurs , fe forma un ftyle particulier en calquant fes ouvrages fur la nature ; tandis que tous les autres fucceffeurs & admirateurs des maîtres dont nous venons de parler , cherchèrent à imiter quelques-unes de leurs parties , fans fe reffouvenir que le principal but de l'art eft de bien faifir la nature & de la rendre avec vérité.

On ne peut douter , & l'expérience nous le prouve , que chaque fiècle a fon caractère différent & particulier , lequel , en caufant une fermentation générale , fert à échauffer les efprits. C'eft ainfi que , par un heureux hafard ou par d'autres caufes , qu'il eft inutile d'approfondir ici , on a vu pendant le quatorzième & le quinzième fiècles , par toute l'Europe , de grands hommes illuftrer les armes , les lettres & les arts. L'Allemagne , la France , la Flandres & la Hollande virent également fleurir chez eux les beaux-arts ; mais les caufes phyfiques du climat de ces contrées ne leur permirent pas d'y faire de grands progrès ; & l'on peut dire que , généralement parlant , les idées ne purent jamais s'y élever au même degré qu'en Italie. Cependant , comme ces nations font toutes laborieufes & ingénieufes , elles ont plus ou moins approché de la perfection dans quelques parties de l'art.

Le commerce ayant introduit les richeffes en Hollande & dans la Flandres , il fe forma dans ces pays quelques artiftes qui fe firent admirer par leur talent fupérieur à imiter la nature Mais quelques autres contrées plus à portée de recevoir des inftructions , à caufe de leur com-

munication avec l'Italie, firent de plus grands progrès;
telles furent entr'autres Augſbourg & Nuremberg, villes
libres de l'empire où fleurit la peinture, mais ſur-tout
la gravure ; ce qu'il faut principalement attribuer à la
ciſelure des armes & à la fonte des caractères d'imprimerie qu'on inventa dans ce tems-là, au grand avantage des lettres & du commerce. Et comme on publia
alors beaucoup de livres ornés de planches gravées en
cuivre & en bois, cela donna lieu à pluſieurs artiſtes à
s'appliquer à la peinture, afin de pouvoir inventer &
produire des choſes nouvelles. Albert Durer trouva l'art
de la gravure déja fort avancé quant à la partie mécanique, mais il y apporta une plus grande correction de
deſſin, à laquelle il joignit la partie de l'invention ; &
par le moyen de laperſpective il trouva la manière de
grouper ſes figures, de bien pyramider ſes groupes ſur
divers plans, & de donner de la profondeur à ſes ouvrages, ainſi que Ghirlandajo en avoit montré à Florence
l'exemple dans la peinture. Pluſieurs artiſtes tâchèrent
d'imiter Albert Durer, qui, s'il eût paſſé en Italie,
auroit certainement épuré ſon goût. Mais ni lui, ni ſes
imitateurs ne purent ſortir de leur ſtyle barbare, en ne
voyant que la nature de leur païs & le coſtume extravagant de leur ſiècle. Toutes les autres nations eurent
le même ſort, & reſtèrent privées du bon goût auſſi long-
tems qu'elles n'eurent point une communication ouverte
avec l'Italie, où dans la ſuite elles ont puiſé le goût des
arts.

La guerre qui s'éleva à la fin de ce beau ſiècle, fut
également funeſte à toute l'Europe en général, & à l'Ita-

lie en particulier. Les princes de ce pays ne s'occupant plus alors que des armes , commencèrent à perdre l'amour des arts. Les malheurs de la guerre défolèrent plufieurs provinces & villes floriffantes. Rome , entr'autres , souffrit beaucoup par le fameux fac auquel elle fut livrée par les Efpagnols & par les Allemands commandés par le connétable de Bourbon. Florence perdit fa liberté , & toute l'Italie éprouva des convulfions horribles. Venife feule refta tranquille au milieu de cette défolation générale , & le Titien furvécut à ces troubles. Mais comme l'argent étoit devenu fort rare , ou pour mieux dire , comme les befoins des princes de l'Italie augmentoient chaque jour par les dépenfes exorbitantes que demandoit la guerre , les arts manquèrent d'encouragement , & les artiftes cherchèrent à finir promptement leurs ouvrages d'un ftyle maniéré & chargé : c'eft ainfi que les arts tombèrent & languirent pendant long-tems.

Heureufement qu'il parut alors à Bologne quelques grands génies , tels que les Carache. Comme ces artiftes étoient nés dans la médiocrité , ils fe contentèrent de modiques récompenfes , & s'appliquèrent avec un zèle infatigable à fe rendre fupérieurs dans leur art aux Procaccini , à qui l'on portoit d'autant plus envie qu'ils étoient étrangers. Louis , l'aîné des Carache , avoit étudié les chefs-d'œuvre du Corrége , dont il imitoit , quoique foiblement , la grandiofité des formes & des maffes. Il fut le maître de fes coufins , Annibal & Auguftin Carache , qui , à un talent naturel , joignirent l'étude des ouvrages d'un bon ftyle ; mais qui , en même tems , s'appliquèrent à travailler avec preftefle ; c'eft pourquoi les premiers ouvrages d'Annibal font de bon goût , mais chargés & peu raifonnés. Il améliora fon ftyle en étudiant les ouvrages du Corrége ; cependant comme fon talent tenoit plus de l'artifan que de l'artifte , il fe contenta d'imiter en partie l'apparence de fon grand modèle , fans chercher à pénétrer dans les caufes de fon ftyle : voilà pourquoi il ne put jamais acquérir ni la grace , ni la délicateffe , ni la fuavité du Corrége. Il rendit néanmoins un grand fervice à l'art, en traçant une route nouvelle & plus facile pour arriver au goût ; fes prédéceffeurs , qui avoient acquis une grande facilité , ayant donné dans des compofitions bizarres & extravagantes.

Pendant qu'Annibal fe trouva à Venife , il y étudia la manière de Paul Véronèfe , qu'il imita en partie ; mais lorfqu'il vit à Rome les ouvrages de Raphaël & les ftatues antiques , il adopta tout de fuite un autre ftyle. Il modéra la fougue de fon génie , châtia la caricature de fes formes , & chercha à imiter la beauté du caractère antique. Cependant il conferva toujours une partie du ftyle du Corrége , pour ne pas trop s'écarter de la grandiofité. En un mot , il acquit alors des talens qui lui ont mérité le premier rang après les trois grandes lumières de la peinture.

Louis Carache fe rendit auffi à Rome, pour aider fon frère Annibal à peindre la galerie Farnèfe ; mais s'étant apperçu qu'il étoit plus difficile de fatisfaire les connoiffeurs de Rome que ceux de Bologne , il retourna dans fa patrie, où il entreprit les tableaux du couvent de S. Michèl-aubois , dans lefquels il employa un ftyle plus raifonné & de meilleur goût , & fit voir l'eftime qu'il faifoit de Raphaël ,

phaël , en employant dans l'un de fes fujets la Sapho du Parnaffe au Vatican.

C'eſt donc aux Carache que nous devons le rétabliſ-fement de la peinture. De leur école fortirent le célèbre Guide , artiſte d'un mérite fupérieur , que fon pinceau facile & élégant auroit placé à côté de Raphaël, s'il avoit eu de meilleurs principes ; le Dominicain qui s'attacha davantage aux formes de l'antique , & dont les ouvrages nous font voir qu'il s'étoit particulièrement appliqué à étudier le Laocoon & le Gladiateur ; Lanfranc , d'un gé-nie fertile , qui eut pour objet principal la diſtribution des maſſes & les mouvemens des ouvrages du Corrége , fur-tout de ceux de la coupole de la cathédrale de Parme , mais dont il ne prit cependant que les apparences & non les caufes philofophiques de l'art ; l'Albane qui étudia les formes de l'antique , & dont le ſtyle eſt ſi agréable & ſi plein de grace. En un mot , aucun des difciples des Carache ne peut être accufé d'avoir manqué de goût.

Le ſtyle du Guerchin eſt original. Ce peintre eut une grande connoiſſance du clair-obfcur ; & s'il avoit mis plus de nobleſſe dans fes ouvrages , il auroit pu fe placer à côté du Guide.

Le même efprit qui infpira les Carache en Italie , pro-duiſit des peintres de mérite dans pluſieurs autres pays de l'Europe. En Efpagne , l'art de la peinture commença à fleurir fous le règne de Charles V & de Philippe II , par les caufes dont nous avons parlé plus haut ; fur-tout par les grands ouvrages que ce dernier monarque fit exé-cuter. Mais ce fut un malheur pour l'Efpagne qu'à cette époque la peinture fe trouvât déjà corrompue par les

Tome II.   R

caricatures & par le ſtyle maniéré ; & comme la plus
grande partie des peintres qui paſsèrent en Eſpagne étoient
de l’école Florentine , qui s’étoit toujours diſtinguée par
le deſſin & par une certaine auſtérité ſombre , ce goût ſe
fixa tellement en Eſpagne , qu’il y dura juſqu’à ce que
les Eſpagnols virent les ouvrages de Rubens , qui furent tellement goûtés par le grand nombre , qu’on s’appliqua avec ardeur à les imiter ; de ſorte qu’il ſe forma
un ſingulier ſtyle mixte , de la manière de ce maître &
de celle de ſes imitateurs.

Le ſeul Diègue Velaſquez dédaigna de ſuivre la route
de l’imitation , & s’éleva par ſon talent extraordinaire à
un ſtyle qui lui fut propre. En s’appliquant à imiter
ſcrupuleuſement la nature & en étudiant les raiſons des
choſes ainſi que les effets du clair-obſcur , il parvint à
avoir une touche fière & hardie , en ne faiſant , pour ainſi
dire , qu’indiquer les choſes qu’il voyoit dans la nature ,
ſans les décider , ni les copier. Malgré ces principes ,
comme Velaſquez , & moins encore les autres peintres
de l’école Eſpagnole , n’avoient point d’idées exactes du
mérite des ouvrages des Grecs , ni de la beauté, ni de
l’idéal , ils ne firent que ſe copier les uns les autres ,
& leur plus grand talent fut de bien imiter la nature ,
mais ſans choix ; de manière qu’on ne peut les regarder
que comme de ſimples copiſtes de la vérité.

Quelques Flamands , comme je l’ai dit , paſſèrent en
Italie & s’élevèrent à un certain degré de perfection ;
mais le grand nombre , plus frappés de l’utile qu’animés
de l’amour de la gloire , s’adonnèrent à peindre de petits
tableaux de chevalet , tant le payſage que la nature

morte & d'autres objets femblables. Rubens parut enfin ,
& déploya un talent fupérieur. Ce peintre , ayant étudié
les ouvrages du Titien à Venife , tacha de l'imiter , mais
en prenant une route plus facile ; & cherchant à capti-
ver les yeux , il chargea tous fes objets , quelque degré de
beauté qu'euffent fes modèles ; & cela d'autant plus qu'il
n'avoit pas , comme le Titien , des idées fimples & diftinctes des chofes : ce qui fut caufe qu'il fortit des limites d'un jufte contour & s'écarta de la vérité. Il eut
cependant le même mérite que les Carache ; c'eft-à-
dire , qu'il fut le chef de l'école Flamande , laquelle n'a-
voit pas , avant lui , un caractère décidé qui lui fût
propre.

Antoine Van Dyk , qui parut à-peu-près dans le
même-tems , fut plus ami du vrai , particulièrement dans
fes portraits , partie dans laquelle il mérite le premier
rang après le Titien ; il fut même plus élégant que
celui-ci dans ce qu'on appelle acceffoires. Tous les autres
maîtres Flamands méritent également de l'eftime , felon
qu'ils fe font plus ou moins approchés du talent de ces
deux maîtres.

En France on commença à connoître l'antique par
les ouvrages que François I y apporta d'Italie & par ceux
qu'il fit faire à Fontainebleau , par Roffo , par Primatice
& par Nicolas dell' Abate. Cependant malgré ces fecours
les arts ne firent que de foibles progrès dans ce royaume ,
à caufe des guerres civiles qui durèrent jufqu'au règne de
Louis XIV ; & quoique Rubens y eût .déja peint la
galerie du Luxembourg , le petit nombre d'ouvrages

antiques qui fe trouvoient en France, préfervèrent cette nation du ftyle de ce maître. La culture des belles-lettres & les traductions qu'on donna des auteurs Grecs, enflammèrent les artiftes François du defir d'imiter les ouvrages des anciens, & d'aller les étudier à Rome. De forte que s'il ne fe forma, pendant long-tems en France aucun peintre d'un talent fupérieur, il ne s'y introduifit pas non plus aucun ftyle vicieux. Enfin, parmi le grand nombre qui fe rendirent en Italie, le Pouffin fut celui qui fe propofa d'imiter en tout le goût antique auquel il auroit véritablement atteint, s'il n'eut pas rencontré des obftacles dans les mœurs & le coftume de fon fiècle. L'habitude de peindre à l'huile des tableaux de chevalet l'empêcha d'agrandir fon ftyle & de faire des ouvrages auffi bien raifonnés que ceux des premiers peintres d'Italie; mais en ne confidérant fes productions que comme des ébauches ou des efquiffes, on peut les regarder comme excellens.

Après le Pouffin, on doit placer immédiatement Charles le Brun, qui paffa de même en Italie pour étudier les chefs - d'œuvre qu'on trouve dans ce pays. Ce peintre, doué d'un efprit vif & d'une invention heureufe, fut à même de déployer fes talens dans les grands ouvrages dont il fut chargé par Louis XIV. On peut de même regarder comme de bons peintres, Mignard, le Sueur, Bourdon & plufieurs autres qui fleurirent en France; jufqu'à ce que les artiftes de ce pays abandonnèrent enfin les bons principes & l'étude réflechie des grands maîtres; lorfque quelques hommes de talent, auxquels on a donné le nom des *Spirituels*, tels que Jouvenet &

Coypel sortirent des limites du beau & du bon , en chargeant l'un & l'autre , & en cherchant plus à plaire aux yeux qu'à satisfaire l'esprit.

Qu'on ne soit pas surpris que cela ait eu lieu en France , puisqu'en Italie même on s'est écarté du bon goût de l'école des Carache. Qui est-ce qui du tems de Michel Ange auroit pensé qu'il seroit sorti de l'école Toscane un Giovanni di San Giovanni, peintre d'un très-heureux génie, mais si éloigné du bon style ? Qui sur-tout se seroit imaginé que Pierre de Cortone auroit renversé toutes les idées de l'art en Italie , en négligeant l'étude des grands principes qui jusques à son tems , avoient servi de fondement à la Peinture , & en se bornant uniquement à composer pour séduire les yeux des spectateurs ? Dans ce même-tems , on vit à Rome André Sacchi , peintre qui posséda le même goût & la même facilité que Pierre de Cortone, & qui donna l'exemple de ne faire , pour ainsi dire , que des ébauches , en indiquant seulement les idées des choses , sans leur donner un caractère décidé.

Les écoles de Rome & de Florence changèrent alors de méthode. Celles de Bologne & de Lombardie s'éteignirent insensiblement : à l'Albane succédèrent Cignani & & Ventura Lamberti ; & ceux-ci furent, à leur tour, suivis de Franceschino , de Joseph del Sole & du fantasque Crespi, qu'on peut regarder comme le dernier. A Venise la peinture tomba tout-à-coup après le Giorgone , le Titien , Paul Veronèse & le Tintoret ; à cause que les successeurs de ces maîtres ne travaillèrent qu'à parvenir à une grande facilité, sans chercher à posséder les principes fondamentaux de l'art & cette perfection qui a rendu les premiers fi célèbres; de forte que cette école ne s'eft uniquement occupée que de ce qu'on appelle le goût.

Rome eut un fort plus heureux, parce qu'André Sacchi fut fuivi de Carle Maratte, fon difciple, qui s'appliqua avec zèle à deffiner les ouvrages de Raphaël au Vatican, & par ce moyen, prit dès fon enfance l'amour du beau & un deffin correct; mais le goût général de fon fiècle ne lui permit point d'adopter entièrement le caractère de Raphaël. L'occafion de peindre fans ceffe des Madonnes & des tableaux d'autel le portèrent à fe former un goût mixte de ceux des Carache & du Guide; & c'eft par ce goût qu'il foutint la peinture à Rome qui n'y tomba pas comme ailleurs.

Tandis que cela fe paffoit à Rome, Lucas Jordans formoit à Naples une nouvelle école. Il commença par fe former fous Ribera, & fe rendit enfuite à Rome, où il étudia rapidement les ouvrages des Carache & de leur école, & finit par adopter le ftyle de Cortone. Muni de ces richeffes, il retourna à Naples, où il reçut de fi grands encouragemens qu'il y forma, comme nous l'avons dit, une école, de laquelle fortirent Solimène & plufieurs autres maîtres; & comme dans ce tems-là, on manquoit à Rome de bons peintres, un des difciples de Solimène, appellé Sébaftien Conca, y apporta cette manière de peindre, & des principes plus faciles que bons, par lefquels la peinture finit de tomber tout-à-fait.

C'eft donc par cette route que ce bel art s'eft totalement dégradé de nos jours; car quoique différens maîtres aient poffédé quelques parties, ils n'ont dû ce foible talent qu'à une pratique purement mécanique, plutôt qu'à des principes & à des régles fondés sur la raison. On peut dire qu'en général les artistes sont les adulateurs des yeux des amateurs, & que ceux-ci ont corrompu leur goût & leurs idées par les ouvrages des dernières écoles.

Il faut avant de finir que je dise quelque chose de l'architecture, qui est la sœur des deux autres arts dont nous venons de parler. Je la considérerai sous deux points de vue différens, comme devant son origine à deux différentes causes, savoir la nécessité & le plaisir de l'imitation. Au commencement, l'architecture ne pouvoit pas être mise au rang des beaux-arts, mais seulement parmi les arts mécaniques; car le soin de se garantir des injures du tems & l'art de construire des bâtimens solides n'ont rien de commun avec la beauté; & en effet, nous voyons qu'à cet égard les édifices des Egyptiens, des Arabes & des Goths ne le cèdent pas à ceux des Grecs & des Romains. Mais qui est-ce qui osera dire qu'ils soient aussi beaux? Quant à l'origine de cet art, il paroît certain qu'il a été inventé & porté à sa perfection en différens pays, suivant la nature de leur climat, les matériaux propres à ces contrées & le besoin des peuples qui les habitent.

Dans les climats chauds & dépourvus d'arbres, la nature a offert pour retraite aux hommes le sein des montagnes & les cavernes; & dans les pays froids elle leur a donné des forêts; ce qui dans les premiers aura fait naître l'idée de se former des grottes, & dans les seconds celle de construire des cabanes. Il est naturel de croire que lorsque la population s'étendit davantage, les peuples pasteurs songèrent à se faire des tentes, qui sont encore une autre espèce de fabrique. Jusqu'ici le besoin avoit reglé le plaisir de l'homme; mais l'esprit ne pouvant rester long-tems occupé de la même chose, on chercha bientôt à sortir de cet état; & comme nous desirons naturellement de trouver dans tous les objets quelque chose qui frappe & occupe nos sens & notre ame, on tâcha de donner à ces différentes pratiques d'architecture quelque grace; c'est-à-dire, d'y imprimer un certain je ne sais quoi, sans lequel les choses sont bien ce qu'elle doivent être, mais qui y donne un intérêt qui réveille notre attention, & nous porte, malgré nous, à la réflexion, comme on voit que l'ont fait toutes les nations, même les plus barbares, quoique sans goût & sans discernement. Il semble donc qu'il est naturel à l'homme de ne rien faire sans quelque cause qui le détermine.

Si nous remontons à l'origine de l'architecture, nous trouverons que cet art a pris naissance dans l'orient, par l'idée que donna aux hommes la vue des montagnes & des collines; de sorte qu'ils ammoncelèrent & entassèrent des pierres & de la terre pour leur asile, en se flattant d'égaler par leur art la nature. Les vastes murailles qu'on éleva dans les premiers tems du monde n'étoient que des espèces de collines destineés à renfermer une portion de peuple, & formoient ces villes immenses dont parle l'histoire : la tour de Babylone même étoit une véritable montagne.

Les pyramides & les autres monumens qu'on admire enencore en Egypte nous présentent les mêmes idées. Les Egyptiens imaginèrent, long-tems avant les Grecs, l'usage de faire servir les figures humaines & celles des

animaux

animaux à foutenir les édifices ; en donnant, pour ainſi dire, de la vie aux pierres deſtinées à porter une partie des bâtimens. La forme de leurs colonnes n'avoit pas la moindre élégance , & peut-être même n'en employèrent-ils que lorſqu'ils eurent vu les ouvrages des Grecs. Dans les autres édifices de l'Aſie , de la plus haute antiquité, on ne trouve de même aucune proportion élégante ; & l'on peut dire qu'il n'y avoit alors aucune eſpèce d'architecture , mais ſeulement un certain art de bâtir des maiſons.

Les Grecs de l'Aſie mineure furent les premiers qui donnèrent une forme à l'art , en employant la beauté dans la conſtruction de leurs édifices. Vitruve & d'autres écrivains remontent dans leurs recherches à cette origine de l'art ; & en effet , on s'apperçoit facilement que l'idée des tentes & des cabanes s'eſt conſervée juſque dans les plus magnifiques bâtimens ; mais comme l'architecture n'a point de modèle , ni de prototype dans la nature, il ne fut pas facile d'en trouver promptement les plus belles proportions ; & par ce défaut elle reſta expoſée aux caprices des hommes & aux circonſtances des tems.

Les premiers Grecs , à qui la force parut la qualité eſſentielle de l'homme, cherchèrent à mettre de l'idéal dans la ſolidité. Lorſque les mœurs commencèrent à s'adoucir davantage & que les idées ſe développèrent mieux , ils connurent le beau , & donnèrent des proportions plus élégantes à leurs édifices. Mais comme la nature avoit doué ce peuple d'un eſprit philoſophique , ils ne pafsèrent point les juſtes limites & ne chargèrent point leurs ouvrages d'ornemens inutiles ; mais ſe tinrent toujours dans les bornes preſcrites par la raiſon & par le goût , fans lefquels il ne peut y avoir aucune beauté dans l'architecture. Cet art doit donc fa naiffance au befoin de fe garantir des injures du tems. Sa beauté confifte dans un caractère qui réponde au but qu'on s'eft propofé , tant dans les formes que dans les ornemens, & fes limites doivent être reglées par la raifon. Les Grecs dans leur meilleur tems obfervèrent toutes ces règles.

Les Romains qui formoient une nation plus opulente & plus faftueufe que les Grecs , mais dont le goût n'étoit pas fi épuré , chargèrent l'architecture d'ornemens , la partagèrent en plus d'ordres & de divifions , s'écartèrent enfin de la belle fimplicité & de la noble folidité , en interrompant les principaux membres par des contours tracés par le feul caprice. Lorfque , dans la fuite des tems , les beaux-arts tombèrent dans un total oubli fous les empereurs Romains , uniquement occupés de la guerre , & quand, par les invafions des barbares , le bon goût difparut entièrement , l'on vit paroître l'architecture appellée Gothique ; non pas à caufe que quelque horde de ces barbares ait apporté en Italie un ftyle particulier d'architecture ; mais parce que voulant imiter fans règles & fans principes les anciens édifices qu'ils avoient ruïnés , en y mêlant leurs propres idées dictées par l'ignorance , ils s'écartèrent des loix du bon goût & des belles proportions de l'art.

Ce qui contribua encore grandement à la chûte de l'art , ce fut la tranflation du fiége de l'empire de Rome à Conftantinople , & fa divifion en empire d'orient & d'occident. Dans des contrées, telles que la France & l'Allemagne , que leur éloignement & leur peu de commerce avec la Grèce & l'Italie empêchèrent de connoître les principes de la belle architecture Grecque, il fut impossible de s'élever jusqu'au bon goût, de sorte que dans ces pays on alla guère au-delà des simples notions de l'art de bâtir. Dans la suite , & peut-être bien par le moyen de la religion & de quelques moines Grecs fugitifs , ces nations se formèrent quelques idées des édifices qui décoroient la ville de Constantinople , d'après lesquels ils construirent des temples , en ne suivant toujours que les simples règles du mécanisme de l'art de bâtir. Enfin , en poussant plus loin cette pratique & en faisant consister tout le mérite dans la difficulté & dans la hardiesse de l'exécution , & non dans la pureté & l'élegance , on vit paroître les productions les plus bizarres & les plus contraires au bon goût; & c'est de cette sorte que le hasard donna naissance à ce genre d'architecture que, par abus, on appelle *Gothique,* mais qui est véritablement *Teudesque,* c'est-à-dire, qu'il a pris son origine en Allemagne.

Lorsqu'il se fut établi un nouvel empire en Allemagne, la grandeur de cette cour imposa, pour ainsi dire, aux autres nations le desir d'imiter ses modes & ses goûts. Et c'est de cette manière que la pratique d'architecture dont nous venons de parler fut adoptée par toute l'Europe & y dura jusqu'à ce que l'Italie, par son heureuse influence, fit disparoître la barbarie qui s'étoit introduite. Les Vénitiens furent les premiers, je crois, qui , en l'honneur de S. Marc, élevèrent un temple magnifique pour lequel ils se servirent d'un architecte Grec qui , quoiqu'imbu encore du goût barbare de fon fiècle, ne s'eſt néanmoins pas livré à ces pro-portions extravagantes qu'on remarque dans les édifices Gothiques. Les arches & les coupoles ont déjà quelque chofe de grand dans leur vouſlure , quoiqu'elles foient encore bien éloignées de la vraie beauté.

Enfin , les Florentins , guidés par Orcagna , commencèrent à abandonner ce mauvais ſtyle , & Brunellefchi fut le premier qui fit renaître en Italie le goût de l'architecture Grèque. Bramante & San Gallo en approchèrent un peu plus, & leur exemple engagea pluſieurs autres artiſtes à étudier la bonne pratique. Michel-Ange lui-même s'appliqua à ce ſtyle Grec; mais le trouvant peut-être trop fimple & trop reſſerré, pour fon efprit vaſte & fécond, il y porta des idées plus hardies & plus fières. Le magnifique temple de S. Pierre donna à ce grand homme l'occafion de bannir & de faire tomber dans un entier oubli les caractères du ſtyle Teudefque. San Micheli, Sanfovino, Palladio & Scamozzi embellirent les états de Venife, & répandirent par leurs talens dans toute l'Italie les principes du bon goût. C'eſt fur-tout à Palladio, à Scamozzi, à Serlio & à Vignoles qu'on doit beaucoup pour le grand jour qu'ils ont répandu fur l'art par leurs écrits.

C'eut fans doute été un grand bonheur fi l'architecture avoit pu fe maintenir au point où ces maîtres célèbres l'avoient portée; mais l'amour de la nouveauté & l'ambition des artiſtes de fe diſtinguer comme inventeurs, leur firent bientôt adopter des caracteres & des proportions bizarres, & au lieu de raifonner fur les idées de leurs prédéceſſeurs, qui avoient tiré l'art de la barbarie, ils chargèrent parties fur parties, interrompirent les formes les plus effentielles, imaginèrent des contours mefquins & ridicules, & perdirent enfin entièrement de vue le bon caractère & la majefté des proportions ; de forte que ceux qui osèrent refter attachés aux bonnes règles, ne pafsèrent que pour des efprits étroits & bornés.

L'achitecture demeura dans cet état jufqu'au tems du Bernin, lequel, malgré fes grandes licences, eut un ftyle agréable. Pierre de Cortone fe livra au caprice, & Borromini fut extravagant à l'excès. Depuis cette époque l'architecture n'a plus eu de principes fixes, & l'on s'eft cru permis tout ce que l'exemple de ces maîtres fembloit autorifer; ce qui donna naiffance à une infinité d'inventions nouvelles, dont quelques-unes peuvent paffer pour ingénieufes, mais fans qu'on ait vu paroître aucun ouvrage exactement pur & beau.

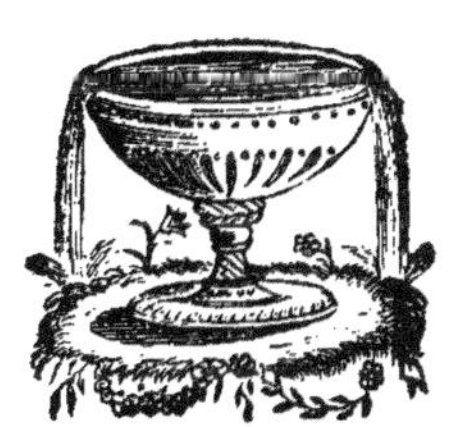

MÉMOIRES

SUR LA VIE ET SUR LES OUVRAGES

D'ANTOINE ALLEGRI,

Dit LE CORRÉGE.

MÉMOIRES

MEMOIRES

SUR LA VIE ET SUR LES OUVRAGES

D'ANTOINE ALLEGRI,

Dit LE CORRÉGE.

Lᴇs notions que nous avons fur la vie du Corrége font fort confufes & peu fatisfaifantes. Il y a des écrivains qui difent qu'il naquit en 1490, à Corrége, ou dans un village proche de cette ville ; d'autres prétendent, & avec plus de vraifemblance, qu'il ne vit le jour qu'en 1494. Son véritable nom étoit Antoine Allegri, qu'il a latinifé, en fe fervant de celui de *Laeti* pour la fignature de fes tableaux ; mais il a toujours été connu fous le nom de Corrége, qui eft celui du lieu de fa naiffance. On ne fait rien de fes parens. Il fut marié deux fois, & eut des enfans de fes deux femmes. De la première naquit, à Corrége, Pompeo, ou comme d'autres l'appellent Pomponio ; à Parme il eut une fille en 1524, & une autre en 1526. Sa feconde femme lui donna l'année fuivante une troifième fille.

Il y a des écrivains qui mettent en doute le tems de fa mort ; mais il paroît certain qu'il mourut le 5 de Mars de l'année 1534, à l'âge de quarante ans. Il y en a qui ont prétendu que le Corrége étoit né de parens fort pauvres & de baffe extraction ; d'autres, au contraire, difent qu'il étoit d'une famille noble, fort riche, & qu'il laiffa beaucoup de bien à fon fils Pompeo : mais ni les uns, ni les autres n'ont fourni des preuves de ces affertions. Je regarde donc comme également faux ces deux extrêmes, & je penfe qu'il a joui d'une certaine aifance pour le pays où il étoit, & le peu d'argent qui circuloit dans ce tems-là ; conjecture que je fonde fur l'efpèce de monnoie avec laquelle on payoit fes ouvrages. Les auteurs qui ont écrit la vie du Corrége, l'ont comparé aux peintres célèbres qui vivoient alors à la cour des grands princes ou dans des villes opulentes, telles que Rome, Venife & Florence ; & ont par conféquent eu raifon de plaindre fon fort, en confidérant le grand mérite de cet artifte. Mais cela ne prouve pas qu'il fut abfolument réduit à un état miférable & précaire, & qu'il ne put pas vivre heureux dans une médiocrité philofophique, en fe contentant du fort de fes concitoyens, & en afpirant à être meilleur & non pas, plus riche qu'eux. Mais ce qui eft hors de doute, c'eft qu'on ne voit point dans fes ouvrages ces fignes d'économie & d'avarice qu'on apperçoit dans ceux de quelques pauvres artiftes qui ont cherché à s'enrichir : tous fes tableaux, au contraire, font peints fur de bons panneaux, fur des toiles très-fines, & même fur cuivre; & tous font finis avec étude & avec foin. Les couleurs dont il fe fervoit font les meilleures & les plus difficiles à employer. Il faifoit entrer avec profufion l'outremer dans les draperies, dans les chairs & dans les fites, & par-tout fortement empâté; ce qu'on ne voit pas dans les ouvrages d'aucun autre peintre. Il employoit les laques les plus fines, ce qui fait que la couleur s'en eft bien confervée jufqu'à nos jours; & fes verds font fi beaux, qu'on ne peut rien voir de plus parfait.

Mais que nous importe au refte que le Corrége ait été pauvre ou riche. Il n'eft pas moins conftaté par fes ouvrages qu'il doit avoir reçu une bonne éducation; & ce que dit le père Orlandi paroît très-vraifemblable, favoir, que le Corrége étudia la philofophie, les mathématiques, la peinture, l'architecture, la fculpture, enfin, toutes les efpèces de connoiffances; & qu'il étoit d'ailleurs en relation avec les plus célèbres profeffeurs de fon tems. En effet, on remarque dans fes principaux ouvrages un efprit cultivé & même poétique; comme, par exemple, dans fon tableau de l'Education de l'Amour, où il a repréfenté Vénus avec des aîles & un arc, pour faire comprendre que la mère de l'Amour, qui gouverne les cœurs, a une origine célefte. La même allégorie gracieufe fe retrouve dans toutes fes autres compofitions, ainfi que nous le verrons en faifant la defcription de fes ouvrages.

Dans ce tems-là fleuriffoit à Modène, fuivant Vedriani,

une académie de peinture & de fculpture, qui a produit quelques bons artiftes, parmi lefquels fe font diftingués François Bianchi, furnommé *le Frari*, & Pellegrino Munari, connu fous le nom de *Pellegrino de Modène*. Le Corrége commença par apprendre la peinture de ce Bianchi, & paffa enfuite à l'école d'André Mantegna. Il y a fans doute auffi étudié l'architecture, ainfi qu'on peut s'en appercevoir par fes ouvrages; & c'eft fous ce maître qu'il acquit le goût du beau & du grand. Suivant la louable coutume de ce tems-là, il s'appliqua de même à la fculpture; mais j'ignore s'il a jamais fu employer le cifeau fur le marbre; quoiqu'il foit certain qu'il a travaillé le ftuc, puifqu'on conferve dans l'églife de Sainte Marguerite, à Modène, une Defcente de croix d'Antoine Begarelli, fculpteur Modénois, grand ami du Corrége, qui en a fait trois figures de fa main. Je ne fais cependant pas fi c'eft Begarelli qui a appris du Corrége, ou fi c'eft celui-ci qui fut le difciple du premier, ou bien s'ils ont étudié enfemble cet art. Ce qu'il y a de certain, c'eft que cet ouvrage eft le meilleur de Begarelli, qui en fit enfuite plufieurs autres, jufqu'en 1555. Vedriani nous apprend auffi que Begarelli aida, de fon côté, le Corrége, en faifant les modèles pour fon célèbre ouvrage de la coupole de Parme : ce qui nous prouve que Begarelli fut employé par le Corrége, qui, par conféquent, ne devoit pas être auffi pauvre qu'on le prétend généralement; puifqu'il faifoit travailler & payoit un fculpteur, qui, dans ce tems-là, jouiffoit de la plus grande réputation dans la Lombardie, & dont Michel-Ange faifoit beaucoup

de cas. Je ne prétends néanmoins pas que le Corrége
ait été fort riche ; on eſt libre ſans doute de penſer ſur ce
ſujet ce qu'on trouvera bon ; mais je ne connois aucun
peintre de notre tems qui ſoit en état de payer un bon
ſculpteur pour faire les modèles néceſſaires pour un
ouvrage auſſi conſidérable que celui de la coupole de
Parme.

Les ouvrages auxquels le Corrége a mis ſon nom &
la date de leur exécution ſont fort rares ; ce qui fait
qu'il eſt très-difficile de fixer l'époque à laquelle il commença à donner les productions de ſon premier ſtyle.
Parmi les tableaux, qui de Modène paſsèrent à Dreſde,
il n'y en a qu'un ſeul avec ſon nom, mais ſans date,
dans lequel on remarque le ſtyle de ſes maîtres, ainſi
que je le dirai plus bas. Il n'y a non plus aucun ouvrage
conſidérable de lui qui puiſſe nous apprendre par quelle
route il eſt parvenu à abandonner la manière sèche de ſes
maîtres, & comment il a acquis ce ſtyle noble & grand
qu'il a toujours employé dans la ſuite.

Comme perſonne juſqu'à préſent ne nous a inſtruit
des études que le Corrége a faites , ni par quels moyens
ce grand artiſte a atteint à un ſi haut degré de perfection dans ſon art, qu'il me ſoit permis de faire ſur cela
quelques conjectures.

Nous ſavons que Pellegrino Munari, ayant appris
le nom célèbre que Raphaël avoit acquis, ſe détermina
à aller étudier ſous ce grand maître, & ſe rendit, pour
cet effet, à Rome. Lorſque Pellegrino prit cette réſo-
lution, le Corrége étoit encore à Modène , où il enten-
dit de même les éloges qu'on donnoit à Raphaël & à

Michel-Ange. Se pourroit-il donc qu'il ait moins aimé son art & la gloire que Pellegrino ? Cela n'eſt pas croyable, ſi l'on examine bien ſes ouvrages qui nous prouvent que, dès le commencement de ſes études , pour ainſi dire , il fut ſupérieur à ſes maîtres ; & ſi l'on conſidère d'ailleurs combien rapidement il paſſa de ſon premier ſtyle à ſon ſecond , & que peu ſatisfait de ſe voir l'égal de pluſieurs célèbres artiſtes de ſon tems , & ſupérieur à tous ceux de ſon pays , il abandonna néanmoins ce ſtyle , & entreprit , par de nouvelles études & une plus profonde méditation , de changer preſqu'entièrement l'art de la peinture. Cela ſuppoſé , je ſuis porté à croire que le Corrége a paſſé à Rome , & qu'il y a étudié les ouvrages de Raphaël , & plus encore ceux de Michel-Ange ; mais qu'étant d'un caractère doux & modeſte , il s'y occupa uniquement de ſon art, ſans ſe livrer aux plaiſirs de la ſociété & ſans faire la connoiſſance des autres peintres ; ce qui ſans doute eſt la cauſe qu'il ne s'eſt aſſujetti au ſtyle de perſonne, & qu'il n'a imité aucun de ſes contemporains , en prenant le beau par-tout où il le trouvoit.

On dira peut-être qu'on ne ſait pas ſi le Corrége a jamais été à Rome ; mais je répondrai que cette ignorance ne prouve pas qu'il ne s'y eſt point rendu ; puiſque nous voyons tous les jours pluſieurs perſonnes dont la conduite n'eſt connue que du moment qu'elles ont commencé à jouir d'une certaine réputation ; & ordinairement on ne cherche à connoître à Rome que les maîtres qui y profeſſent leur art , ſans s'inquiéter des étrangers qui n'y vont que pour étudier. Il eſt donc probable que le Corrége a été du nombre de ces derniers :

probabilité qui acquérera plus de force encore par les raifons que je déduirai dans la fuite.

Il paroît incroyable que le Corrége n'ait pas joui d'une certaine réputation dans fa patrie & dans les provinces voifines, ainfi que quelqués écrivains le font comprendre, tandis qu'il fut chargé des ouvrages les plus confidérables de fon tems. La première coupole qui fut peinte, c'eft celle de S. Jean, à Parme, & c'eft le Corrége qui en fut chargé, & qui exécuta cet ouvrage en **1522**; la feconde eft celle de la cathédrale de la même ville, que le Corrége peignit auffi en 1530. Ces grands ouvrages, dont l'exécution lui fut confiée, nous prouvent qu'il étoit regardé comme le meilleur peintre de fon pays. Il eft à croire auffi que, s'il ne s'étoit point acquis un grand honneur par le premier, on ne l'auroit pas chargé de faire le fecond, pour lequel on auroit cherché un autre peintre; d'autant plus qu'il ne manquoit point alors de bons artiftes, ni à Venife, ni dans la Lombardie même. A quoi il faut ajouter ce que dit Ruta, favoir, qu'après qu'il eut fini la feconde coupole, le Corrége reçut pour folde de fon paiement cent foixante-dix écus d'or en monnoie de cuivre, & qu'avec cette fomme il retourna à pied chez lui, ceq ui lui caufa la maladie dont il mourut à l'âge de quarante ans & fept mois. Le prix qu'on lui donna pour avoir peint cette coupole doit donc avoir été beaucoup plus fort que la fomme qu'il emporta avec lui; puifque, pour un ouvrage auffi confidérable que celui-là, il eft auffi néceffaire qu'établi de donner des à-comptes pendant le tems que l'artifte eft occupé de ce travail. Le Corrége n'a donc pas été si mal payé pour cet ouvrage, si l'on considère le tems, le pays & la valeur qu'avoit alors l'argent; sur-tout, si l'on y compare le prix que furent payés à Raphaël (le peintre le plus richement récompensé de son siècle) les loges du Vatican, pour chacune desquelles il reçut douze cents écus d'or.

On peut remarquer encore que Vasari rapporte, que le duc Frédéric de Mantoue voulant faire présent de deux tableaux à l'empereur Charle-Quint, à l'occasion de son couronnement à Bologne, en 1530, il pensa au Corrége pour les faire exécuter. Ce peintre devoit donc être un artiste fort estimé, puisqu'un prince, amateur des arts, le préféra à Jule Romain, qu'il avoit à son service; tandis que d'un autre côté l'empereur pouvoit disposer du talent du Titien : ce qui fait croire que le duc ne choisit à cette occasion le Corrége, que pour donner un plus grand mérite au présent qu'il vouloit faire, & pour mieux satisfaire le goût du monarque.

Je conclus donc de tout ce que je viens de dire, que quoique les mémoires sur la vie du Corrége soient fort peu satisfaisans, on peut néanmoins assurer que cet artiste avoit reçu une très-bonne éducation, qu'il fit toutes les études nécessaires pour son art, & que ses ouvrages sont les productions d'un génie sublime, délicat & éclairé; car tous ceux qui professent l'art, & ceux mêmes qui n'en ont que de légères notions, seront forcés de convenir que, sans les qualités dont nous venons de parler, le Corrége n'auroit pas pu faire d'aussi belles choses que celles qui nous restent de lui. S'il ne fût pas riche, il faut alors convenir qu'il fût bien généreux, pour avoir travaillé

avec

avec auſſi peu d'économie qu'il l'a fait ; enfin , il me ſemble qu'il a principalement cherché à acquérir une grande réputation. Au reſte , il importe peu qu'il fût noble ou roturier , aiſé ou dans le beſoin , puiſqu'on ſait qu'il **a** été un grand artiſte , & que ſes ouvrages ſont faits pour nous plaire & nous inſtruire. Pour cet effet , j'ai recueilli toutes les notions que j'ai pu trouver touchant ſes produ&ctions , dont je vais faire la deſcription ; & quoiqu'il m'en échappera peut-être quelques - unes , celles que je citerai ſuffiront pour donner une idée du talent ſupérieur avec lequel il a exécuté , pendant une courte vie , tant de merveilles de l'art , qu'il nous faudroit , pour en faire bien connoître les beautés , plus de tems que n'a vécu cet artiſte célèbre.

Il y a en France quelques tableaux du plus beau ſtyle du Corrége , entr'autres , les deux dont le duc de Mantoue fit préſent à Charles·Quint , & que le duc d'Orléans acheta des héritiers du duc de Bracciano : l'un eſt une Leda , & l'autre une Danaë. L'empereur avoit fait placer ces deux tableaux dans le palais impérial à Prague , où ils reſtèrent juſqu'à la fameuſe guerre de trente ans , que cette ville ayant été ſaccagée par les Suédois , Guſtave Adolphe les fit tranſporter à Stockholm *. Après la mort

---

* Ce fut le 15 juillet 1648 , que le comte de Koningsmark , général Suédois , prit la ville de Prague ; & c'eſt après le ſiége de cette ville , qu'on fit tranſporter à Stockholm les plus beaux tableaux du ſuperbe cabinet que l'empereur Rodolphe II avoit formé dans cette ville , ainſi que nous l'apprend Puffendorff , (*Rerum Succ.*, *liv. XX* , *ℓ. 50*). La reine Chriſtine , qui , avant de quitter

de ce roi, les deux tableaux du Corrége rettèrent, avec plufieurs autres, dans l'oubli, pendant la minorité de la reine Chriftine, jufqu'à ce qu'un ambaffadeur de France, qui en favoit l'hiftoire, en fit la recherche. On les trouva en effet, mais ils fervoient de contrevents aux fenêtres d'une écurie. On les remit alors dans le meilleur état poffible ; & la reine, qui en reconnut tout le mérite, les fit tranfporter avec elle à Rome, comme des ouvrages précieux, après avoir préalablement obtenu du pape la permiffion de les faire fortir de cette ville quand bon lui fembleroit. Après la mort de Chriftine, ces deux tableaux pafsèrent entre les mains de don Livio Odefcalchi, avec plufieurs autres curiofités d'un grand prix, qui lui furent laiffés par cette reine, & qu'il conferva foigneufement ;

---

la Suède, poffédoit plus d'érudition fcholaftique que de goût, fit couper quelques-uns de ces tableaux en plufieurs pièces, pour en ajufter les têtes, les mains & les pieds aux plafonds de fa chambre & de fa falle d'audience, en y faifant peindre le refte des corps ; de la même manière que, fuivant Pline, (*Hift. nat.*, *liv. XXXV, ch.* 10), on a vu l'empereur Claude faire couper la tête d'un tableau d'Apelle, repréfentant Alexandre, pour y fubftituer celle d'Augufte. Les tableaux qui échappèrent à cette barbarie pafsèrent à Rome avec la reine Chriftine, qui en augmenta le nombre pendant le féjour qu'elle fit dans cette ville. A fa mort cette collection paffa entre les mains de Livio Odefcalchi, neveu d'Innocent XI ; & dans la fuite M. le duc d'Orléans en fit l'acquifition au nombre de deux cents cinquante (parmi lefquels il y en avoit onze du Corrége), pour la fomme de 90,000 écus Romains, ou 472, 500 liv. argent de France. *Note du Traducteur.*

mais ses héritiers vendirent la plupart de ces précieux effets:
Philippe V , roi d'Espagne , acheta les statues , & le duc
d'Orléans , régent de France , les tableaux. Après la mort
de ce dernier ces tableaux passèrent au père de M. le duc
d'Orléans actuel , qui , par un esprit de rigorisme , les
fit mutiler en sa présence , afin d'être certain qu'on n'élu-
doit point son ordre. Il fit brûler entr'autres la tête d'une
Io , magnifique ouvrage du Corrége , qui lui parut la
plus expressive. Les morceaux qui restoient de ce tableau furent rassemblés par Charles Coypel , premier
peintre du roi de France ; & après sa mort un autre
peintre François y fit une nouvelle tête. Dans cet état
ce tableau passa entre les mains d'un financier à la vente
duquel le roi de Prusse l'acheta fort cher. On prétend
que le tableau de Léda a eu le même sort que celui de
la Io *. On ignore si la Danaë subsiste encore ; du

---

* On ne sait si le tableau de la Io a eu le sort que dit M. Mengs ;
du moins ne se trouve-t-il plus dans la galerie du Palais-Royal. Mais
on sait , à n'en point douter , que la tête de la Léda a été coupée du tableau , par ordre de M. le duc d'Orléans. M. Pasquier , qui avoit fait
l'acquisition de ce chef-d'œuvre ainsi mutilé , fit proposer à M. Carle
Van Loo & à M. Boucher d'y rétablir une autre tête , ce que ces
deux artistes refusèrent par modestie , craignant sans doute de se
mettre en parallèle avec le Corrége. Un peintre , nommé *Deslyen* ,
peu connu , mais qui avoit beaucoup étudié le Corrége , se pré-
senta alors pour faire ce que Van Loo & Boucher n'avoient osé
entreprendre , & eut le bonheur de bien réussir. Ce tableau de
Léda a quatre pieds dix pouces & demi de hauteur , sur cinq pieds
onze pouces de largeur ; les figures sont à-peu-près grandes comme nature. Il y a plusieurs copies de ce tableau , dont Du Change a fait la

moins eft-elle fi bien gardée , que perfonne , à ce qu'on prétend , ne peut parvenir à la voir *.

La Léda eft plutôt un tableau purement allégorique qu'une fimple repréfentation de la fable. La figure principale repréfente une nymphe avec un cygne fur elle , qui paroît vouloir approcher fon bec de fa bouche. Elle eft affife fur le bord de l'eau , dans laquelle trempe le bout de fon pied gauche. Comme la fable nous apprend que Jupiter fe transforma en cygne , pour jouir de Léda , le tableau dont nous parlons ici a toujours été connu fous ce nom. Mais à la droite de cette nymphe on en voit une autre fort jeune , laquelle , avec un air d'innocence , femble vouloir repouffer un autre cygne , qui l'affaillit en nageant dans l'eau où cette nymphe fe trouve auffi jufqu'à mi-cuiffe. Plus loin on voit une troifième nymphe plus grande , occupée à fe faire habiller , & qui regarde avec attention un autre cygne qui prend fon vol près d'elle , & qui femble être parti de l'endroit où elle eft : l'air de cette nymphe annonce la joie & la fatisfaction. Dans le lointain il y a une demi-figure de femme , d'un certain âge & drapée , dont l'expreffion eft celle du chagrin. A la gauche de la figure principale eft un grand cupidon , qui , avec beaucoup de grace , touche une lyre antique , tan-

---

gravure avec beaucoup de goût ; mais étant tombé , vers la fin de fa vie , dans la dévotion , cet artifte fe repentit d'avoir gravé ce fujet , & taillada cruellement la planche , laquelle cependant a été affez bien rétablie. *Note du Traducteur.*

* Ce tableau de Danaë fe trouve encore dans la galerie du Palais-Royal , & peut s'y voir tous les jours ; il eft même fupérieurement bien confervé. *Note du Traducteur.*

dis que deux autres petits amours fonnent de la conque.
Tout cela eſt repréſenté avec cette grace qui n'appartenoit qu'au Corrége feul. Le fite eſt un bois ombragé de
pluſieurs eſpèces d'arbres ; & fur la ligne de terre eſt un
petit lac , d'une eau auſſi pure que le criſtal , & qui par-
court la partie du tableau où les nymphes font placées. Tout eſt agréable & d'un ſtyle poëtique dans ce chef-
d'œuvre , qui nous fait voir les différentes ſituations de
l'amour.

Le tableau de Danaë repréſente véritablement cette
fable , mais d'une manière tout-à-fait poëtique. On y voit
la fille du roi d'Argos aſſife avec grace fur un lit. Un
grand amour ailé , ou peut-être un hymen , foutient
d'une main la draperie qui couvre le corps de Danaë ,
& qui fert à recevoir la pluie d'or , dans laquelle
Jupiter s'eſt transformé. De l'autre main il fait remarquer
la beauté de ces gouttes de pluie , que la nymphe regarde
avec une complaiſance & une fatisfaction très - ex-
preſſives. Près du lit font deux amours qui , en badi-
nant , eſſayent fur une pierre de touche , l'un une de
ces gouttes d'or , & l'autre la pointe d'une flèche ; ce
dernier paroît être d'un caractère plus robuſte que l'autre ;
fans doute pour nous apprendre que l'amour eſt produit
par la flèche , tandis que l'or le détruit. Ce tableau eſt plein
de grace ; l'hymen a la phyſionomie la plus heureufe qu'on
puiſſe voir , & la figure eſt deſſinée avec une élégance qui
n'a jamais été furpaſſée par aucun artiſte moderne. Le
clair-obfcur de ce tableau eſt furprenant ; & quoiqu'une
partie du corps de l'hymen fe trouve peu éclairée , cette
partie eſt néanmoins ſi claire , & les reflets en font ſi

beaux, qu'on ne s'apperçoit pas qu'elle soit dans l'ombre, qui néanmoins est très-forte, mais qui, en même tems, donne plus de relief aux cuisses, qui reçoivent la lumière, particulièrement la gauche; de sorte que la figure paroît comme détachée du tableau. La tête de Danaë est une copie de celle de la Vénus de Médicis, & le peintre lui a donné la même espèce de coëffure. Le Corrége lui a seulement imprimé l'expression nécessaire au sujet, & un caractère un peu plus jeune *.

Le tableau de Io est de la même beauté. La figure de Io est représentée par le dos; sans doute pour éviter l'attitude trop érotique, qui auroit pu blesser la modestie si on l'avoit vu en face. D'ailleurs, comme Jupiter est représenté sous la forme d'une nue, toute autre attitude auroit nécessairement nui à la grace de la figure de Io; de sorte qu'il n'est pas possible de rendre mieux un pareil sujet. Je ne dis rien de l'expression, qui n'offre d'autre défaut que celui d'être trop parfaite : car la tête, aussi bien que le dos, une main & les pieds, qui sont les parties seules qu'on voit de la figure, expriment avec la plus grande énergie l'action qui fait le sujet du tableau. Le Corrége, après avoir rempli les talens du peintre, a pensé à ceux du poëte, en plaçant aux pieds des figures un cerf occupé à boire, pour faire comprendre le desir de Jupiter de satisfaire l'ardeur de l'amour.

---

* Du Change a aussi gravé ce tableau, peint sur toile, haut de quatre pieds dix pouces & demi, large de cinq pieds dix pouces. Les figures sont grandes comme nature. *Note du Traducteur.*

Il y a un double de ce tableau du Corrége dans la galerie de Vienne , avec un autre de même grandeur , dans lequel ce peintre a repréfenté l'Enlèvement de Ganymède ; ouvrage plein de grace , & dont le payfage eft de la plus grande beauté. On y voit les objets comme fi l'on étoit placé fur le fommet d'une montagne , où eft auffi le chien de Ganymède , qui paroît véritablement vouloir fuivre fon maître.

Dans la fucceffion de don Livio Odescalchi , il y avoit un Cupidon adolefcent , vu par le dos , occupé à fe faire un arc d'un morceau de bois , dont le bout porte fur deux livres. Derrière lui font deux enfans de demi-figure , qui femblent lutter enfemble , & dont l'un rit tandis que l'autre pleure : allégorie qui répréfente fans doute les peines & les plaifirs de l'amour *.

Tous ces tableaux font dans la galerie de M. le duc d'Orléans , & viennent de la fucceffion d'Odefcalchi. Il y en a encore un dont je ne dirai rien ici , parce qu'il reffemble parfaitement à un autre dont j'aurai occafion de parler dans la fuite. Je remarquerai feulement qu'il re-

---

* Ce tableau, qui eft auffi dans la galerie du Palais-Royal, repréfente un garçon ailé, d'environ quinze ans. Quoiqu'il ait le dos tourné , on lui voit cependant le vifage. C'eft entre fes jambes, qui font écartées, qu'on voit les deux enfans. Ce tableau a quatre pieds trois pouces de hauteur fur deux pieds quatre pouces & demi de largeur. La figure eft de grandeur naturelle. *Note du Traducteur.*

préfente Vénus & Mercure qui préfident à l'éducation de l'Amour *.

Le roi de France poflède un autre tableau du Corrége qui a pour fujet les Epoufailles de Sainte Catherine, en demi-figures, de grandeur naturelle, avec S. Sébaftien, & le martyre de ces deux Saints repréfenté dans le lointain. Ce bel ouvrage a toujours été dans la plus grande eftime, ainfi que cela eft prouvé par le grand nombre de copies qui en ont été faites, dont quelques-unes même par des maîtres célèbres. Ce tableau, ainfi que deux autres dont je vais parler, furent donnés par le cardinal Barberini au cardinal Mazarin, & ont cela de particulier, qu'ils font peints en détrempe fur toile, avec des figures de quatre palmes de hauteur. Les deux tableaux dont il eft queftion ici font des fujets fymboliques & poétiques, dont l'un repréfente la Vertu, & l'autre le Vice. Le premier nous offre la Vertu héroïque affife toute armée ; à fa droite eft une autre figure qui repréfente les quatre Vertus cardinales avec leurs fymboles ; favoir, un frein, une épée, une peau de lion, & un petit ferpent entrelacé dans fa che-

---

* Ce tableau, peint fur toile, a quatre pieds neuf pouces de hauteur, fur trois pieds quatre pouces de largeur ; les figures font à-peuprès grandes comme nature. Mercure, nu avec fon pétafe & fes talonnières, eft affis, & montre à lire à l'Amour qui eft placé devant lui. Vénus célefte ailée, qui eft à côté de lui, a le bras gauche appuyé fur le bord du pétafe de Mercure, & le bras droit étendu, touchant de la main les ailes de l'Amour. Le fond eft une roche entourée de petits arbres. *Note du Traducteur.*

velure

velure. Du côté oppofé eft une troifième figure, qui d'une main tient un compas avec lequel elle mefure un globe, & de l'autre elle montre le ciel, donnant à connoître par-là les fciences néceffaires à l'homme, c'eft-à-dire, la connoiffance des chofes céleftes & terreftres. Dans le haut du tableau, quelques amours planent au-deffus de la Vertu, dont l'un paroît être la Victoire qui la couronne, & un autre la Renommée qui publie fa gloire. Toutes les têtes de ces figures font pleines d'une grande grace, qui règne auffi dans tous leurs mouvemens. Un double de ce tableau, mais qui n'eft pas fini, fe trouve dans la galerie du prince Doria à Rome. Le pendant repréfente l'Homme fenfuel enchanté par la Volupté, lié par la mauvaife habitude, & bourrelé par la fyndérèfe *.

Il y avoit à Rome un autre tableau de forme octogone, dans lequel le Corrége avoit répété les deux figures de la Science & de la Vertu de l'avant-dernier tableau que je viens de décrire: au milieu il y avoit un écuffon avec quelques étoiles; mais il peignit enfuite par-deffus une efpèce de champ; cependant on diftinguoit toujours au-travers de cette nouvelle peinture celle qui s'y trouvoit en premier lieu. Ce tableau fut vendu à un marchand de Berlin qui le tranfporta avec lui dans cette ville.

J'ai entendu dire que dans la galerie de M. le duc d'Orléans il y a un petit tableau qu'on affure être du Cor-

---

* Ces deux tableaux ont été gravés par Picart le Romain, & ces gravures donnent une idée affez exacte des originaux.

rége , & qui a fervi d'enfeigne à une hôtellerie. Il repréfente un muletier conduifant fon mulet *.

Le premier ouvrage que ce grand maître exécuta à Parme , fut la coupole de l'églife de S. Jean des Pères Bénédictins , qu'il peignit à frefque , ainfi que les quatre corbeaux qui foutiennent les coins de la voûte & la tribune du grand autel. La coupole n'a point de lanterne , c'eft-à-dire , d'ouverture par le haut, ni aucune fenêtre fur les côtés. Au milieu de la coupole le Corrége a peint un Chrift dans fa gloire , fufpendu en l'air , avec les douze apôtres au-deffous , affis fur des nuages. Ces apôtres font nuds , & d'un ftyle fi grand que cela paffe l'imagination ; cependant les formes en font belles , & ont fervi de modèles aux Carache , particulièrement à Louis , dans les ouvrages duquel on s'apperçoit facilement qu'il s'eft propofé de les imiter. Lorfqu'on examine attentivement cette coupole , on eft porté à croire que le Corrége a vu les ouvrages de Michel-Ange.

Dans les lunettes il a repréfenté les quatre Evangé-

---

* Ce tableau repréfente un grand mulet chargé , fuivi d'un autre plus petit , & conduit par un muletier , qui parle à un payfan qu'il paroit arrêter. Le fond eft un payfage. Ce tableau , peint fur toile , a deux pieds un pouce & demi de hauteur , fur deux pieds dix pouces de largeur. Les figures ont un demi-pied de hauteur.

Il y a encore dans la galerie du Palais-Royal fix autres tableaux du Corrége ; favoir , une Sainte-Famille , le Portrait du duc de Valentinois, fils d'Alexandre VI, la Vierge avec l'Enfant, appellée *la Vierge au panier* , à caufe d'un panier de jonc qui s'y trouve un *Noli me tangere* , & deux études de têtes. *Note du Traducteur.*

liftes avec les quatre Docteurs de l'églife. Il femble que dans l'exécution de ces ouvrages il a cherché à imiter le ftyle de Raphaël , ainfi que cela fe reconnoît par la fimplicité des draperies , par les attitudes & par les mouvemens ; car on y voit une figure qui eft dans la même attitude que le Socrate de l'Ecole d'Athènes , & une autre qui reffemble à l'un des auditeurs de la Prédication de S. Paul dans l'Aréopage , dans une tapifferie faite d'après Raphaël. Ceux qui veulent fe convaincre de ce fait , & qui ne font pas à même de voir ces tableaux , peuvent avoir recours aux gravures faites par Giovannini. Un S. Jean que le Corrége a peint à frefque fur la porte de la facriftie de la même églife , tient beaucoup plus encore du ftyle de Raphaël ; fur-tout dans le caractère de la tête , qu'on prendroit plutôt pour un ouvrage de Raphaël que du Corrége , fi elle fe trouvoit feule fur quelque pan de muraille.

La tribune peinte par le Corrége fut démolie par les Bénédictins pour agrandir le chœur. Mais Annibal Carache fe trouvant alors à Parme , ces moines lui firent copier ces peintures fur une même grandeur ; & lorfque la tribune fut rebâtie , ils y firent recopier le tout par Céfar Aretufi. Les copies du Carache furent achetées par la maifon Farnèfe , & font aujourd'hui dans le cabinet de Capo-di-monte à Naples. Le groupe principal, qui repréfente la Vierge couronnée par J. C. , fut coupé du mur , & fe conferve dans la bibliothèque du duc de Parme. D'autres morceaux féparés pafsèrent entre les mains de différens particuliers. Il y en a , entr'autres , trois dans la maifon du marquis Rondanini , à Rome , qui, par la manière belle & facile avec laquelle ils font exécutés, rempliſſent d'admiration tous ceux qui les vöient de près. Suivant Ruta, le Corrége fit cet ouvrage en 1522.

On voit dans la même égliſe de S. Jean, deux tableaux du Corrége, qui occupent les deux côtés de la cinquième chapelle à main droite. Celui qui eſt à la droite, en regardant l'autel, repréſente le Martyre de Sainte Placide & de Sainte Flavie, avec d'autres Saints. Ce qui mérite le plus d'attention dans ce tableau, qui, en général, eſt fort beau, c'eſt l'expreſſion de la tête de la ſainte, laquelle regarde le ciel d'un air ſi ſatisfait & ſi extatique, pendant qu'un bourreau lui perce le ſein avec un eſtoc, qu'elle paroît ne pas redouter ſon martyre. Le ſujet du tableau, en face de celui-ci, eſt le Chriſt mort avec la Vierge évanouie, ſoutenue par S. Jean. On voit que la mère de Dieu ſouffre toutes les angoiſes de la mort. La Madeleine en pleurs aux pieds du Seigneur, eſt de la plus belle expreſſion. Ces deux tableaux, peints ſur de la groſſe toile, ſont d'un excellent coloris, bien empâtés, d'une grande vigueur, & ſemblent faits après la coupole. Ils ſont d'ailleurs d'un ſtyle plus délicat, quoique moins fini que les autres ouvrages du Corrége qui ſe trouvent à Parme. Il paroît qu'Annibal Carache faiſoit le plus grand cas du dernier de ces deux tableaux; car toutes les fois qu'il a eu à repréſenter un pareil ſujet, il a fait uſage de la même invention; il ſemble même, qu'en général, il s'eſt plus appliqué au ſtyle de cet ouvrage, qu'au plus ſublime que le Corrége ait employé dans ſes autres productions. Ce qui eſt aſſez naturel à croire , parce que c'étoit celui qui étoit le plus facile à imiter ; mais il eſt d'un ton un peu foible & un peu enfumé.

Dans la première chapelle , à main gauche , en entrant dans l'églife des pères *Rocchettini*, il y a un tableau d'autel fur panneau de la plus belle manière du Corrége & d'un grand fini. Il repréſente la Fuite en Egypte , connue fous le nom de *la Madonna della Scodella* , à caufe que la Vierge tient une écuelle à la main. Le Corrége avoit coutume d'employer des idées poétiques, auſſi bien dans les fujets facrés que dans les profanes. Dans le tableau dont nous parlons , par exemple , il y a une figure qui n'eſt pas celle d'un ange , laquelle verfe dans cette écuelle ou tafe de la Vierge de l'eau d'un vafe qu'il tient ; fans doute pour perfonnifier la fontaine , de la même manière que les anciens repréſentoient les fontaines & les fleuves ; mais il n'en a cependant pas fait une nymphe ou telle autre figure profane. Sur le dernier plan du tableau & dans l'endroit le plus apparent il y a un ange d'une expreſſion & d'une grace merveilleufes , & peut-être même trop grandes pour l'emploi dans lequel il eſt repréſenté , puiſqu'il eſt occupé à attacher l'âne.

Dans l'églife de l'Annonciation de la même ville , du côté gauche en entrant , on voit une peinture à frefque repréſentant l'Incarnation, qui a été fort endommagée en la tranfportant d'un autre endroit, qui a été démoli, dans le lieu où il eſt à préfent ; car dans ces cas il arrive toujours que l'humidité & les fels de la chaux forment sur la peinture à fresque un tartre qui la couvre entiè-rement, & qui en dégrade les couleurs.

Dans l'église de la *Madonna della scala* il y a un ta-bleau à fresque du Corrége, représentant la Vierge qui tient l'Enfant Jesus entre ses bras, de demi-figure; mais il est fort enfumé, &, pour ainsi dire, entièrement gâté *.

Le célèbre tableau du Corrége, qu'on admire aujour-d'hui dans l'académie de Parme, étoit autrefois dans l'église de *S. Antonio del Fuoco*. L'éloge qu'en a fait Annibal Carache, & qu'on peut lire dans une de ses lettres, imprimées dans le receuil dont M. Bottari est l'édi-teur, devroit suffire, venant d'un aussi grand peintre. * * Je ne puis cependant m'empêcher d'en dire ici quelque

---

* Ce superbe tableau fut extrêmement dégradé, il y a treize ans, par un mauvais peintre Espagnol, qui obtint, par ordre supérieur, la permission de le copier, & qui le nettoya, pour cet effet, d'une manière si barbare, qu'à peine reste-t-il quelque couleur sur le pan-neau.

* * Voici comment Annibal Carache s'exprime dans une autre lettre adressée à Louis Carache, son cousin, au sujet de l'impression vive & profonde que les ouvrages du Corrége avoient faite sur son es-prit.

« Tout ce que je vois ici me confond. Quelle vérité! quel colo-
» ris! quelle carnation! les beaux enfans! ils vivent, ils respirent, ils
» rient avec tant de grace & de vérité qu'il faut absolument rire & se
» réjouir avec eux. J'écris à mon frère pour l'engager à venir me
» trouver : qu'il vienne, & qu'il ne me rompe plus la tête de ses
» beaux discours & de ses dissertations éternelles. Au lieu de per-

chofe en paſſant. Ce tableau a été fait, ainſi que tant d'autres , pour des perſonnes qui , par eſprit de dévotion, vouloient voir pluſieurs ſaints raſſemblés , ſans former un ſujet hiſtorique particulier. Il ne faut pas , par conſéquent, accuſer le peintre d'anacroniſme quand il repréſente de pareilles viſions béatifiques. Le Corrége a donc placé dans ce tableau la Sainte Vierge avec l'Enfant, exécutés d'une manière ſupérieure ; d'un côté eſt S. Jérôme tenant un livre qu'il préſente à l'Enfant divin, & entre ce ſaint & l'Enfant eſt un ange qui,

---

» dre notre tems à diſputer, ne ſongeons qu'à ſaiſir la belle ma-
» nière du Corrége ; c'eſt le ſeul moyen d'humilier nos rivaux....
» Mon cœur ſe briſe de douleur quand je penſe au ſort malheureux
» de ce pauvre Antoine (le Corrége). Un ſi grand homme , ſi toute-
» fois il ne mérite pas d'être appellé un ange , s'enſevelir dans un
» pays où jamais il ne fut connu , & y finir miſérablement ſes jours !
» Ah ! lui & le Titien feront éternellement mes délices. Ne me
» vantez plus votre Parmeſan. Qu'il y a loin de ce peintre au
» Corrége ! Celui-ci a tout puiſé dans ſa tête : ſes penſées , ſes
» conceptions ſont à lui ; il n'a eu d'autre maître que la nature :
» tous les autres recourent, tantôt au modèle , tantôt aux ſtatues,
» tantôt aux deſſins ; ils nous préſentent les choſes comme elles
» peuvent être : le Corrége les offre telles qu'elles ſont. Je ne ſais
» pas m'expliquer ; mais je m'entends : Auguſtin, mon frère , vous
» dira cela infiniment mieux que je ne pourrois faire ». *Raccolta di littere ſulla la pittura , la ſcultura & l'architettura , da più celebri perſonaggi dal ſecolo XV al XVI.* Ce recueil précieux a été formé par les ſoins de M. Martini , gentilhomme de Florence , de M. Lusfort, peintre célèbre de la même ville , & de l'illuſtre cardinal Alexandre Albani. Le ſavant M. Bottari en a été l'éditeur. *Note du Traducteur.*

avec le doigt , indique dans ce livre quelque paſſage de l'Ecriture ſainte,& qui,en même-tems, parle d'un air riant à S. Jérôme. La figure de ce doĉteur de l'égliſe eſt nue , à l'exception d'une eſpèce d'écharpe violette , & d'une draperie rouge qui couvre en partie ſon corps ; mais les épaules , le bras droit & la jambe du même côté ſont à découvert : parties qui toutes ſont fort belles , bien deſſinées , d'un coloris admirable , & qui prouvent une grande connoiſſance de l'anatomie. Du côté oppoſé eſt la Madeleine qui , de la main droite , prend la main gauche de l'Enfant, qu'elle ſemble vouloir baiſer , & dont la tête tournée , comme ſi elle vouloit le careſſer , a tant de grace que le Corrége ſeul étoit en état de l'imaginer de cette manière. Derrière la Madeleine on voit un ange qui flaire un vaſe , pour ſignifier le baume offert au Chriſt par la Madeleine. Ce tableau mérite de tenir un des rangs les plus diſtingués parmi les belles produĉtions du Corrége ; & l'on ne peut même lui comparer, en quelque ſorte, que la petite Madeleine & la fameuſe Nuit dont nous parlerons plus bas. Quant à la manière dont ce tableau eſt exécuté , nous devons remarquer qu'il eſt d'un empâtement & épaiſſeur de couleurs qu'on ne trouve dans aucun autre ouvrage de ce maître ; cependant il eſt , en même-tems , d'une franchiſe qu'il eſt difficile de conſerver en employant autant de couleur; mais ce que cette peinture, ſi fortement empâtée, offre de plus mal-aiſé, c'eſt la variété à donner aux teintes , & de rendre les couleurs liſſes,de manière qu'elles ne ſemblent point poſées ſur la toile avec le pinceau , mais paroiſſent fondues enſemble , comme de la cire qu'on auroit tenue ſur le feu. Quoique

que tout foit admirable dans ce tableau , la tête de la Madeleine furpaffe néanmoins tout le refte en beauté ; & l'on peut dire que quiconque ne l'a pas vue , ne peut fe former une jufte idée de la perfection à laquelle l'art peut atteindre : car on y trouve tout-à-la-fois l'expreffion & la précifion de Raphaël , les belles teintes du Titien , l'empâtement du Giorgone , cette vérité & cette exactitude caractèriftique qu'offre la variété des formes & des teintes des portraits de Van-Dyk , le fpacieux ou la lumière ouverte du Guide , le ton gai & agréable de Paul Veronefe ; le tout exécuté avec cette fineffe & cette délicateffe qui étoient propres au Corrége , & que perfonne n'a jamais pu imiter , ni même copier : car les copies que les plus habiles peintres ont faites de ce tableau , ne peuvent pas plus lui être comparées que le feu peut l'être au foleil.

La coupole de la cathédrale de Parme , dans laquelle le Corrége a repréfenté l'Affomption de la Vierge , eft fans doute le plus bel ouvrage qui ait jamais été fait en ce genre , avant & après lui ; mais elle eft aujourd'hui fi enfumée & fi gâtée , qu'on peut à peine en reconnoître le mérite. Cette coupole eft d'une forme octogone , & les angles s'en rétreciffent à mefure qu'elles montent ; elle eft fermée fans lanterne. La figure du Chrift qui va audevant de fa mère eft dans un raccourci extraordinaire. Plus bas il y a plufieurs faints & faintes , dont le raccourci eft de même merveilleux ; après quoi fuit le groupe principal de la Vierge portée par des anges dont quelques-uns foutiennent fes vêtemens & dont les autres jouent de divers inftrumens. Tout cela cepen-

dant n'occupe que la moitié fupérieure de la coupole.
Dans la partie inférieure il y a des fenêtres d'une
forme prefque ronde; c'eft pourquoi le Corrége y a
repréfenté une efpece de focle, qui en fait le pourtour,
qui paroît fuir, & qui laiffe entre les fenêtres l'efpace
néceffaire pour contenir les figures des apôtres, dont les
unes font ifolées & les autres placées deux à deux; &
quoique quelques-unes de ces figures tombent fur la ligne
même des angles, elles font néanmoins fi bien difpofées
& d'un raccourci fi admirable, qu'elles ne bleffent point
du tout la vue, & femblent placées verticalement fur
la corniche. Il y a auffi fur ce focle quelques enfans
qui repréfentent des anges, mais qui n'ont point d'aîles;
dont les uns font occupés à allumer des flambeaux,
tandis que d'autres tiennent des encenfoirs & des vafes;
de manière que ces enfans fervent à lier la partie inférieure
de la compofition avec la partie d'en-haut, étant d'une
proportion au-deffous de celle des apôtres & de la Vierge:
le tout enfemble forme une variété admirable de grandiofité & de légèreté. Dans les quatre angles ou lunettes le Corrége a peint quatre grandes conques, qui
contribuent beaucoup au bon effet, parce qu'il a feint
que la lumière tombe par l'ouverture fuppofée au-
deffus de ces conques, dont il a laiffé la partie fupérieure dans l'ombre, en éclairant, d'un autre côté, les
figures; ce qui forme des oppofitions avec les parties
fombres du champ de l'ouvrage. Dans ces quatre angles
on voit les quatre faints patrons de la ville, favoir,
S. Thomas, S. Hilaire, S. Bernard & S. Jean-Baptifte,
affis fur des nuages, & accompagnés d'anges qui tien-

nent leurs différens attributs. Cet ouvrage , particulièrement ce qui fe trouve dans les lunettes , eft d'une
grace inexprimable & d'une merveilleufe intelligence de
clair-obfcur ; ce qui paroîtra bien plus extraordinaire
encore fi l'on confidère que tout eft peint à frefque.
On fait que le Corrége fit en relief les modèles de toutes
les figures qu'il a placées dans cette coupole ; travail
dans lequel il fut affifté par fon ami Begarelli. C'étoit
fans doute le feul moyen de porter cet ouvrage à la
perfeélion avec laquelle il l'a exécuté ; c'eft auffi le
dernier qu'il a fait , & celui par lequel il s'eft diftingué
le plus dans ce genre de travail.

. Modène poffédoit autrefois quelques chefs-d'œuvre
du Corrége , mais ils pafsèrent à Dreftde , lorfque le feu
duc de Modène vendit les meilleurs tableaux de fa galerie à Augufte III , roi de Pologne , qui acheta cent
tableaux pour cent trente mille fequins qu'il fit frapper
expreffement pour cet effet à Venife.

Parmi ces tableaux il y en avoit fix du Corrége , dont
cinq peuvent être placés parmi les plus belles produélions
de ce maître ; le fixième , qui eft inférieur aux autres ,
eft précieux parce qu'il nous fait voir le degré auquel
étoit la peinture à la naiffance du Corrége. C'eft un
grand panneau avec des figures de grandeur naturelle ,
repréfentant la Vierge affife , avec l'Enfant Jefus , fur
un efpèce de trône placé au milieu d'un corps d'archi-
teéture d'ordre Ionique , d'un caraélère affez grand.
Derrière la Vierge il y a une arcade fur lequel on voit
la partie d'une gloire avec des têtes d'enfans , dont deux
font des figures entières , repréfentant des anges ; mais

Y ij

sans aîles. D'un côté sont S. Jean - Baptiste & Sainte Catherine , & de l'autre S. François & S. Antoine-de-Padoue. Cet ouvrage est bien conservé & d'une grande vigueur ; & quoique les contours en soient un peu durs , les milieux des figures sont néanmoins bien peints & ont de la morbidesse. Le coloris en est vrai & moelleux , d'un style moyen entre celui du Perugin & celui de Léonard de Vinci ; sur-tout la tête de la Vierge qui tient beaucoup du style & du caractère de ce dernier maître , particulièrement dans la forme des joues & dans le sourire de la bouche. Les plis sont un peu dans le goût de Mantegna , c'est-à-dire, qu'ils enveloppent les membres , mais ils sont moins secs & ont plus de grandiosité. La composition est faite suivant les bonnes règles de la variété & du contraste. En un mot, si le Corrége s'en étoit seulement tenu à ce style , il n'auroit pu manquer de s'égaler à Ghirlandajo, à Bellino , à Mantegna & au Perugin ; mais il les a tous éclipsé par la nouvelle manière avec laquelle il a perfectionné son art.

Il paroît que ce n'est pas peu - à - peu & par degrés que le Corrége a abandonné son premier style sec, mais qu'il s'est élevé tout-à-coup à la perfection. Je ne sais pas trop de quelle manière cela a pu se faire, cependant j'exposerai ailleurs mes conjectures à cet égard.

Dans la même collection il y avoit un portrait de demi figure, peint sur panneau, d'un homme qui tient un livre à la main. Du tems que ce portrait se trouvoit à Modène il étoit connu sous le nom du Médecin du Corrége. Le coloris & l'empâtement en sont fort beaux ;

cependant je fuis porté à croire qu'il a été peint dans le même-tems que la coupole de l'églife de S. Jean, c'eft-à-dire, lorfque l'auteur n'avoit pas encore penfé à l'étude bien raifonnée , qu'il a faite depuis , des petites formes & de la variété des teintes. Pour donner une idée du ftyle de ce tableau je le comparerai à celui du Giorgone, mais il eft moins vigoureux & d'un coloris moins bon , quoique d'ailleurs d'un empâtement égal à celui de ce maître, & un peu plus clair.

Le troifième tableau qui eft en Saxe, porte le nom de S. Grégoire, & nous prouve la grande application du Corrége, & fes foins à faire des progrès dans fon art. Suivant Vafari, ce tableau a été fait pour la con‑frairie de S. Pierre martyr à Modène, & il y avoit un corps d'architecture peint fur le mur autour du tableau, aiffi que le prouve auffi le deffin original qui fe trouvoit dans le cabinet de M. Mariette à Paris. Cet ouvrage eft d'un grand fini, d'une morbideffe extraor‑dinaire, d'un bel empâtement &, en général, d'un très‑bon goût ; mais la compofition en eft interrompue ; les figures font dans de belles attitudes, le deffin eft d'un grand caractère, les draperies font bien raifonnées, & le tout eft exécuté avec vigueur. On fait que le Cor‑rége a pris toutes les parties de ce tableau dans la na‑ture, & en a fait de petits modèles, d'après lefquels il a copié les parties qu'il avoit choifi du clair-obfcur, comme on le remarque, fur-tout dans les enfans qui jouent avec le heaume de S. Grégoire, qui fe trouvant dans l'ombre de ce faint, ont tous les accidens de lumière qu'on ne peut obferver que par des modèles, parce qu'il n'eft pas poffible que des enfans reftent affez long-tems tranquilles pour faire de pareilles obfervations : ce qui me confirme dans la penfée qu'avant de faire cet ouvrage le Corrége avoit appris à modeler. Dans ce tableau, la Vierge eft affife fur une efpèce de trône ou de piedeftal, foutenu par deux enfans fuppofés d'or. A fes côtés on voit S. George, S. Jean-Baptifte, S. Geminien & S. Pierre martyr. Ce dernier eft dans une attitude fuppliante. S. Geminien préfente à l'Enfant divin le modèle d'une églife foutenu par un petit ange d'une beauté célefte. L'Enfant Jefus femble agréer ce préfent en tendant les bras pour le recevoir. Il eft impoffible de dire avec quelle grace & quelle douceur eft conçu, deffiné & peint cet Enfant. Sur le devant de ce tableau eft S. Jean-Baptifte à l'âge de dix-fept ou dix-huit ans, que le Corrége a fans doute placé là pour donner plus de grace à la compofition, en le faifant contrafter avec les autres figures. Celle de S. Jean eft deffinée avec une merveilleufe intelligence du nud, & l'anatomie en eft bien étudiée & rendue avec cette grace particulière au Corrége. Il tourne la tête vers le fpectateur, en montrant de la main droite Jefus - Chrift, & femble dire : « Voici l'Angneau de Dieu ». Un peu plus loin eft S. George, le dos à moitié tourné, du plus grand & du plus beau ftyle héroïque qu'on puiffe imaginer. Devant ce faint, eft placé un enfant qui, d'une main tient fon épée, & dont on ne voit pas les bouts des pieds qui fe trouvent cachés par la table de l'autel.

L'autre tableau, qui vient après celui dont nous venons de parler, eft connu fous le nom de S. Sébaftien.

Quoique le précédent de S. George foit un ouvrage admirable, il y a cependant beaucoup d'amateurs éclairés qui trouvent quelque chofe de meilleur dans la compofition de ce dernier, à caufe qu'elle tient plus au ftyle moderne. Peu d'ouvrages du Corrége, fans doute, font plus d'effet que celui-ci, fi ce n'eft fa fameufe Nuit. Il eft probable qu'il a été fait pour quelque vœu de la ville de Modène dans un temps de pefte. Mais on ignore dans quelle églife un des ducs l'a fait prendre pour le placer dans fa galerie; on fait feulement que ce tableau a exifté long-tems avant que l'églife de S. George fut bâtie. Il repréfente la Vierge dans une gloire au milieu des nuës, tenant l'Enfant entre fes bras, environnée de rayons du foleil & de plufieurs anges. Sur la terre on voit S. Geminien, S. Roch & S. Sébaftien. L'effet de ce tableau eft admirable & nous fait voir à quel degré le Corrége poffédoit la partie du clair-obfcur & de la difpofition des couleurs. Ce qui d'abord furprend dans ce tableau c'eft la lumière de la gloire, laquelle paroît être véritablement un foleil; magie qui ne confifte cependant que dans une couleur jaune peu claire qui fe termine fur le bord du tableau qui eft plus fombre. La Vierge & l'Enfant paroiffent fortir de ce corps lumineux comme fi c'étoit un fond obfcur. La draperie de la Vierge eft d'un rouge trèsvif qui femble glacé de laque, avec une mante d'un bleu foncé. Les chairs de la mère & du fils font foiblement éclairées; ce qui contribue infiniment au bon effet, parce que, par ce moyen, le groupe fe tient à la vraie diftance. Les deux anges des côtés contraftent moins avec le champ lumineux & fe détachent bien des nuës fort obfcures, ce qui leur donne beaucoup de grace, ainfi qu'aux autres anges qui fe trouvent entre ces deux premiers. Un de ces anges qui entourrent le trône femble parler à S. Roch, & un autre à S. Sébaftien, à qui ils font connoître qu'ils doivent s'adreffer à l'Enfant divin, qui, par un mouvement de la main, donne à entendre qu'il accepte leur prière.

Au-deffous de cette gloire eft une colline dont la couleur fe marie avec celle des nuages, qui ne laiffent qu'un petit efpace ouvert, par lequel on voit une partie du payfage. A la gauche, au-deffus de S. Roch, l'obfcurité des nuës & de la colline fert de fond aux figures, parmi lefquelles S. Geminien, qui tient la première place, eft vêtu d'une chape d'étoffe d'or, avec une doublure d'un très-beau verd, & d'une aube blanche; c'eft fur cette figure que fe porte le principal coup de lumière; mais comme cette lumière eft foible, ainfi que les autres, elles ne fervent qu'à faire avancer les objets fans nuire à la maffe lumineufe de la gloire.

De l'autre côté on voit S. Sébaftien debout lié à un arbre, & dans l'attitude d'intercéder pour ceux qui font affligés de la pefte. Le corps de ce faint eft nud jufqu'à la ceinture, & fes teintes marient à merveille la partie inférieure de la compofition à la partie fupérieure. A côté de S. Geminien eft S. Roch affis, qui appuye le bras droit & la tête contre la colline, dans l'attitude d'une perfonne abandonnée & frappée de la pefte. Dans la partie fupérieure, au-deffus de ce faint, les nuages forment des ombres, mais avec des reflets, qui corref-

pondent

pondent à toutes les ombres du fond qui eſt ouvert.
Cet accident contribue merveilleuſement au repos de la
vue & à la variété, faiſant contraſte avec S. Sébaſtien, dont
la poitrine & les épaules font éclairées, tandis que ce
ne font que les cuiſſes de S. Roch ſur qui tombe la
lumière ; moyen par lequel le peintre a ſu éviter une
ennuyeuſe uniformité. Aux pieds de S. Geminien eſt une
jeune fille de douze à treize ans, qui tient à la main
une petite égliſe avec des clochers, ſymbole qui, ſelon quelques-uns, repréſente la ville de Modène dont
ce ſaint eſt le patron : cette figure a toute la grace du
Corrége. Il faut remarquer que tous les anges de ce
tableau font ſans ailes *.

Dans cette même galerie ſe trouve le célèbre tableau
de la Madeleine pénitente, qui a un peu plus d'un
palme de hauteur, & un peu moins d'un palme & demi de largeur. Cette figure offre toute la beauté à
laquelle la peinture peut atteindre, tant par la facilité
avec laquelle elle eſt exécutée, que par l'empâtement des
couleurs, la morbideſſe des chairs, la grace & l'intelligence du clair-obſcur. Le Corrége a repréſenté le tout
obſcur & dans l'ombre, à l'exception de la partie nue
du corps de la ſainte. La tête eſt de demi-teinte, mais
éclairée par un reflet qui part du bras de la ſainte & d'un livre qu'elle eſt occupée à lire. Le champ du tableau, quoi-

---

* Ce tableau avoit beaucoup ſouffert, ſur-tout en le tranſportant
de Modène à Dreſde ; mais il a été fort bien rétabli par M. Sedriz,
peintre d'Auguſte III, roi de Pologne.

que sombre, est également beau , & représente un site spacieux, comme le fond d'une grotte & d'une vallée , avec des arbres & de la verdure. Pour tout dire , si les autres ouvrages du Corrége sont excellens, celui-ci est merveilleux. Les cheveux de la sainte , outre la suavité avec laquelle ils sont peints (car il semble que les couleurs en aient été fondues pour les faire) donnent une idée si parfaite de ce qu'ils représentent , qu'on diroit qu'ils ont été faits l'un après l'autre ; ayant d'ailleurs tout le brillant des cheveux naturels. A la vente , ce tableau a été estimé vingt-sept mille écus romains.

Le sixième & dernier des tableaux , que le roi de Pologne a achetés , est le plus fameux de tous , connu sous le nom de *la Nuit du Corrége* , représentant la naissance du Sauveur. Ce tableau fut fait par le Corrége pour Albert Pratonieri , en 1522 , année qu'il termina la coupole de l'église de S. Jean à Parme ; mais il n'y mit cependant la dernière main qu'en 1527. Ce retard laissa , sans doute, au Corrége le tems de mieux étudier l'effet du clair-obscur , voulant faire partir toute la lumière de la tête seule de l'Enfant ; ce que Raphaël avoit seul imaginé jusqu'alors. Je ne serois pas surpris que ce soit par cette étude, & en modelant toute sa composition , que le Corrége ait trouvé le beau clair-obscur & les raccourcis admirables qu'il a mis en pratique dans la célèbre coupole de la cathédrale de Parme qui fut son dernier & plus magnifique ouvrage.

Ce tableau de la Nuit du Corrége se trouve assez bien conservé dans la galerie de Dresde. C'est un de ces ouvrages qui remuent l'ame de tous ceux qui le

voient, mais principalement des vrais connoiſſeurs. L'imitation de la vérité eſt exécutée avec tant d'intelligence
qu'on n'y voit rien de ſec, & l'art y eſt ſi bien caché
que le tout ſemble fait avec la plus grande facilité.
La compoſition en eſt ſimple, mais cache un art ſingulier, en faiſant, dans un petit eſpace, appercevoir
un fort grand ſite, avec un payſage qui offre une ſcène
véritablement triſte & miſérable, mais dont l'horizon,
où l'aurore commence à paroître, anime tout le reſte.
Dans le lointain il y a quelques bergers qu'on y diſtingue
à peine, & entr'eux & la Vierge eſt placé S. Joſeph,
occupé à faire avancer l'âne, dont la figure ſert à
agrandir le ſite, en faiſant voir la diſtance qu'il y a
de là à la Vierge, & de l'autre côté juſqu'aux bergers.
Il paroît dabord que l'attitude de la Vierge pourroit
être meilleure, parce qu'elle a la tête penchée vers
l'Enfant, de manière qu'on ne voit pas ſon viſage en
entier; mais en conſidérant mieux la choſe, on s'apperçoit qu'il étoit impoſſible de donner une autre poſition
à cette figure, ſans lui ôter beaucoup de ſa grace. Le
Corrége a donné une poſition inclinée à cette tête,
pour éviter que la lumière, qui vient d'en-bas, ne produiſit point d'ombre ſur la partie ſupérieure ; ce qui
auroit nui à la beauté de la phyſionomie. L'Enfant eſt
placé de même avec une intelligence particulière, étant
pris de côté, de manière qu'on voit à peine ſon viſage;
mais les mains & les pieds ſe préſentent entièrement.
Je penſe que le Corrége lui a donné à deſſein cette
ſituation, afin d'éviter de rendre les formes du Chriſt
qui ne pouvoient être agréables, comme étant celles

d'un enfant nouveau né. Cette sage prévoyance doit servir de leçon aux artistes, & leur apprendre à cacher les parties qui ne sont pas belles, plutôt que d'altérer la vérité en faisant beau ce qui ne l'est pas dans la nature. C'est sans doute par la même raison qu'il a caché, pour ainsi dire, le visage d'un vieux berger placé sur le premier plan, en mettant devant lui un autre berger plus jeune & d'une physionomie agréable, lequel, avec un mouvement plein d'alégresse, semble parler à l'autre de l'évènement qui fait le sujet du tableau. Une bergère, qui tient une corbeille où il y a deux pigeons, fait connoître l'admiration que lui inspire l'Enfant divin, qu'elle ne peut pas quitter ; tandis que d'une main elle se couvre le visage, pour se garantir de la splendeur qui part de la tête du Christ. Dans la partie supérieure du tableau, du côté opposé de la Vierge, il y a une gloire avec des anges également éclairés par l'Enfant ; c'est là que le Corrége a mis la seconde lumière ; mais elle n'est pas si parfaite que celle de la Vierge, & les ombres en sont plus suaves, comme si c'étoient des reflets, ou comme si elles étoient enveloppées d'une masse de lumière, sans doute pour faire comprendre que ce sont des êtres spirituels. La beauté, la grace & le fini de ce tableau sont admirables, & toutes les parties sont exécutées d'une manière différente, selon qu'il convient à chaque chose.

Dans le cabinet de peintures de M. le comte de Bruhl, qui fut premier ministre d'Auguste III, roi de Pologne, il y a un petit tableau d'un peu plus d'un palme de hauteur, & d'un peu moins d'un palme de largeur, qui repréſente les Epouſailles de Sainte Catherine. Il eſt peint ſur toile collée ſur panneau, & par derrière on lit, en caractères anciens : *Laus Deo. Per Donna Metilde d'Eſte. Antonio Lieto da Corregio fece il preſente quadro per ſua divozione anno 1517.* Si cette inſcription eſt véritable , ce tableau eſt un des premiers ouvrages du ſecond ſtyle du Corrége ; & c'eſt, ſans contredit, un fort bel ouvrage.

Parmi les tableaux qui ont appartenu au duc de Parme,& qui ſe trouvent actuellement à Capo di monte à Naples , il y en a un parfaitement ſemblable à celui dont nous venons de parler, & l'on ne peut pas douter qu'ils ſoient tous deux de la main du Corrége ; puiſque , parmi le grand nombre de copies que pluſieurs grands peintres ont faites de ce tableau, il n'y en a pas un qui approche de l'original. Cette production doit déjà avoir été fort eſtimée du tems du Corrége , puiſqu'elle a été gravée par Ugo da Carpi, qui fut, pour ainſi dire , ſon contemporain.

Mais retournons à la galerie électorale de Dreſde où il y a encore un tableau de la Vierge de demi-figure , qui tient l'Enfant endormi entre ſes bras. Il a été gravé par Edellnk qui l'a regardé comme un ouvrage du Corrége ; mais l'on ſait, à n'en point douter, qu'il eſt de Sébaſtien Ricci , Vénitien , qui l'a peint dans l'intention de le faire paſſer par une production du Corrége , en imitant ſa manière , & en lui donnant un œil enfumé. Cependant il eſt facile de ſe convaincre de l'impoſture, en ne voyant que la gravure même , puiſqu'au lieu de grace il n'y a qu'affectation , & que le clair-obſcur en eſt faux.

Il se trouve encore un autre tableau dans cette galerie qu'on prétend être aussi du Corrége qui l'a gravé, dit-on, à Rome. Il représente la Vierge assise avec l'Enfant au pied d'un palmier, & un ange qui plane en l'air ; il est connu sous le nom de l'*Egyptienne* du Corrége. C'est le cardinal Alexandre Albani qui en a fait présent au roi de Pologne, Auguste III. Il y a cependant des connoisseurs qui doutent que ce tableau soit original ; on sait du moins qu'il y en a un autre du même sujet (& qui certainement est du Corrége) à Capo di monte, venant aussi de la galerie de Parme ; mais il a été fort maltraité & reparé par un pinceau moderne ; de manière qu'on ne peut plus le regarder comme existant, puisqu'il ne s'y trouve plus rien du Corrége.

Il y a aussi quelques ouvrages du Corrége à Florence ; le principal est dans le palais Pitti, & semble avoir servi de tableau d'autel. Il est peint sur panneau, & les figures en sont à-peu-près grandes comme nature. C'est la Vierge qui tient entre ses bras l'Enfant, lequel a dans la main le globe du monde, avec S. Christophe qui semble vouloir le prendre sur ses épaules. Aux pieds de la Vierge on voit S. Jean - Baptiste, & du côté opposé de S. Christophe est S. Michel. Ce tableau a de même toujours passé pour un ouvrage du Corrége ; mais il faut convenir qu'il est d'un style particulier, & qu'il ressemble peu aux plus belles productions de ce grand maître, quoiqu'il y ait, à la vérité, quelque chose de sa manière dans la composition. Si l'on veut soutenir que ce tableau est du Corrége, il faut convenir du moins que ce n'est pas un ouvrage parfait, puisqu'il y a plufieurs chofes dures, & fans aucune délicateffe. Il me paroît cependant qu'il ne peut pas être de ce grand maître , parce qu'on y voit certaines chofes que les peintres n'ont coutume de faire qu'en mettant la dernière main à leurs tableaux ; ce qui pourroit faire croire que le Corrége a laiffé cet ouvrage imparfait, & que c'eft un autre peintre qui l'a fini ; ou bien fi c'eft le Corrége qui l'a terminé , il faut croire qu'il a voulu imiter la manière de l'école de Venife. Il y a fans doute des perfonnes qui avanceront fans balancer que ce tableau n'eft pas du Corrége ; pour moi , je ne me hafarderai point à affurer que les belles chofes qu'on y voit ne font point de cet artifte.

Dans la même galerie il y a une très-belle tête , peinte fur panneau ; & quoique ce ne foit qu'une première ébauche, il y a néanmoins un fi bel empâtement de couleurs , qu'on n'y trouve rien à defirer. Cette tête reffemble parfaitement à celle de l'ange qui, aux pieds de S. Geminien , tient à la main le modèle d'une églife , dans le tableau de la galerie de Drefde dont nous avons parlé plus haut.

Le grand duc de Tofcane pofsède un autre tableau du Corrége, fur toile , haut de cinq palmes, qui repréfente la Vierge à genoux avec l'Enfant nouveau né, couché par terre , fur un pan de la mante , fans autre figure. Ce n'eft point une des plus belles productions du Corrége, car la compofition & les draperies en font faites avec peu de foin ; mais la tête & les mains de la Vierge font très-bien peintes , quoique avec moins de vigueur que les autres bons ouvrages de ce maître.

Parmi les excellens tableaux qui se trouvent dans le palais du prince Doria Pamphili à Rome, il y en a un du Corrége qui n'est pas fini, peint en détrempe sur toile, dont le sujet est la Vertu héroique couronnée par la Gloire , de la manière que je l'ai décrit en parlant des tableaux du Corrége qui sont en France. Si ce tableau n'offre pas la grande perfection des autres ouvrages à l'huile de cet artiste, il nous fait du moins connoître son grand savoir, son mérite supérieur, & son admirable prestesse à opérer; il nous apprend aussi qu'il ne devoit pas la grace & l'excellence de ses productions, ni à la longueur du tems qu'il mettoit à les faire, ni à l'empâtement renouvellé de ses couleurs, mais au grand principe qu'il suivoit, d'avoir toujours devant les yeux les effets de la vérité : ce qui nous est prouvé par le tableau dont il est question ici; car malgré que quelques parties n'en soient que fort légèrement ébauchées de blanc & de noir , on y voit cependant briller la grace des choses finies, avec toute l'intelligence qui leur est nécessaire. Dans d'autres parties , où il y a un peu de couleur, on voit l'idée de la vérité, & l'on est étonné sur-tout de la grande intelligence des raccourcis, particulièrement là où un muscle ou quelque partie charnue fait éminence , parce que les autres parties qui suivent celle-là se perdent par dégradation , & que par ce moyen les formes deviennent distinctes; ce qui est extrêmement difficile à bien rendre. S'il y a donc des tableaux du Corrége plus beaux & plus finis que celui dont

dont nous venons de parler , il n'en exifte point qui faffe mieux appercevoir le mérite prodigieux de ce grand artifte.

Dans la galerie du palais Colonne , à Rome , on voit un tableau fur panneau du Corrége , repréfentant , en demi-figures , un *Ecce Homo* avec la Vierge qui fe tient derrière un foldat , & Pilate dans le lointain. Ce tableau , qui a appartenu au comte Prati de Parme , paroît être de la feconde manière du Corrége , & non de la dernière qui eft mieux raifonnée. Il eft cependant fort beau , d'un bon caractère de deffin , d'un empâtement fingulier & d'un charmant coloris. Il a été gravé par Auguftin Carache.

La maifon Barberini poffédoit autrefois un tableau repréfentant ce paffage de l'évangelifte S. Marc : « Et il » y avoit un jeune - homme qui le fuivoit , en cou- » vrant fes chairs d'un manteau , & ils le retinrent ; mais » leur abandonnant fon manteau , il s'enfuit nu ». On dit que ce tableau , après avoir paffé par plufieurs mains , fe trouve aujourd'hui en Angleterre ; mais j'en ai vu , il y a quelque tems , un pareil à Rome qui appartenoit à un Anglois. La feule différence qu'il y avoit , c'eft que ce dernier , qui eft peint fur toile , paroît être l'étude ou la première penfée de l'autre , puifqu'on y remarque quelques corrections , qu'on ne trouve que rarement dans les ouvrages du Corrége. Cependant la figure du jeune-homme eft très-bien finie , d'un bel empâtement , & d'un beau coloris ; elle eft fingulière fur-tout par fon expreffion , & par la manière dont elle tâche de fe dégager de la draperie. Le foldat qui veut l'arrêter, faifit le manteau de la main droite, & de la main gauche femble plutôt le lui demander que de vouloir le prendre de force, en cherchant à le perfuader de ne pas s'enfuir : expreffion qui nous fait connoître le caractère du Corrége, toujours porté à employer les mouvemens les moins rudes & les moins violens. Dans le lointain on voit la prife du Seigneur, au moment où Judas lui donne un baifer, & que S. Pierre coupe l'oreille à Malchus. La perfpective & le clair-obfcur de ce petit tableau font du meilleur ftyle du Corrége; mais ce qu'il a de plus de fingulier, ce qu'on voit clairement que ce peintre avoit préfent à fa mémoire la figure du fils aîné de Laocoon, quand il fit le jeune homme, dont la tête & le caractère général du corps font d'une parfaite reffemblance avec celle de cette ftatue antique; les formes en font feulement plus grandes, fuivant le ftyle du Corrége.

Dans l'églife de S. Louis des François à Rome, il y a un petit tableau, d'un palme & demi, qu'on dit être du Corrége. Il repréfente la Vierge de demi-figure avec l'Enfant de figure entière, S. Jofeph & deux anges. Ce tableau me paroît être un ouvrage de Jules-Céfar Procaccini. Il y a quelques années qu'un marchand de tableaux à Rome en avoit un repréfentant la Vierge avec l'Enfant & un petit ange, qui reffembloit parfaitement à une eftampe gravée par Spier, avec cette différence feulement que cette eftampe eft d'une forme ronde & que le tableau eft carré. Ce tableau étoit couvert d'un épais vernis, qui l'avoit rendu fort obfcur,

& cachoit la beauté de la peinture ; ce qui fut cauſe qu'on le vendit à vil prix à un certain M. Caſanova, Vénitien, qui le netoya aſſez bien , mais non ſans emporter cette fleur du coloris qui ſe trouvoit adhérente au vernis. M. Caſanova a enſuite porté ce tableau à vendre à Dreſde où il ſe trouve ſans doute aujourd'hui.

Le roi d'Eſpagne poſsède deux petits tableaux du Corrége. Le meilleur repréſente J. C. priant dans le jardin , avec un ange dans l'air, qui, de la main droite, indique la croix & la couronne d'épines , qui ſont placés dans l'ombre par terre, & qu'on peut à peine appercevoir ; de la main gauche, qui eſt d'un gracieux raccourci, il montre le ciel, comme s'il vouloit dire que c'eſt par la volonté du Père éternel que le Chriſt accepte la paſſion ; & véritablement on voit que le Sauveur, en ouvrant les bras, ſemble demander à s'y ſoumettre. Ce qu'il y a de plus admirable dans ce tableau, outre l'excellence de l'exécution, c'eſt la manière avec laquelle eſt ménagé le clair-obſcur : le Chriſt recevant la lumière du ciel, & l'ange, au contraire, étant éclairé par le Chriſt. Dans le lointain & ſur un plan plus bas, on voit trois diſciples, dont les attitudes ſont auſſi gracieuſes que belles ; plus loin on appercoit la troupe qui vient pour ſe ſaiſir du Seigneur. On aſſure que le Corrége donna ce tableau à ſon apothicaire pour quatre écus de drogues qu'il lui devoit ; que peu de tems après il fut vendu cinq cens écus , & qu'enfin le comte Pierre Viſconti le céda pour ſept cens cinquante piftoles d'or au marquis de Camarena gouverneur de Milan, qui l'achetta par ordre de Philippe IV. Il eft actuellement dans le palais du roi à Madrid, & n'a pas fouffert, ainfi qu'on l'a fauffement divulgué *.

Le fecond tableau repréfente la Vierge qui habille l'Enfant; cet ouvrage eft moins parfait que le précédent; mais cependant fort beau, & d'un empâtement & d'une morbideffe admirables. Dans le lointain eft S. Jofeph qui rabotte une planche; figure dont la dégradation des contours nous montre combien le Corrége étoit un grand maître dans l'intelligence de cette partie qu'on appelle perfpective aérienne; car les chofes qu'il a voulu repréfenter comme étant vues de loin, font non-feulement marquées par des ombres plus légères, ainfi que cela fe pratique auffi par des peintres modernes; mais il en a encore diminué les lumières, rendu les contours plus vagues, & prononcé les formes d'une manière moins décidée à mefure de la diftance des objets : le tout cependant fans fortir jamais des limites de la vérité.

Le duc d'Albe a un tableau du Corrége peint fur toile, dont les figures ne font pas tout-à-fait de grandeur naturelle. Le fujet eft Mercure qui apprend à lire à l'Amour, en préfence de Vénus. Cette dernière figure, remarquable par des aîles & par un arc qu'elle tient

---

* Comparez la defcription de ce tableau avec ce qui en eft dit dans la *Lettre de M. Mengs à Don Antonio Ponz*, page 74 de ce volume.

de la main gauche , est d'une grande beauté , & l'on s'apperçoit facilement que le Corrége , en la faifant , avoit préfent à la mémoire l'Apollino de la *villa* Médicis , qui est aujourd'hui à Florence. L'Amour nous fait voir toute l'innocence de fon âge : fes beaux cheveux bouclés font peints avec tant d'art qu'on y voit la peau au travers , & d'un très-grand fini , fans néanmoins être d'un ftyle fec. Ses aîles reffemblent à celles des jeunes oifeaux , dont on voit la peau & les tuyaux des plumes. Toutes les fois qué le Corrége a eu à peindre des aîles il l'a fait avec le même efprit que dans ce tableau , en les attachant immédiatement derrière les épaules , de manière qu'elles s'uniffent fi bien avec la chair qu'elles paroiffent réellement faire un membre joint à la naiffance fupérieure de l'acromion : le feu duc , poffeffeur de ce tableau , avoit donc raifon lorfqu'il me dit, que les aîles de cet Amour font fi bien placées , que s'il étoit poffible qu'un enfant naquit avec des aîles , elle ne pourroient pas être emboitées d'une autre manière. Les peintres , en général , attachent les aîles fi gauchement qu'elles paroiffent toujours poftiches. Le Mercure , qui a la figure d'un jeune homme qui n'a pas encore atteint toute fa croiffance , est d'un caractère fimple. Ce tableau eft , fans contredit , original , non-feulement à caufe de la grande excellence du Corrége qui y brille en général , mais encore en particulier par le repentir fort remarquable au bras de Mercure qui étoit couvert d'une draperie bleue ; ce qui fe diftingue facilement , à caufe que la couleur en

eſt reſſortie. Je crois devoir faire obſerver cette cir-
conſtance , parce qu'il exiſte en France un autre tableau pareil à celui-ci, mais qui n'a pas cette correction , & qui ſans doute eſt une copie ou un double
de celui dont nous parlons ici. Ce tableau du duc d'Albe
fut acheté par un de ſes ancêtres à Londres, avec un
aſſortiment des célèbres tapiſſeries de Raphaël , à la
vente des meubles de l'infortuné Charles I , après que
ce roi fut décapité.

Dans la ſacriſtie de l'Eſcurial on garde un tableau ſur
toile avec des figures de trois palmes de hauteur. Il repréſente le Chriſt qui apparoît à la Madeleine. Cet ouvrage eſt du même ſtyle que celui de la Vierge avec
l'Enfant qui eſt à Florence & dont nous avons déja
donné la deſcription.

RÉFLEXIONS
SUR LE TALENT
DU CORREGE.

RÉFLEXIONS

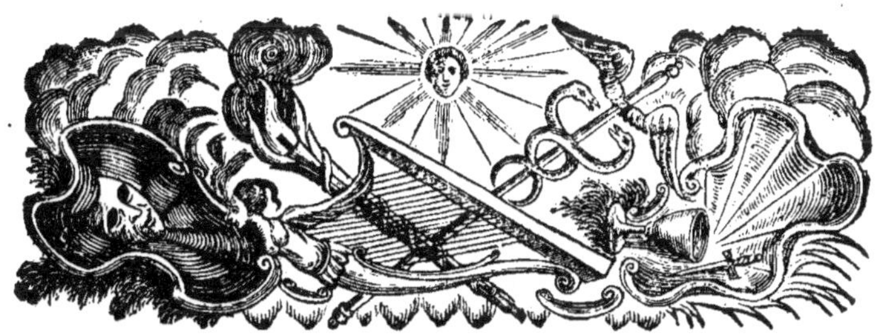

RÉFLEXIONS

SUR LE TALENT

DU CORRÈGE.

LA plus grande difficulté de l'art, qui eſt l'imitation de la vérité, ayant été ſurmontée par quelques habiles maîtres, tels que Maſſacio, Jean Bellino & André Mantegna, qui trouvèrent la manière de rendre les différentes eſpèces de milieux & de raccourcis ; ceux qui les ſuivirent, comme Léonard de Vinci, Pierre Perugien, Ghirlandajo & Barthélemi de Saint-Marc, eurent moins d'obſtacles à vaincre : les deux premiers pour ajouter une certaine grace à l'art, le troiſième pour mettre un peu plus d'intelligence dans la compoſition, & le dernier pour y donner de la grandioſité & pour parvenir à une certaine magie dans le clair-obſcur, ainſi que dans les draperies, qui avoit été inconnue jusqu'alors. Mais comme il est impossible d'inventer & de porter en même-tems à la perfection quelque chose que ce soit, les artistes que nous venons de nommer ne purent atteindre à cette facilité qui est le sceau de la perfection de l'art, à laquelle parvinrent dans la suite, à différens degrés, Michel-Ange, le Titien, le Giorgone & le divin Raphaël, qui lui seul réunit tout le mérite que ses prédécesseurs eurent par parcelles, & qui, avec l'apparence de la facilité, porta l'art au plus haut degré de perfection. C'est sans doute un honneur pour l'humanité, qu'un tel génie ait pu parvenir, avec des moyens aussi simples que ceux qu'employe la peinture, à imiter toutes les productions de la nature, & même les effets des passions qui agitent le cœur de l'homme.

Mais quoique l'art eût atteint à ce degré éminent, par les formes terribles de Michel-Ange, par les teintes vraies & belles du coloris du Titien & par la parfaite expression de Raphaël, ainsi que par sa grace naturelle ; il lui manquoit néanmoins quelque chose encore, c'est-à-dire, le complément des différentes excellences dont nous venons de parler, qui met le sceau à la perfection des productions de l'homme. Ce complément se trouve dans le Corrége, qui, à la grandiosité & au vrai, unit une certaine élégance à laquelle on donne communément le nom de goût, par lequel on entend le caractère propre & déterminé de chaque chose, sans qu'il y ait de parties gratuites ou inutiles.

Le Corrége fut le premier qui peignit dans l'intention de faire plaisir aux yeux & de charmer l'ame de ses spectateurs , & qui dirigea toutes les parties de son art vers cette fin. Cependant comme il est naturel que chaque artiste cherche à se complaire lui-même dans ses ouvrages , & qu'il y exprime , pour ainsi dire , son esprit , il est à croire que le Corrége étoit d'une grande sensibilité , & qu'il avoit le cœur fort tendre & porté à l'amour, ce qui lui rendoit insupportables les choses dures & angulaires: de manière , qu'en s'écartant de la route des artistes ordinaires , qui travaillent pour satisfaire leur esprit , le Corrége n'a exercé son talent que pour satisfaire son cœur , en suivant ses propres sensations ; ce qui l'a rendu le peintre des Graces. Personne avant & après lui n'est parvenu à mieux manier le pinceau ; mais il a surtout été inimitable jusqu'ici dans l'intelligence du clair-obscur , & dans l'art de donner du relief ou de la rondeur aux objets, par un style moyen entre le fort ou le sombre , & l'agréable ou le foible ; entre le spacieux ou l'ouvert qui contribue facilement à rendre un ouvrage plat & sans relief, & le serré qui rassemble trop les lumières & fait entrer dans les petits détails. Personne , en un mot , n'a su unir, comme le Corrége , les lumières & les ombres , sans tomber dans l'affectation ; ni a mieux entendu la dégradation de la lumière & ses reflets dans l'ombre ; & cela parce qu'il les a employés comme si les corps étoient des glaces.

Les inventions du Corrége sont ingénieuses , belles , souvent même poétiques , & ses compositions, qui ont toujours la vérité pour base, produisent un admirable effet de clair-obscur ; de sorte qu'on peut croire qu'en donnant les premiers traits à ses ouvrages, il commen-

çoit déja à y difpofer fon clair - obfcur avec les couleurs , en fongeant non - feulement à l'imitation de la
vérité , mais encore à toutes les parties qui devoient
entrer dans fon tableau. C'eft ce qui me donne lieu de
croire qu'il faifoit toutes fes études coloriées , ayant
pour but principal l'effet que produit un tableau à la
première vue , parce que les autres parties de la peinture peuvent bien contribuer à convaincre le fpeʿtateur
de la bonté d'un ouvrage ; mais elle ne l'attachent pas ,
quand d'ailleurs il n'y trouve rien qui lui plaife. Il
femble que le Corrége ne s'eft pas beaucoup arrêté à
certaines règles auxquelles on tient fi fortement dans
nos écoles modernes ; quoique , au refte, il ait obfervé avec
foin tout ce qui a rapport aux oppofitions & aux contraftes
des figures & de leurs membres : de manière qu'une variété continuelle paroît avoir été fa règle fondamentale ,
qu'il a non-feulement fuivie dans la partie dont nous
venons de parler , mais dans toutes les autres en général.

Quant au contrafte & à la variété dans les pofitions
des membres , on voit , par fes plus parfaits ouvrages ,
que , toutes les fois qu'il le pouvoit , il a donné un
peu de raccourci aux membres , & qu'il ne les a que
rarement faits parallèles à leur fuperficie, ce qui donne
beaucoup de vie & de mouvement à toutes fes compofitions. Il faut cependant convenir que , pour avoir trop
recherché la variété des pofitions , particulièrement dans
les mains , il eft quelquefois tombé (quoique peu fouvent à la vérité) dans une certaine grace affeʿtée qui ne
paroît pas naturelle , défaut qu'on ne peut pas réprocher
à Raphaël.

Il y a des écrivains qui prétendent que le deffin du
Corrége est peu correct; accufation fauffe, rigoureufe-
ment parlant. Il est vrai que fes formes ne font pas
auffi fimples que celles des ouvrages anciens, ni fes mufcles auffi fortement prononcés que ceux de Michel-
Ange; qu'il ne faifoit pas enfin parade de fes connoiffances du nud comme les peintres de l'école Florentine.
Mais à cela près, il deffinoit avec une grande correction
les objets qu'il vouloit repréfenter, & l'on ne trouve
aucune faute contre le deffin dans fes ouvrages originaux.
Il fuffit d'ailleurs, pour la gloire du Corrége, que les Caraches, & particulièrement Annibal & Louis, aient
formé le ftyle de leur deffin fur le fien, comme on
peut le voir par tous les ouvrages qu'ils ont faits avant
de venir à Rome.

Il paroît que le Corrége a confidéré toutes les formes
de la nature, qui n'étoient pas altérées par quelque caufe
étrangère, comme fi elles étoient compofées de lignes
courbes, concaves ou convexes, & qu'il s'eft contenté
de les varier dans leur grandeur & dans leur proportion; à caufe qu'il a voulu éviter toutes les formes angulaires, & par conféquent la fécherelfe & les petits
détails dans lefquels font, en général, tombés les peintres
des écoles antérieures. En évitant donc les lignes droites,
il a prefque toujours fait ufage de la ferpentine, c'eft-
à-dire, celle qui entre & qui fort alternativement comme
la lettre *S*. Il croyoit donner par-là plus de grace à
fes ouvrages, parce qu'il avoit, fans doute, remarqué
que la différence entre le ftyle fec & le beau ftyle antique confifte principalement en ce que les contours &

les formes de ce premier font compofés de lignes droites
avec quelques lignes courbes & convexes, tandis que le
ftyle antique n'offre qu'une variété de lignes courbes.
Il ne faut pas croire que les anciens aient choifi
ce contour par un pur caprice, ou par un goût
particulier; ils y ont été déterminés par une exacte imitation de la vérité & par leurs connoiffances de l'anatomie & de la ftructure du corps humain, où l'obliquité des mufcles & la variété de leur pofition fur la
rondeur des os leur donnent cette diverfité de courbes.
Et comme les corps charnus & mufculeux ont plus de
formes convexes, & que celles-ci font plus grandes que
les formes concaves; tandis que les corps maigres, au
contraire, ont moins de formes convexes & plus de
concaves; le Corrége a préféré le terme moyen, fans
s'écarter cependant de la vérité.

Il n'eft pas facile de décider fi c'eft l'intelligence du
clair-obfcur & l'imitation de la nature dans cette partie
qui conduifirent le Corrége à la connoiffance des formes & des contours, ainfi que de leurs milieux; ou fi
c'eft par une autre route & par l'étude de cette partie
principale de la peinture, qu'il eft parvenu à cette perfection qu'on admire dans fes ouvrages. Quoi qu'il en
foit, il eft certain du moins qu'après Raphaël perfonne n'a
mieux entendu que lui la perfpective qui contribue tant à
la correction du deffin du nud; & que perfonne non
plus, excepté Michel-Ange, n'a mieux poffédé que le
Corrége la connoiffance des formes & de la conftruction
générale du corps humain. Le clair-obfcur tient fi in-
timément au deffin que l'un ne peut pas être parfait

fans l'autre ; puifque le deffin privé du clair-obfcur ne peut repréfenter qu'une efpèce de feétion parallèle à la fuperficie, fur laquelle on peint, & qui, par elle-même, ne peut jamais donner une jufte idée de la véritable forme des chofes. Le Corrége a fu unir ces deux qualités avec tant de perfeétion, qu'on les voit combinées enfemble dans fes ouvrages, comme dans la nature même ; de manière qu'il paroît impoffible qu'il ait pu parvenir à ce degré de talent dans cette partie, fans avoir beaucoup étudié le bas-relief & la ronde boffe ; car la fimple vérité, fans ces études, ne fuffit pas pour apprendre une chofe auffi difficile. Voilà pourquoi, fans doute, Michel-Ange modeloit premièrement en terre ou en cire les figures qu'il vouloit peindre, ainfi qu'il le dit lui-même dans une lettre au Varchi * : auffi n'avoit-on point vu avant lui de peintre qui osât employer les raccourcis, ni la rentrée & la faillie des mufcles, ou des formes du centre à la circonférence, ainfi qu'il en donna l'exemple. Si donc l'ufage de modeler les figures conduifit Michel-Ange à ce ftyle, qui lui fut propre, il ne paroîtra pas étrange

----

* Benevenuto Cellini, célèbre orfévre du tems de Michel-Ange, attefte auffi ce fait dans une lettre au même Varchi, où il dit : « Comment Michel-Ange eft-il parvenu à ce degré fupérieur de favoir, qui le met non-feulement au-deffus de fes contemporains, » mais encore de tous les peintres connus de l'antiquité ? c'eft » que fon pinceau a toujours pris les plus grands chefs-d'œuvre de » fculpture pour modèles..... Michel-Ange, notre grand maitre, » n'a jamais fait aucun de ces chefs-d'œuvre de peinture que nous » admirons, fans en avoir exécuté auparavant le projet en relief. *Note du Traduéteur.*

que l'intelligence des beaux contours & du grand ſtyle du Corrége provinrent de la même origine, c'eſt-à-dire, de l'étude du relief & de l'art de modeler les figures : car nous avons déja remarqué qu'il s'étoit exercé **au** plaſtique.

Outre cette partie du clair-obſcur qui a rapport à l'expreſſion des formes, le Corrége fut ſupérieur auſſi à tous les autres peintres dans le clair - obſcur, en général, c'eſt-à-dire, dans la diſpoſition des lumières & des ombres ; car la même dégradation dont il faiſoit uſage dans une partie, ou pour une figure, il l'employoit de même dans tout le tableau, en diſtribuant ſes lumières de façon que la première en formoit une ſeule, & ainſi de ſuite de la ſeconde & de toutes les autres. Il en agiſſoit de même avec les ombres, qu'il varioit ſans ceſſe, tantôt en force, tantôt en maſſe, mais le plus ſouvent ſeulement par la qualité des couleurs dont elles ſont compoſées. Il ménageoit les oppoſitions avec intelligence, en ne mettant jamais les plus grandes lumières en contraſte avec les plus fortes ombres, ſans les interrompre par quelque partie intermédiaire qui en ôtat la dureté, ou en plaçant à côté quelque forte ombre. Il n'ignoroit pas non plus que tous les corps ſont de nature à ne point abſorber tous les rayons de lumière qu'ils reçoivent, mais qu'ils en diſperſent ou en réflechiſſent la plus grande partie dans le *medium* qui les environne, ſelon la forme de leur ſuperficie ; ce qui fait que les petites ombres qui ſe trouvent ſur la maſſe des corps éclairés, doivent néceſſairement s'y confondre.

Le

Le Corrége entendoit parfaitement bien la perspective aërienne du clair-obscur & des couleurs, mais il n'y mettoit pas l'affectation de certains peintres modernes. De plus, il ne possédoit pas seulement la dégradation des teintes; mais il avoit observé aussi que, si dans la nature les ombres perdent de leur force à certaines distances, les lumières s'affoiblissent beaucoup plus par l'éloignement; & que ce sont les petits détails qui se confondent les premiers à la vue; d'où il inféra, que les contours deviennent plus vagues & disparoissent enfin, pour ainsi dire, entièrement à une certaine distance; de sorte que les extrêmités des corps se terminant en points insensibles, il est impossible de les distinguer parfaitement. Quand aux couleurs, il savoit combien elles perdent de leur force par l'interposition de l'air ambiant. En un mot, il possédoit à fond l'art par lequel la peinture parvient à tromper les sens & à charmer agréablement l'esprit.

Le coloris du Corrége est admirable; mais il paroît encore plus beau qu'il ne l'est en effet, à cause de la parfaite dégradation des teintes & la manière agréable, suave & empâtée de faire, laquelle donne à ses couleurs simples un certain brillant que lui seul a possédé jusqu'à-présent; de manière qu'on ne peut pas décider si c'est l'intelligence des formes, le coloris, le clair-obscur, ou la manière de disposer les couleurs qu'il faut le plus admirer en lui, puisqu'il étoit également un grand maître dans toutes ces parties, sur lesquelles il avoit profondement réfléchi.

Il eft certain que c'eft en poffédant parfaitement les plus grandes parties de la peinture, qu'on s'élève à la plus haute excellence de cet art; & on ne peut nier non plus que c'eft par cette perfection que Raphaël & le Corrége méritent d'être regardés comme les deux plus grands peintres; & que ce dernier fur-tout eft parvenu à exprimer tous les effets apparens & agréables de la nature. Il eft vrai que le Titien fut un fi grand maître dans le coloris, que par fes teintes il mérita de tenir la première place dans cette partie; mais il ne poffёda point cette parfaite dégradation qui exprime les formes les plus délicates & celles qui font, pour ainfi dire, infenfibles, ce qui contribue beaucoup à l'imitation de la vérité, & même quelquefois plus que le coloris même: auffi voyons nous que plufieurs ouvrages à frefque du Corrége, avec des teintes d'un ton foible & commun, charment & tranfportent néanmoins le fpectateur par l'idée de la vérité, qui eft le premier but que doit fa propofer le peintre.

Le Corrége fut le premier qui fit entrer les draperies dans l'idée générale de la compofition, tant par l'effet du clair-obfcur, du coloris & de l'harmonie, que par la difpofition & par le contrafte. Il s'arrêtoit moins à chaque plis en particulier, qu'à la maffe générale de l'étoffe; ce qui lui ouvrit une nouvelle route pour le jet de fes draperies dans les grands ouvrages: partie dans laquelle il fut affez bien imité par Lanfranc & par quelques autres, qui approchèrent plus ou moins de fa manière.

J'ai dit que le Corrége réunissoit plusieurs parties de la peinture, dont quelques-unes ont suffi pour faire la célébrité de quelques peintres, telles que la vérité & la grace de Raphaël, la manière agréable de Léonard de Vinci, l'empâtement du Giorgone, & le coloris du Titien; j'avoue cependant que, dans chacune de ces parties en particulier, il fut moins excellent que les artistes que je viens de nommer. Mais il sut les réunir toutes comme elles le sont dans la nature, & adoucir celles qui sont trop fortes, par son naturel doux & modeste, en les combinant parfaitement ensemble par son esprit philosophique; de sorte qu'il a possédé lui seul toutes les parties que les autres n'ont bien rendues que chacune séparément.

Mais en admirant ainsi le talent du Corrége, je ne prétends point le mettre au-dessus de Raphaël; car quoique ses ouvrages soient d'une exécution plus égale & plus agréable, il ne possédoit cependant pas à un si haut degré que le peintre d'Urbin, l'expression des mouvemens de l'ame, qui est la partie qui donne véritablement de la noblesse à la peinture, & qui la rend sœur de l'éloquence & de la poésie, par l'impression qu'elle fait sur l'esprit de l'homme. On peut donc dire que Raphaël est le peintre qui a le mieux exprimé les effets de l'ame, & que le Corrége a le mieux rendu les apparences des corps. En voyant les tableaux de Raphaël, on sent plus qu'on ne voit; & en regardant un ouvrage du Corrége, les yeux voient plus que l'esprit ne peut comprendre: les sens restent en suspend, & le cœur est enchanté. En un mot, le Corrége étoit le peintre des Graces.

Si Raphaël eſt donc, en quelque ſorte, ſupérieur au Corrége, celui-ci l'eſt bien davantage aux autres peintres qui ſont venus après lui. Juſqu'à lui la peinture ſe perfectionna par gradation ; il y mit le complément de la perfection ; & depuis ce tems, l'art n'a plus fait que décliner, ſans qu'il paroiſſe poſſible de le rétablir, & moins encore de le porter plus loin ; ſi ce n'eſt qu'il paroiſſe quelque grand génie qui ſache unir les beautés de l'antique à celle de Raphaël, du Corrége & du Titien, en prenant pour baſe la vérité de la nature.

Nous n'avons que des renſeignemens vagues & contradictoires ſur la vie du grand Corrége. Les gens de lettres & les peintres, qui ont donné des mémoires ſur les artiſtes, n'ont point rendu au Corrége la juſtice qu'il méritoit, en nous informant des particularités de la vie d'un homme auſſi rare, & à qui la peinture dòit tant. Cette négligence eſt non-ſeulement une injuſtice faite à ſa mémoire, mais encore une grande perte pour nous, parce qu'il n'y a rien qui excite autant le talent & le génie à faire de grands efforts, que l'hiſtoire de la vie des hommes célèbres ; & l'on voit ſouvent que par cette lecture les vices de l'amour-propre & de l'ambition ſe changent en des vertus utiles. J'ai donc penſé qu'il étoit néceſſaire d'examiner, le mieux qu'il me feroit poſſible, ce phénomène de la peinture, pour réparer, en quelque ſorte, l'injuſtice qu'on a faite au Corrége, en le laiffant ainfi dans l'oubli ; tandis qu'on s'eft étendu, avec une ennuyeufe prolixité fur la vie d'une infinité de peintres, dont on ne peut tirer aucune inftruction, ni aucun agrément.

· Il eft fort avantageux que les hommes foient dans l'idée que le mérite conduit aux honneurs & à la fortune ; puifque cela les porte naturellement à l'amour du bien. Ce font néanmoins prefque toujours les circonftances qui décident du fort des individus ; & la même vertu produit, en différens tems & lieux, des effets différens. Antoine Allegri étoit né dans un petit pays, & fut toujours porté, par fon caractère, au defir de s'inftruire, qui eft l'antidote de la vanité, & qui l'écarta du grand monde ; mais quand même il s'y feroit montré, fa modeftie l'auroit empêché d'y faire fortune, qui, en général, s'obtient plus par l'intrigue que par un mérite réel.

Ses ouvrages nous prouvent qu'il a cherché toute fa vie à perfectionner fon art, puifqu'on y trouve fucceffivement un nouveau degré de talent. Ce defir de s'inftruire toujours eft la marque d'un efprit doué de cette heureufe modeftie qui nous apprend ce qui nous refte encore à favoir. Comme il n'a peint que des chofes gracieufes, & qu'il a toujours choifi celles qui l'étoient le plus, on peut en conclure qu'il joignoit à un naturel doux, modefte, tendre & porté à l'amour, un génie auffi ftudieux que philofophique, & ce font là des qualités qui ouvrent rare-

ment le chemin à la fortune , à moins que des circonftances heureufes n'y concourent d'ailleus puiffäm-
ment. Le Corrége dut donc être peu connu des princes
& des courtifans , & par conféquent ignoré du public ,
qui ne loue que les artiftes qui ont un grand nom ,
ou dont il peut retirer quelque profit par les dépenfes
qu'ils font. Mais le Corrége ftudieux & appliqué dans
fa retraite , vivant à une petite cour , ne pouvoit pas
fixer l'attention des auteurs de cette trempe. D'ailleurs ,
comme il étoit venu après les grands hommes qui avoient
illuftré fon fiècle & fon art , il devoit être regardé comme
un jeune peintre , difciple de ceux qui jouiffoient alors
de la plus grande réputation , ne pouvant être connu
qu'à l'âge de trente ans , lorfque le Titien en avoit
foixante-dix-fept , & que Raphaël n'exiftoit plus. En un
mot , le Corrége étoit le plus jeune de tous les grands
peintres qui fe font rendus célèbres dans le plus beau
tems des arts en Italie. Mais la diftance de plus de
deux fiècles & demi , depuis cette époque jufqu'à nos
jours , nous les fait regarder comme s'ils avoient tous
fleuri enfemble.

La retraite dans laquelle vivoit le Corrége , ainfi que je
l'ai dit , & la négligence des biographes font fans doute
caufe que Vafari a été fi mal informé des particularités
de celle du Corrége & des autres peintres de l'école
Lombarde. J'aime mieux attribuer fon inexactitude à cette
caufe qu'à l'envie qu'on lui attribue. Quoiqu'il foit
vrai d'ailleurs , que dans les chofes les plus indiffé-

rentes qui concernent le Corrége, telle que la defcription de fes tableaux & des fujets qu'il a choifis, Vafari
a été induit en erreur, ou n'a pas voulu dire la vérité
qu'il favoit, ainfi qu'on peut s'en convaincre par le
récit qu'il fait de ceux que le Corrége a peints pour
le duc de Mantoue & de quelques autres. Quand Vafari
dit : « que le Corrége avoit plus de mérite dans l'exé-
» cution que dans le deffin », je veux bien croire
qu'il n'a pas voulu faire entendre par-là qu'il deffinoit
mal ; mais que, par un effet de l'amour-propre, il a
cru que fon deffin étoit meilleur encore, & qu'il ne lui a
accordé quelqu'avantage que dans la partie de l'exécution.
L'école de Tofcane n'a que difficilement convenu que
les autres l'égalaffent dans le deffin ; de forte que je
préfume que Vafari a feulement voulu dire que le
Corrége ne deffinoit pas auffi correctement que Michel-
Ange, le phénix de fa patrie. Ce qui eft confirmé par
ce que dit le même Vafari, quand il convient : « que les
» deffins du Corrége font beaux & exécutés dans la
belle & grande manière ». Il eft d'ailleurs étrange que
cet écrivain fe reftreigne, pour ainfi dire, à faire l'é-
loge de la manière dont le Corrége a peint les cheveux, tandis qu'il y a tant d'autres parties admirables
dont il pouvoit parler. Il n'eft pas moins fingulier que
Vafari & d'autres attribuent l'excellence du Corrége
dans fon art, au feul don de la nature, ce qui eft
une erreur bien groffière ; car quoique le génie feul
puiffe beaucoup fans doute, quiconque penfe un peu
ne fe laiffera pas perfuader qu'il fuffit, fans étude, pour

former un grand peintre comme l'étoit le Corrége * ,
lequel, à l'âge de trente ans, s'étoit formé un ftyle
nouveau , le plus beau qui ait jamais été connu. Michel-Ange , dont le génie étoit fi fublime, n'a pas dû
à la nature feule les connoiffances de fon art ; & ce
n'eft point par elle feule qu'il a franchi les limites du
ftyle fec & fervile qui avoit regné jufqu'alors en Italie ; peut être même que fans de grandes études & fans
une méditation profonde des ftatues antiques il ne fe
feroit pas élevé au rang des Donatello & des Ghilberti. Raphaël même nous a laiffé dans fes productions des traces
de fes études ; & fans les leçons de Barthelemi de Saint-
Marc , & la vue des ouvrages de Michel-Ange & de
l'antique , nous ne jouirions pas de fes admirables peintures. Je crois donc pouvoir en conclure que le Corrége avoit étudié les monumens & les principes des anciens , & des meilleurs maîtres fes prédéceffeurs , pour
atteindre à ce degré éminent où il a porté fon art.

Je viens d'expofer mon fentiment fur les caufes qui
nous ont privé d'une hiftoire fidelle & circonftanciée
de la vie du Corrége , & j'ai hafardé à cet égard quelques conjectures qui m'ont paru les plus probables. J'ai
donné en même tems une defcription de fes ouvrages auffi

---

* Natura fieret laudabile carmen an arte
  Quæfitum eft. Ego nec ftudium fine divite vena ,
  Nec rude quid profit video ingenium : alterius fic
  Altera pofcit opem res , & conjurat amice.

exacte

exacte que la brièveté de cet écrit me l'a permis , & j'y ai examiné le degré de mérite auquel ce grand maître eſt parvenu dans chaque partie de ſon art. Il ne me reſte donc plus rien à ajouter ici , ſinon que le Corrége eſt l'Apelle des peintres modernes, puiſqu'il a poſſédé, comme celui-ci, toute la grace de ſon art, & qu'il nous a enſeigné, par ſes belles productions , le degré de perfection auquel le peintre doit chercher d'atteindre & au - delà duquel il ne peut aller ; enfin, quand il doit quitter un ouvrage comme fini, ſans le tourmenter davantage.

RÉFLEXIONS

D E

M. LE CHEVALIER D'AZARA,

SUR LES PRÉCÉDENS MÉMOIRES.

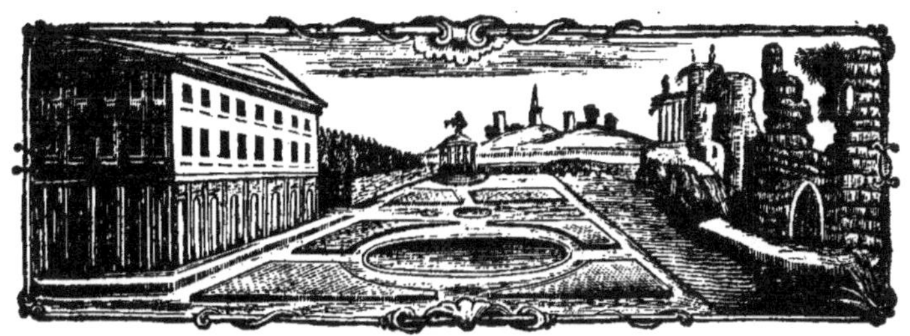

RÉFLEXIONS

D E

M. LE CHEVALIER D'AZARA,

SUR LES PRÉCÉDENS MÉMOIRES.

M. MENGS, comme nous l'avons déja dit, a composé ces Mémoires pour suppléer à ce qui manquoit à
la vie du Corrége, publiée par Vasari *. Comme plu-

---

* Ce fut sur les sollicitations & sur les instances d'Annibal Caro,
de Molza & de Paul Jove, que George Vasari, peintre & architecte, composa *les Vies des Peintres*. On accuse Vasari d'avoir parlé
avec trop de partialité des artistes de son pays : cela paroit assez
probable ; mais son ouvrage est néanmoins le meilleur que nous
ayons de ce genre. Quant à la préférence qu'on prétend que Vasari
a donnée à Michel-Ange sur Raphaël, on pourroit encore excuser
peut-être le biographe sur ce sujet. Vasari dit, à la vérité, que ce

fieurs perfonnes pourroient croire , d'après cet écrivain & fes commentateurs , que M. Mengs n'avance des faits fuppofés que pour le rendre fupeĉt, je crois néceffaire d'ajouter ici quelques notes, afin que le Leĉteur puiffe juger de quel côté eft la raifon.

Il y a , en général, beaucoup de confufion & de contradiĉtion dans tout ce que Vafari dit du Corrége. Il le repréfente « comme un efprit timide , & d'une fi » grande économie , que fon avarice l'a rendu le plus » malheureux des hommes ». Les ouvrages du Corrége & les dépenfes qu'il n'épargnoit point pour les faire, nous prouvent combien eft fauffe cette accufation ; & nous démontrent qu'il étoit, au contraire, d'un caraĉtère libéral , & qu'enfin il ne fe trouvoit point dans la pénurie , puifque fes ouvrages étoient plus richement payés qu'on ne veut le donner à entendre.

Quant à ce que dit Vafari que « le Corrége portoit » un efprit mélancolique dans fon art »; je ne penfe

---

fut en voyant les ouvrages de Michel-Ange que Raphaël agrandit fa manière ; propofition que Bellori a réfutée comme injurieufe , mais dont M. Bottari a juftifié, à fon tour, Vafari. D'un autre côté , cet écrivain rend à Raphaël toute la juftice qu'il mérite. Voici comme il s'exprime , en parlant du célèbre tableau de Sainte Cécile : « Les autres peintures peuvent s'appeller des peintures ; celles » de Raphaël font des chofes vivantes. Les chairs y palpitent ; on en » voit l'efprit & l'ame ; les fens y font en mouvement, & la vie n'a » rien de plus animé ». Cet éloge femble détruire tout foupçon de jaloufie de la part de Vafari contre le peintre d'Urbin. *Note du Traduĉteur.*

pas qu'on puiſſe perſuader à tout homme ſenſé que les
inventions de ce peintre ſoient triſtes ; lui dont les
compoſitions ſont regardées comme les plus agréables
& les plus gaies qu'on connoiſſe, de manière qu'ils lui
ont mérité le titre de peintre des Graces. Vaſari en convient lui-même quand il dit : « Il eſt certain que per-
» ſonne n'a ſu mieux que lui diſpoſer les couleurs,
» ni avec plus d'intelligence pour la beauté. Aucun artiſte
» n'a donné plus de relief à ſes ouvrages, ni a été plus
» admirable pour la morbideſſe des chairs, & la grace
» avec laquélle il finiſſoit ſes productions ». Et en faiſant la deſcription du tableau de Parme, il ajoute :
« Près de-là eſt un enfant qui rit d'une manière ſi na-
» turelle, qu'il excite à rire tous ceux qui le voient;
» &, quelque triſte qu'on ſoit, on ne peut s'empêcher
» d'être égayé en le regardant ». Cependant, ſuivant
ce même biographe, ces choſes agréables & ce coloris
ſi gai ſont d'un peintre triſte & mélancolique.

· Vaſari continue & dit : « Si le Corrége fût ſorti de
» la Lombardie, & s'il eût été à Rome il auroit fait
» des miracles ; car, puiſqu'il a exécuté de pareilles
» choſes ſans avoir vu les chefs-d'œuvre de l'antiquité
» & les bons ouvrages des modernes, il auroit, ſans
» doute, rendu ſes ouvrages *infiniment* meilleurs, en
» étudiant ces grands modèles ; & en paſſant ainſi du
» bon au meilleur, il feroit certainement parvenu au
» plus haut degré de perfection ». Pour ne point parler
de la queſtion déja diſcutée par M. Mengs, ſi le Corrége
a été à Rome (car, s'il n'y a pas été, il n'eſt pas
moins vrai qu'il a connu les ouvrages des anciens &

qu'il en a profité), il feroit curieux de favoir quels miracles il auroit fait, & comment il auroit, fuivant Vafari, rendu fes ouvrages *infiniment* meilleurs. Quant à moi, je regarderai comme un homme très - extraordinaire celui qui pourra m'indiquer les défauts du Corrége, fur - tout s'il parvient à m'en convaincre ; & je tiendrai pour le premier peintre du monde celui qui portera fon art à un plus haut degré que ne l'a fait le Corrége. Il n'eft pas moins fingulier qu'un artifte tel que Vafari ait penfé qu'il fût facile de rendre les productions du Corrége *infiniment* meilleures.

Quant à la queftion tant débattue, fi le Corrége a été à Rome, & s'il a profité de la vue des peintures de Melozzo de Forli, qui étoient dans l'ancienne églife des Apôtres ; je remarquerai que plufieurs tableaux enlevés de la tribune de cette églife, fe trouvent aujourd'hui dans les appartemens du Vatican qu'a occupés Benoît XIII, & qu'habite maintenant le cardinal Zelada, bibliothécaire, où les curieux pourront en faire la comparaifon avec ceux du Corrége.

Le deffin du Corrége paroît n'avoir pas mérité l'approbation de Vafari, puifque dans une note marginale de fon ouvrage, il dit : « Qu'il fe diftinguoit plus par » fon coloris que par fon deffin » ; & immédiatement après il cherche à l'excufer fur ce défaut ; « par la » difficulté qu'il y a de pofféder également bien toutes » les parties d'un art auffi grand que la peinture » : ce qui fait que plufieurs peintres ont eu un bon coloris & un mauvais deffin, & ainfi de même en raifon contraire.

Cette critique fe réduit donc à dire, que le Corrége

ne

ne deſſinoit pas comme Vaſari ; ſavoir , qu'il choiſiſſoit des formes différentes que lui & que ceux de ſon école. L'un s'étudioit à produire des attitudes guindées , & à indiquer tout avec force & énergie , en faiſant parade de ſes connoiſſances anatomiques ; tandis que l'autre eſt ſuave , doux & gracieux. Cependant le Corrége étoit auſſi grand deſſinateur dans ſa manière que le plus habile Toſcan , & Vaſari lui-même convient que : « ſes » deſſins ſont beaux & exécutés dans la grande & belle » manière ».

Le commentateur de Vaſari va plus loin encore que lui , puiſqu'il oſe aſſurer que , « ſi les Caraches euſſent » peint de nouveau la tribune de l'égliſe de S. Jean à » Parme , qu'ils avoient déjà copiée d'après l'original, » ils auroient égalé & ſurpaſſé même le Corrége dans le » deſſin , quand même ils ſeroient reſtés au-deſſous de » lui dans le coloris ». Les Caraches, qui acquirent un certain talent en étudiant & en imitant le Corrége , étoient trop modeſtes pour deſirer un pareil éloge , & trop habiles dans leur art pour ne pas connoitre tout le mérite de leur maître.

Après avoir fait le tableau de la puſillanimité du Corrége , & de l'obſcurité dans laquelle Vaſari prétend qu'il a vécu , « de forte qu'il étoit ſi miſérable qu'il eſt im-» poſſible de l'être davantage » , il ajoute que le duc de Mantoue le choiſit pour faire deux tableaux qui fuſſent dignes de Charles-Quint , à qui il vouloit en faire préſent ; & que Jules Romain , qui étoit alors au ſervice de ce duc , mais qui cependant ne fut pas chargé de ce

travail , dit : « qu'il n'avoit jamais vu un coloris auffi
» admirable ».

Jules Romain parloit du moins de ce qu'il connoiffoit ;
mais il n'eft pas poffible que Vafari ait vu ce qu'il critique,
ou qu'il en ait même été bien informé , puifque fa narration
ne fe rapporte en aucune manière avec la vérité. Il prend
la Danaë pour une Vénus , & dit que le payfage de ce
tableau eft le plus beau qu'ait jamais peint un maître de
l'école *Lombarde* ; tandis qu'il n'y a aucune apparence de
payfage dans cet ouvrage. Il ajoute enfuite : « que ce
» qui donnoit le plus de grace à cette Vénus, c'étoit
» une eau claire & limpide , qui couloit entre des cail-
» loux , & qui lui baignoit les pieds ». Cela convient
en partie au tableau de Léda , comme on peut s'en convaincre par la defcription qu'en donne M. Mengs , &
par la gravure de cet ouvrage ; mais il ne fe trouve rien
de pareil dans celui de Danaë que Vafari prétend être
une Vénus , ainfi qu'on le voit par deux copies affez
fidèles de ce tableau qui font à Rome ; l'une dans la
maifon du prince de Santa-Croce , & l'autre chez le marquis Orfini.

Vafari affure que le Corrége a peint la tribune de l'é-
glife cathédrale de Parme , ce qui n'a jamais eu lieu ;
mais il a peint celle de l'églife de S. Jean. C'eft avec la
même erreur que Vafari place dans cette même cathédrale deux tableaux à l'huile du Corrége , qui ont toujours été dans l'églife de S. Jean ; erreur qui a déjà été
relevée par M. Bottari. Vafari parle jufqu'à deux fois :
« De l'art admirable avec lequel le Corrége peignoit les

» cheveux ». Il est vrai qu'il possédoit ce talent ; mais il paroît ridicule de s'arrêter avec tant d'affectation sur cette petite particularité , tandis que le Corrége a des parties admirables qui méritent infiniment plus d'être louées que celle-là.

Après avoir écrit avec tant de confusion & de désordre la vie du Corrége, & après l'avoir accusé d'être un peintre mélancolique , timide , & un dessinateur médiocre , qui ignoroit son propre mérite , Vasari finit par lui donner mille éloges, en disant que plusieurs de ses productions sont regardées comme divines par les maîtres mêmes de l'art.

Suivant Vasari , on n'a pas pu trouver de portrait du Corrége ; mais M. Bottari , son commentateur , prétend le donner copié d'après une gravure de Belluzzi , sans dire où celui-ci l'avoit pris. En voyant ce portrait , qui représente un vieillard chauve & décrépit , on s'apperçoit bien que ce ne peut pas être celui du Corrége, qui mourut à l'âge de quarante ans.

Il y a quelques années qu'on découvrit un petit tableau sur panneau de huit pouces de hauteur , représentant le portrait d'un homme d'une belle physionomie , avec une chevelure blonde , & portant cette inscription : « Dosso Dossi a peint ce portrait d'Antoine de Cor» rége ». M. Mengs en fit faire un dessin ; mais j'ignore ce qu'il est devenu. Etant à Turin , il y a sept ans , on me fit voir, dans la *villa* de la reine , une suite de portraits , parmi lesquels il y en avoit un d'un homme d'un age moyen , avec les cheveux blonds & la barbe

de la même couleur, portant ces mots : « Antoine Al-
» legri de Corrége ».

Vasari a été accusé de partialité & de jalousie, à cause
de la négligence, de l'infidélité & de l'inexactitude qui
règnent dans son Histoire des vies des Peintres qui n'é-
toient pas de l'école Toscane ; tandis qu'il loue outre mesure plusieurs qui ne méritent seulement pas la peine d'être
nommés. Je ne pense pas que Vasari en ait ainsi imposé
par malignité ; car il paroît par tous ses écrits qu'il avoit
le cœur bon, & qu'il étoit homme de bien : ce qui me
porte à croire que ce biographe a loué de bonne-foi ce
qu'il jugeoit digne d'éloge, suivant sa manière de voir.
Il ne pouvoit par conséquent pas louer ce qu'il ne connoissoit pas ; & s'il avoit pu apprécier la grace du Corrége & le vrai mérite de Raphaël, il les auroit, sans
doute, admiré dans les parties où ces grands maîtres
excelloient, & non pas d'une manière vague, en faisant
remarquer, par exemple, comme un talent supérieur,
la manière dont le Corrége a peint les cheveux.

On voit donc que Vasari étoit véritablement persuadé
qu'on ne peut, pour ainsi dire, rien faire de bon dans
les beaux-arts, si l'on ne suit point les principes de l'école
de Michel-Ange & la manière de ce maître. Il a rassemblé
tous les contes qui se débitoient parmi les peintres, &
n'avoit au reste aucune autre lumière sur l'art, qu'il traitoit en artisan ; mais voulant faire un ouvrage volu-
mineux, il a tout compilé, suivant sa méthode, dans un
style plat & commun, tel que celui dont il se servoit avec
ses maçons & ses menuisiers.

M. Bottari , son défenseur & son panégyriste , l'ex-
cuse d'une manière différente. Il prétend que Vasari
n'auroit pas voulu mentir en parlant de choses sur
lesquelles il pouvoit être si facilement réfuté ; mais
c'est-là une bien pauvre raison : car si Vasari avoit
eu cette pensée , il n'auroit pas avancé des faussetés
sur ce qu'il avoit vu mille fois de ses propres yeux ,
ainsi qu'il l'a fait en parlant des peintures de Raphaël
au Vatican.

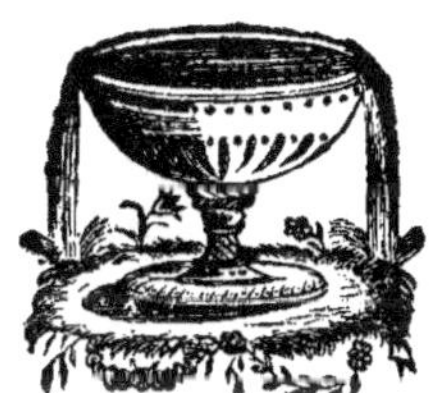

DISCOURS

DE MADRID.

DISCOURS

DISCOURS

Par académie, on entend une affemblée d'hommes verfés dans les fciences ou dans les arts, dont le but eft de découvrir la vérité & de trouver des règles fixes qui fervent à leurs progrès, & qui conduifent à leur perfection. Une académie eft donc bien différente d'une école, où d'habiles maîtres ne font qu'enfeigner les élémens déja connus des fciences & des arts.

Les beaux-arts, comme arts libéraux, ont leurs règles exactes fondées fur la raifon & fur l'expérience, par lefquelles ils parviennent à leur but, qui eft une imitation parfaite de la nature. Une académie de ces arts ne doit donc pas feulement s'arrêter à leur exécution,

<table>
<tr><td>Tome II.</td><td>F f</td></tr>
</table>

mais il faut qu'elle s'occupe principalement de la théorie
& des règles ; car quoique ces arts soient exécutés par
des operations de la main , ils ne mériteroient cependant pas le nom d'arts libéraux s'ils n'étoient pas di-
rigés par une bonne théorie.

Ceux-là se trompent grandement , qui avancent que
la pratique seule vaut plus que toutes les règles , &
que sans ces règles il y a eu de grands artistes. C'est
une erreur qui ne mérite pas d'être réfutée ; & l'on n'a-
git certainement qu'en aveugle , lorsqu'on abandonne
la raison & les règles : car comment est-il possible de
parvenir à un point déterminé sans un guide sûr qui
nous conduise ? La peinture & la sculpture sont des
arts qui ressemblent à la poésie ; & comme dans celle-
ci, la sensibilité , l'imagination & le génie privés de la
raison & des règles, ne peuvent produire que des folies
& des monstruosités , il en est de même des autres arts.
Or donc , comme le poëte ne peut rien produire de
parfait , s'il ne connoît pas bien le sujet qu'il veut
traiter & la langue dans laquelle il veut écrire ; le
peintre & le sculpteur ne pourront non plus rien produire qui soit digne de leur art , s'ils ne connoissent pas les
formes des objets qu'ils veulent exprimer , & la diver-
sité d'aspects sous lesquels ils se présentent à notre vue ;
enfin , s'ils ignorent la théorie de leur art.

Qu'on ne pense cependant pas que je prétende que l'é-
tude de la théorie doive exclure l'exercice de la main ; tout
au contraire , j'en recommande fortement la pratique ;
mais elles doivent toujours marcher ensemble C'est dans
ce sens qu'il faut entendre l'axiome de Michel - Ange

qui avoit coutume de dire : « Que tout l'art confifte
» dans l'obéiffance de la main à l'efprit ». Ce grand
homme favoit bien que l'efprit doit contenir tous les
objets & toutes les idées que la main veut exécuter ;
il eft donc néceffaire d'opérer fans ceffe, mais jamais
fans bien favoir le pourquoi & le comment.

. Les profeffeurs habiles d'une académie doivent s'occuper entr'eux à trouver des règles fures, par lefquelles
les élèves puiffent abréger le chemin qui conduit à des
arts auffi difficiles. Il faut que ces règles foient prefcrites
comme des loix aux élèves , en leur en expliquant
les raifons par des démonftrations claires , qui, non-
feulement les convainquent, mais qui les perfuadent ;
car fans la perfuafion on ne peut parvenir à rien de
parfait.

Toutes les académies des arts ont commencé par être
des écoles , & ont enfuite été changées en ce qu'on
appelle académie , c'eft-à-dire, en une fociété de profeffeurs, qui, par leurs enfeignemens, ont contribué aux
progrès des arts, & ont mérité la protection du prince.
C'eft ainfi que fe font formées les académies de Rome,
de Bologne , de Florence , de Paris , &c. L'utilité de
ces établiffemens confifte dans l'avancement des arts
& dans l'influence qu'ils ont fur toute la nation ,
en y répandant le bon goût : & telle eft l'utilité du
deffin , qui dirige tous les arts qui ont les figures
& les formes pour objet. Mais cette utilité ne peut pas
être le fruit d'une académie où l'on n'enfeigneroit pas
publiquement les règles & la théorie du deffin ; car fans
la théorie, le deffin n'eft qu'un acte mécanique & ma-

tériel qui produit simplement la figure tracée, sans en donner l'idée générale, & sans enseigner à juger des formes. Toute académie qui ne suit pas les maximes dont nous venons de parler, aura donc des dessinateurs matériels & des artisans; mais elle ne produira jamais des artistes éclairés, ni des maîtres parfaits. Elle agira par conséquent contre le but de son institution, & ne servira qu'à produire de mauvais ouvriers.

En fixant maintenant nos regards sur l'académie de Saint-Ferdinand, tâchons de découvrir ce qu'elle offre d'utile pour la nation, & ce qui nous reste à y desirer encore. Cette académie, comme toutes les autres, commence ses enseignemens par le dessin & par le modèle; & son généreux fondateur l'a si bien dotée, qu'on peut la regarder comme la plus riche en fonds de toutes les académies de l'Europe. On croit, en général, que les fruits qu'elle produit répondent parfaitement au but de son institution; mais comme une chose, quelque bonne qu'elle puisse être, est toujours susceptible d'amélioration, il me semble qu'on pourroit en rectifier encore quelques défauts.

Cette académie est régie par des chefs qui ne devroient en être que les protecteurs, c'est-à-dire, par des personnes qui, par leur naissance, leurs charges & leurs occupations, n'ont pas eu le tems de s'instruire à fonds ni de l'art, ni des artistes. Ce sont néanmoins ces juges qui reçoivent ou rejetent les sujets qui aspirent à l'honneur d'être reçus membres de l'académie: ainsi l'on voit que les graces dépendent de ceux qui ne sont pas en état de juger du mérite. Il est vrai que ces directeurs , avant de rien prononcer , prennent l'avis des artistes sur tout ce qui concerne l'art; mais puisqu'il faut qu'ils se règlent sur ces avis dans leurs décisions, leur mission devient inutile, n'étant pas nécessaire que ceux qui pourroient décider par eux-mêmes donnent des avis, & que ceux qui décident prennent des conseils. Dans toutes les autres académies du monde ce sont les artistes qui votent & qui décident en dernier ressort sur ce qui les concerne, ainsi que sur le mérite des individus & de leurs ouvrages ; tandis que les princes & les grands ne se réservent que la gloire de protéger & d'honorer les arts & les artistes. Mais cette protection doit être réelle & efficace , & non d'ostentation seulement, en distinguant les artistes suivant leur mérite , & en ne les confondant pas avec les artifans ; mais en les employant à des travaux honorables & dignes d'eux. Car, si les grands & les gens riches ne songent pas à faire exécuter de beaux ouvrages & à répandre par ce moyen le bon goût sur la nation , il périra bientôt faute d'aliment. Si le prince seul emploie les artistes , il ne pourra en occuper qu'un certain nombre fort limité , & le goût des arts restera alors concentré dans sa personne, tandis que la nation demeurera dans la barbarie , ainsi que cela a eu lieu depuis Philippe II jusqu'au roi actuellement régnant ; car quoique tous ces princes aimassent & protégeassent les arts , particulièrement la peinture, on a vu que le bon goût ne s'est jamais étendu sur la nation en général.

En supposant tout ce que nous venons de dire, il faut considérer l'académie de Madrid , ou comme une académie proprement dite, ou comme une école, ou comme l'une & l'autre à-la-fois. Mais quel que soit le nom qu'on veuille lui donner, il est toujours nécessaire que les membres qui la composent soient les plus habiles maîtres de l'art; puisque comme académiciens ils doivent être en état de donner des définitions de l'art dont ils enseignent les principes; il faut donc, comme on voit, qu'ils possèdent bien l'art, pour en parler d'une manière convenable. Les discours académiques servent à expliquer les difficultés de l'art à la jeunesse qui veut s'en instruire, & à mettre les amateurs en état de juger sainement de ses productions. Cela est plus nécessaire en Espagne que par-tout ailleurs, parce que le gros de la nation n'y a pas une juste idée des arts, ni de leur noblesse, & moins encore des différentes qualités qui doivent concourir ensemble pour former un grand artiste. Ces mêmes discours, ainsi que les conférences académiques feront utiles aux maîtres mêmes, qui tous ne connoissent pas par théorie les principes de leur art, & qui, par-là, feront stimulés à les étudier. Enfin, à force d'examiner ainsi la matière, on parviendra à détruire insensiblement les faux principes qui peuvent s'être glissés dans l'instruction. Les élèves auront aussi l'avantage d'apprendre les grandes difficultés qu'offre l'art, & les études qu'il exige : & c'est alors seulement que les ames ardentes emploieront toute leur activité pour les surmonter, & que celles qui se sentent moins de talent & d'énergie abandonneront cette carriere, ou s'appliqueront à des parties proportionnées à leurs facultés. De cette manière chaque espece de talent restera dans sa sphère, sans être contraint de fe reftreindre à l'uniformité des enfeignemens ; &, ce qui eft bien plus important encore, on parviendra à s'inftruire de l'art méme, & non du ftyle particulier de tel ou tel maître.

La plus grande utilité qui réfultera, je penfe, de ces études, c'eft que les grands & les riches fe pénétreront des principes de l'art, & en concevront l'eftime qu'il mérite, ainfi que plufieurs y font déjà naturellement difpofés ; de forte qu'il ne leur manque que d'avoir des notions exactes de fon importance & de fa dignité, pour en être pleinement convaincus. L'hiftoire nous apprend combien cette eftime eft néceffaire, puifque par-tout où elle a manqué, les arts & les fciences ont langui dans la médiocrité. Les Egyptiens qui ont inventé, pour ainfi dire, tous les arts, n'en ont cependant perfectionné aucun ; & cela parce que les artiftes n'y étoient regardés que comme des artifans & ne jouiffoient d'aucune diftinction honorable. Les Phéniciens y firent quelques progrès de plus, parce qu'ils formèrent de l'art un objet utile de commerce. Dans la Grèce, & particulièrement dans la favante Athènes, où tous les états fe rapprochoient davantage, & où les arts jouiffoient de la plus haute eftime, & menoient aux premières places parmi les citoyens ; à Athènes, dis-je, la peinture, la fculpture & l'architecture fleurirent avec dignité, & furent portées au plus haut degré de perfection. Les Romains n'ont jamais égalé les Grecs dans ces arts, parce que parmi eux c'étoit le fervice militaire qui conduifoit aux honneurs, & qu'ils ont employé pour leurs ouvrages les artiftes Grecs réduits à l'efcla-

vage : ce qui avilit bientôt & les arts & ceux qui les
profeſſoient.

Je conclus donc de ce que je viens de dire, que pour que
les arts fleuriſſent dans un pays, il eſt non-ſeulement néceſſaire que leurs productions y ſoient eſtimées, mais encore
que les artiſtes y ſoient honorés ſelon leur mérite ; puiſque ſans ces récompenſes aucune ame généreuſe ne voudra ſacrifier ſon travail, ni paſſer ſa vie à apprendre une
profeſſion qui, au lieu de contribuer à la gloire, ne fera
que l'avilir ; & il n'y aura plus alors d'artiſtes que ceux
dont l'eſprit étroit ne penſe qu'au lucre, & qui par
conſéquent ſont incapables de ces conceptions ſublimes
qui ennobliſſenr les arts, dont les productions nous
offrent toujours une idée de l'ame de ceux qui les ont
faits.

Il réſulteroit de grands avantages pour la nation chez
qui les hommes puiſſans & les riches aimeroient les arts,
comme nous voyons que cela eſt arrivé dans les beaux
ſiècles où ils ont fleuri ; & ſi par bonheur quelques-
uns d'entr'eux les cultivoient aſſez eux-mêmes pour les
bien connoître, ainſi qu'il y en a des exemples, &
entr'autres celui de l'empéreur Adrien, alors les arts
ſeroient certainement portés à leur plus haut degré de
perfection ; parce que cela les engageroit ſans doute à les
protéger, & à procurer à ceux qui les profeſſent les occa-
ſions de faire connoître leur mérite ; car il n'eſt pas moins
utile aux artiſtes d'exercer honorablement leur talent,
que de s'inſtruire : l'un étant abſolument inutile ſans
l'autre.

Je vais maintenant faire quelques réflexions ſur l'a-
cadémie

cadémie de Madrid, en la confidérant comme une école. Jufqu'à ces derniers tems cette académie avoit manqué de bons modèles de l'art ; mais on a fuppléé à ce défaut, & l'académie pofsède aujourd'hui la meilleure & la plus complette collection de plâtres des ftatues antiques qui foit en Europe. Ainfi les élèves ont tous les moyens néceffaires pour apprendre les proportions du corps humain, ainfi que l'art d'exprimer fans dureté l'anatomie, & celui de faire un choix des plus belles formes & du vrai caractère de la beauté.

Il leur manque néanmoins, felon moi, le tems néceffaire pour fe former un fyftême raifonné d'enfeignement, & pour s'inftruire de quelques parties de l'art qu'on n'y enfeigne point, ou qu'on enfeigne fort mal, & fur lefquelles je vais dire librement ma penfée.

Quoiqu'il y ait à Madrid plufieurs artiftes de mérite, on ne peut cependant nier qu'il y a toujours eu & qu'il y a encore ailleurs des écoles plus célèbres. Il ne faut donc pas fe borner à mettre pour modèles, fous les yeux des élèves, les ouvrages des membres de cette académie feulement, mais choifir encore, pour cet effet, les meilleures productions des autres écoles, & de tous les plus grands maîtres en général. De cette manière les élèves fe pénétreront, dès l'age le plus tendre, du bon ftyle. Il en réfultera encore un autre avantage fort grand, favoir, que les profeffeurs pourront s'expliquer avec liberté, n'étant plus retenus par l'amour-propre, ni par les égards, qui nous obligent fouvent à pallier nos fentimens.

Il feroit fort utile que les maîtres prêchaffent eux-

mêmes d'exemple , en deffinant & en modelant avec
les élèves dans les falles de l'académie , afin de les en-
courager par-là , ainfi que les maîtres mêmes des claffes
inférieures ; cette étude étant plus utile à ceux qui
ont déja acquis un certain degré de talent qu'à ceux
qui ne font que commencer. Mais il feroit fur - tout
néceffaire qu'on examinât avec la plus grande attention
ce qu'on ordonne aux élèves de faire , parce qu'il ne
doit pas dépendre du caprice des maîtres d'introduire
de mauvais exemples ; car il eft bien plus difficile de
fe défaire d'un vice contracté dans la jeuneffe , que de
fe pénétrer de mille bons principes.

Le tems que l'on deftine à l'académie aux études n'eft ni
affez long, ni affez favorable , parce que les heures de la
foirée ne fuffifent pas pour un art auffi difficile, & qu'a-
lors l'efprit des élèves , diftrait par les occupations de
la journée, n'a plus l'activité néceffaire pour apprendre
& s'imprimer dans la mémoire les chofes qu'on leur enfeigne. Il feroit donc utile , qu'en confidérant l'académie comme une efpèce d'école , de pratiquer ce qui fe fait
aux écoles des autres arts ; c'eft-à-dire , d'employer les
meilleures heures de la journée à l'étude , fous des
maîtres d'un grade inférieur , qui rendroient compte
aux fupérieurs de leur manière d'enfeigner, ainfi que
des progrès des élèves ; exercice qui feroit utile à ces
maîtres mêmes. Enfuite les fupérieurs examineroient par
eux-mêmes les talens des élèves , pour les changer de
claffe fuivant leur mérite.

L'exercice du foir ne devroit être confacré qu'à ceux
qui , étant déja fondés dans la théorie de l'art, ont

befoin d'en confolider la pratique par un ufage fréquent ; parce qu'autrement la vitefle avec laquelle ils doivent opérer le foir, accoutume les jeunes élèves à une incorrection qui dégénère en une vicieufe négligence, vu qu'ils n'ont pas alors le loifir d'obferver les règles & les caufes de l'art; & ceux qui commencent par copier les principes, n'ont pas affez de tems pour voir le fruit de leur travail, ce qui fait qu'un grand nombre perdent courage, & abandonnent les études qu'ils avoient commencées. En un mot, fi l'académie doit être regardée comme une école, il eft néceffaire d'y employer tous les moyens qu'un maître fage & vigilant peut mettre en pratique avec fes difciples ; fans quoi il ne pourra jamais rien réfulter d'utile d'une pareille inftitution.

Si l'on n'établit pas fur un pied fixe les loix & les principes des leçons, de manière que les élèves foient conftamment inftruits, comme s'ils n'étudioient, que fous un feul & même maître, il eft à craindre qu'ils ne confondent bientôt les différentes règles, fouvent contradictoires, qu'on leur enfeignera. Il feroit donc convenable que les profeffeurs, en fe réuniffant pour examiner enfemble les leçons à donner, fe concertaffent fur la méthode à fuivre, fauf à la corriger lorfque la raifon & l'expérience en feroient connoître quelque vice.

Les parties dont on doit s'occuper avec le plus de foin, font la perfpective linéaire & aërienne, en choififfant la méthode la plus courte & la plus facile. Après quoi vient l'anatomie, non comme l'enfeignent le chirurgien & le médecin, mais de la manière qu'il convient aux arts qui ont pour objet l'imitation des formes extérieures des chofes; & comme il n'y a point dans la nature d'objet plus intéreffant pour l'homme que le corps humain, il eft fort néceffaire de le connoître bien exactement, tant dans fa charpente en général, que dans fes différentes parties en particulier; connoiffance qui nous vient de l'anatomie. Or, comme la perfpective nous enfeigne la manière d'imiter l'apparence des formes, ce qu'on ne peut exécuter fans poffeder l'anatomie, cette fcience eft donc également indifpenfable au peintre & au fculpteur.

On ne doit pas regarder comme moins précieufe l'étude de la fymmétrie ou des proportions du corps humain, fans laquelle il n'eft pas poffible de faire dans la nature un choix des parties les plus parfaites. C'eft par cette connoiffance que les anciens Grecs fe font élevés fi prodigieufement au-deffus des artiftes modernes; & c'eft de ces proportions que dérivent la grace, la beauté & la vie dans les ouvrages de l'art.

La partie des jours & des ombres, c'eft-à-dire, le clair-obfcur, doit s'enfeigner avec la même exactitude, puifque fans fon fecours la peinture ne peut pas avoir de relief; il faut donc le confidérer comme une partie dont l'étude eft indifpenfable, d'autant plus que les peintres ne font pas toujours à même de voir les chofes dans la nature; mais quand ils jouiroient même de cet avantage, il ne feroit pas moins difficile d'en diftinguer les caufes, & de s'en tenir toujours à la vérité, fans fe laiffer féduire par certaines règles pratiques enfeignées par des maîtres ignorans, & adoptées fans réflexion. En un mot, le

clair-obfcur eft une partie de la peinture doublement
utile , parce qu'elle plaît également aux connoiffeurs &
à ceux qui ne le font pas.

Je ne fais pas fi l'on a jamais donné des leçons fur le coloris , quoique ce foit une des plus effentielles parties de la
peinture , & qu'elle ait fes principes fondés fur l'art &
fur la raifon. Cependant il eft impoffible que fans cette
étude le jeune peintre puiffe acquérir jamais un bon coloris , ou qu'il entende la partie de l'harmonie.

Il eft de même néceffaire d'enfeigner l'invention & la compofition , fans oublier la partie de la draperie : parties qui
ont toutes auffi leurs règles fixes ; règles indifpenfables
pour apprendre & pour bien faifir ce que nous offre la
nature. Je ne prétends néanmoins pas qu'il foit poffible
de s'inftruire de l'art par ces règles feules fans le concours
du talent ; mais , d'un autre côté , j'ofe affurer que fans
elles on ne peut jamais parvenir au moindre degrè de perfection dans l'art. Et quoique ces règles ne foient pas
toutes fufceptibles de démonftration , celles cependant
qui concernent l'imitation l'admettent abfolument , &
celles du choix font fondées fur des principes , pour ainfi
dire , évidents.

On me dira peut-être que toutes les études que je propofe ici pour l'académie peuvent être enfeignées par un
maître particulier à fes difciples. Je fuis cependant d'un
fentiment contraire , parce qu'il me paroît impoffible
qu'un feul individu puiffe poffèder également bien tant de
chofes ; & que quand même il en feroit inftruit , il n'auroit
ni le tems, ni le courage de les enfeigner. D'ailleurs , il fe
pourroit que parmi ceux qui étudient fous un maître

particulier, il y en eut un d'un grand talent, qui, faute d'une bonne inftruction , ou par d'autres motifs , ne trouvât pas l'occafion de fe faire connoître ; tandis que dans les écoles publiques il aura le moyen de développer fon génie & de fe diftinguer par fon émulation , & par conféquent de devenir , de pauvre & d'inconnu qu'il étoit , un maître célèbre qui fera également honneur à l'art & à fa patrie.

Quoique l'architecture foit un art qui demande , **de** même que la peinture & la fculpture , les foins de l'académie , je n'en ai pas parlé ici pour ne pas fortir **des** bornes de ma profeffion. Je crois néanmoins pouvoir affurer , fans entrer dans aucun détail , que , comme l'académie doit être une école des beaux-arts , il faut y enfeigner auffi l'architecture : car une école où l'on ne donne point de leçons fur la fcience à laquelle elle eft deftinée , eft une chofe qui ne peut exifter.

Malgré que l'architecture n'ait pas , comme la peinture & la fculpture , fes fœurs , un prototype dans la nature pour lui fervir de guide , elle a cependant certaines règles de convenance qui fervent à former fon goût , qui peut être bon ou mauvais , de même que celui des autres arts. Ce que l'élève doit fe propofer fur - tout , c'eft d'avoir le goût le plus pur qu'il foit poffible ; c'eft - à - dire , celui que le tems & la raifon ont reconnu pour être le meilleur ; favoir, le ftyle des premiers Grecs. Celui qui a étudié , & qui a imprimé dans fa mémoire toutes les dimenfions & toutes les proportions de Vignoles & d'autres auteurs femblables , n'a point acquis pour cela le moindre goût de l'architecture, foit bon ou mauvais ; de même qu'on n'eft pas poëte pour favoir les règles & le mécanifme de la verfification. Les Vignoles font, en comparaifon de Vitruve, ce qu'un mauvais rimailleur eft auprès d'Horace. Les modèles ne peuvent être utiles qu'autant qu'ils font parfaits ; & voilà un des principaux articles auxquels les directeurs de l'académie doivent veiller.

On doit fur-tout faire une grande diftinction entre l'architecture & l'art de bâtir, chofes qu'on confond affez ordinairement dans les titres des livres. L'invention & le goût font les parties qui conftituent un architecte ; tandis que la phyfique & les mathématiques font faites pour lui obéir. Le premier eft comme la tête de l'homme, le fecond ne lui tient lieu que de mains. L'invention exige de grands talens & de bonnes études ; & l'art de bâtir eft purement mécanique & matériel. C'eft fans doute de ceux qui, par ce dernier moyen, prétendent paffer pour architectes, en s'enrichiffant, que fe moque Martial, quand il confeille à fon père de faire un architecte de fon fils hébêté.

> Si duri puer ingenii videtur,
> Præconem facias, vel Architectum.

LEÇONS-

LEÇONS-PRATIQUES

DE PEINTURE.

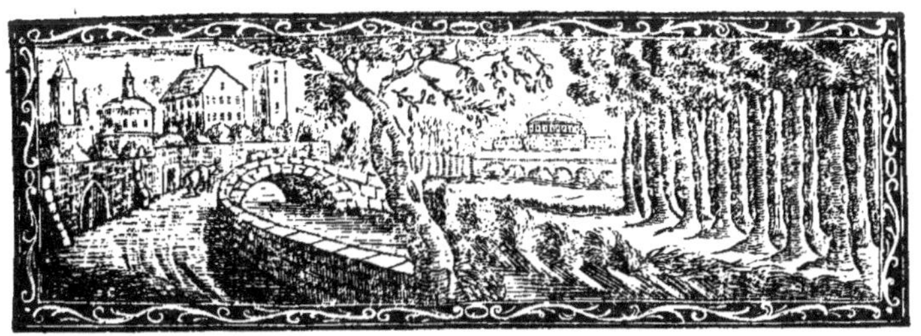

LEÇONS-PRATIQUES

DE PEINTURE.

Règles générales pour le Maître & pour l'Elève.

Comme la peinture est un art libéral, elle doit être soumise à une méthode, & par conséquent avoir des principes fixes & invariables. Je crois donc qu'il est nécessaire de rappeller ici les réflexions que doit faire un jeune homme qui veut se consacrer à cet art, & la route qu'il peut suivre pour y faire des progrès constants. Je parlerai, en même tems, de la méthode que le maître adoptera s'il veut que ses leçons soient utiles à son élève. Je ne chercherai point à paroître éloquent, mais seulement à expliquer mes idées de la ma-

H h ij

nière la plus fimple & la plus claire qu'il me fera poffible , afin de me rendre intelligible pour toutes les claffes
de Lecteurs.

Les premières qualités que doit poffèder un jeune
homme , que fes fupérieurs deftinent à la peinture (je
dis fes fupérieurs , parce qu'il faut qu'on commence par
s'appliquer à cet art avant d'avoir une volonté à foi) , font
la pénétration , l'attention , la patience , & fur-tout un
bon efprit qui ne fe laiffe point féduire par cette vivacité & par ce feu qui , loin d'être du génie , comme on
le croit communément , ne fert , au contraire , qu'à empêcher les enfans de réfléchir à ce qu'on leur enfeigne ,
& par conféquent de faire des progrès dans leurs études.
Qu'on ne fe trompe donc point , en prenant pour une
difpofition propre à la peinture , cette inclination que
les enfans montrent , en général , pour le deffin. La
fortune dont le talent de quelques peintres eft récom-
penfé , engage fouvent les parens à faire apprendre l'art
à leurs enfans , qui , après avoir perdu un tems précieux , quittent leurs études avec la même légèreté qu'ils
les avoient commencées.

Pour éviter cet inconvénient il eft néceffaire qu'un
maître habile , d'ailleurs homme de bien , avant d'admettre un élève dans fon atelier , l'examine avec le
plus grand foin , ainfi que fes parens même. Il ne doit
chercher dans l'enfant que pénétration , patience , amour
du travail , & fur-tout une grande jufteffe de l'œil. Il
faut auffi que le père foit défintéreffé , porté à donner
à fon fils tous les fecours néceffaires , & qu'il ne foit
pas du nombre de ceux qui prétendent s'arroger le titre

de protecteur, pour avoir payé pendant quelque tems
le falaire d'un maître.

Si donc l'enfant a toutes les qualités dont nous venons de parler; il faut que, de fon côté, le maître
renonce à l'amour-propre, & qu'il ne cache rien à fon
élève de tout ce qu'il peut favoir lui-même, fans jamais
craindre de lui donner de trop bons principes; & fi,
par malheur, il fe fentoit enclin à cette petitefle d'efprit, je lui confeillerois de ne pas fe charger d'élèves;
car il eft indigne d'un homme de bien de faire des malheureux; & rien n'eft plus déplorable que d'avoir pafle fa
jeunefle à devenir un mauvais peintre. Or, il eft facile
d'éviter cette difgrace, puifque perfonne n'eft forcé de
fe charger de l'inftruction d'un élève.

Il eft vrai que le monde eft rempli d'ingrats, &
qu'un peintre habile qui donne une bonne éducation à
fon élève, court fouvent rifque de nourrir un ferpent
dans fon fein; mais les vices d'autrui ne doivent pas
fervir à excufer les nôtres; & l'on ne pourra jamais
difculper un maître qui aura mis un élève dans le cas
de fe répentir toute fa vie d'avoir fuivi fes confeils.
On peut néanmoins pardonner, en quelque forte, à
ceux qui ne donnent pas tous les foins requis aux
élèves qu'ils font obligés de recevoir par protection
ou autrement; 'puifqu'une éducation leur prend,
fans contredit, plus de tems que le plus grand tableau
poffible. Il me femble donc que c'eft une grande injuftice de la part des hommes qui fe mêlent de protéger, que de prétendre qu'un aitifte perde fon tems à
enfeigner fon talent à des perfonnes dont il ne retire

aucune utilité. Cependant cet ufage eft affez général, fur-tout en Italie, où il nuit infiniment à l'art, & ne préjudicie pas moins à la jeuneffe, quoique les grands talens ne foient pas encore rares dans ce pays. Mais quittons cette matière, qui m'a écarté de mon fujet, & paffons aux règles de l'art que je me fuis propofé d'expliquer; ce que je ferai en forme de dialogue, par demandes & par réponfes.

DEMANDE. Comment peut-on connoître fi un enfant a les difpofitions néceffaires pour être peintre?

RÉPONSE. S'il a plus de jugement que de vivacité d'efprit, on peut en augurer favorablement.

D. Quel eft l'âge auquel on peut commencer à s'inftruire de l'art?

R. L'âge le plus tendre eft le plus propre pour cela; puifqu'à quatre ans l'enfant eft déja en état d'apprendre quelque chofe; & c'eft alors qu'il lui fera le plus facile d'acquérir la juftelle de l'œil, parce que fes organes n'auront encore contracté aucune habitude particulière.

D. Mais fi l'élève commence plus tard fes études, pourra-t-il efpérer encore de parvenir à être un bon peintre?

R. Sans le moindre doute; mais il lui en coutera plus de peine, à caufe qu'il aura, fans doute, employé jufqu'alors fon tems à quelque autre chofe, dont fa mémoire fera chargée , ce qui l'empêchera d'apprendre la peinture avec la même facilité.

D. Il y a cependant eu de grands peintres qui ne fe font adonnés que fort tard à l'étude de l'art ?

R. Cela eft vrai. Mais le plus grand nombre ont cependant commencé à s'appliquer fort jeunes à la peinture. Raphaël étoit fils de peintre ; & fon père lui a enfeigné fon art du moment qu'il a commencé à faire ufage de fa raifon. Le Titien fut mis au deffin dès l'âge le plus tendre. A dix ans Michel-Ange manioit déjà le cifeau. Le Corrége, qui n'a vécu que quarante ans , & qui a laiffé tant de chefs-d'œuvre, qu'il n'a pas pu faire à la hâte , a néceffairement dû commencer à travailler de bonne heure. Il eft certain cependant que quelques bons peintres fe font appliqués plus tard à l'art ; mais s'ils ont eu le bonheur de parvenir à la perfection, c'eft qu'ils étoient doués d'un génie extraordinaire ; & l'on peut croire qu'ils auroient été plus loin encore , s'ils avoient commencé plus jeunes leur carrière.

D. Quelle eft la première chofe qu'un maître doit enfeigner à fon élève ?

R. Comme il n'eft pas facile de connoître tout de fuite le caractère & le génie des enfans, il eft bon de les faire commencer par tracer des figures géométriques , mais fans règle & fans compas ; afin qu'ils acquièrent la juftelle de l'œil, qui eft la bafe fondamentale du deffin ; puifqu'il n'y a point d'objets dont les contours

& les formes ne foient pas compofés de figures & de lignes géométriques fimples ou mixtes. De forte que lorfque l'élève fera parvenu à former ces figures à la fimple vue , il faura deffiner correctement tout ce qu'on lui préfentera , & fon efprit concevra avec facilité toutes les proportions poffibles.

D. Ne vaudroit-il pas mieux de lui faire deffiner la figure humaine , laquelle étant un compofé de figures géométriques , lui apprendra tout de fuite , ce qui fuivant l'autre méthode , lui demandera le double du tems ?

R. Non. Ce confeil feroit dangereux à fuivre, parce que la beauté des contours de la figure humaine dépend de la manière de tracer toutes les lignes imperceptibles & toutes les formes interrompues qui compofent enfemble des figures géométriques , mêlées & variées de telle manière qu'il eft impoffible à l'élève de s'en former une idée diftincte. Il feroit d'ailleurs difficile au maître de juger de cette manière de la jufteffe de l'œil de fon difciple , tandis qu'il eft aifé de connoître les défauts de fa vue & de fa main , en lui voyant tracer, par exemple, un fimple triangle.

D. En quoi confifte le défaut de la vue ?

R. En ce qu'on voit les chofes autrement qu'elles ne font , c'eft-à-dire, plus longues que larges , ou bien plus larges que longues. Il y a des perfonnes à qui les objets paroiffent , à une certaine diftance, plus grands qu'ils ne le font en effet ; & d'autres à qui ces mêmes objets femblent, au contraire, être plus petits : ce qui
me

me porte à croire qu'il est nécessaire que les enfans commencent par dessiner des figures géométriques ; parce que c'est par les choses les plus simples qu'on découvre le plus facilement les erreurs de la vue ; de sorte que par le moyen du triangle, par exemple, le maître pourra reconnoître en un instant, par le secours de la règle & du compas, l'inexactitude de la vue de son élève.

D. Ces principes seroient bons, sans doute, s'ils n'étoient pas contrariés par la pratique ; mais ni Raphaël, ni les Caraches, ni le Dominicain, ni aucun grand peintre enfin, n'ont suivi cette route pour faire les beaux ouvrages qu'ils nous ont laissés.

R. Cela est vrai jusqu'à un certain point ; mais cette observation a cependant besoin d'être expliquée. Léonard de Vinci, qui a donné plusieurs règles touchant les proportions du corps humain, assure que la géométrie est nécessaire aux peintres. Les maîtres de Raphaël lui apprirent à dessiner avec une correction singulière ; ce qui lui donna dabord un goût fort sec & fort servile, qu'il ne quitta que lorsqu'il vit les chefs-d'œuvre des anciens & les ouvrages de Michel-Ange, qu'il imita facilement, parce qu'il possédoit déja la plus grande justesse de l'œil possible. Comme il y a plus de deux siècles & demi qu'on n'a vu paroître un génie aussi correct, ni aussi pur, ce seroit une témerité que de se flatter qu'un élève qu'on voudroit former, pût parvenir à ce rare degré de talent : il est donc indispensable de bien examiner de quels dons le ciel l'a doué. Les Caraches adoptèrent les règles de proportion qu'ils trouvèrent établies ; & j'admire beaucoup plus dans leurs ouvrages quelques autres parties que la correction de leur deſſin.

D. Quoi ! le deſſin d'Annibal Carache n'eſt-il pas fort correct.

R. La correction du deſſin ſe prend en différens ſens, & Annibal Carache l'a poſſédée dans un de ces ſens ; mais il ne dut pas tant cette correction à une juſteſſe de l'œil, qu'à une grande pratique du deſſin. Le Dominicain avoit deſſiné tant de fois le groupe de Laocoon, qu'il pouvoit le copier de mémoire. Cependant aucun des peintres que nous venons de citer n'a eu la pureté & la correction des anciens ; mais comme il faut oſer entreprendre ce que d'autres ont fait, ſi l'on ne veut pas être accuſé d'une puérile timidité, je conſeille aux artiſtes d'aſpirer toujours à la plus grande perfection. Si dans le tems que Raphaël apprenoit cette grande correction de ſes maîtres, ils lui euſſent, en même tems, enſeigné à éviter leur ſtyle ſec, & à imiter la nature par le moyen de figures géométriques, il n'auroit pas été obligé de changer dans la ſuite ſa manière ; & ſi les Caraches & le Dominicain avoient ſuivi la route que j'indique, on ne verroit point dans leurs contours tant de lignes fauſſement correctes, & ceux de ce dernier ſur-tout ſeroient d'un ſtyle moins timide & moins froid.

D. Il me paroit néanmoins que cette méthode géométrique peut quelquefois nuire à l'élégance & à la facilité ?

R. Tout au contraire. L'élégance confiſte dans la grande variété des lignes courbes & des angles ; & ce n'eſt que la géométrie feule qui peut donner la facilité d'exécuter ces chofes avec la fûreté de la main que je demande. Mais je fuis loin de prétendre que c'eſt l'étude feule des figures géométriques qui puiſſe former un grand peintre , quoique je dife que la correction qui eſt la partie la plus difficile de l'art , dépend entièrement de la juſteſſe de l'œil , qu'on n'acquiert que rarement fans l'étude de la géométrie. J'ofe même aſſurer qu'un enfant obtiendra une plus grande juſteſſe de l'œil , en deſſinant avec foin des figures géométriques , qu'en copiant pendant un an des figures académiques ; fix mois même fuffiront pour lui apprendre à bien pofer une figure , & pour lui donner les principes néceſſaires pour faire de grands progrès dans les autres parties de l'art.

D. Que doit faire l'élève après avoir appris à deſſiner les figures géométriques ?

R. Il faut qu'il s'exerce à deſſiner les contours d'après de bons deſſins & de bons tableaux , & qu'il s'inſtruife des proportions du corps humain , pour acquérir un bon goût de deſſin , que le maître lui enfeignera d'après les proportions des ſtatues antiques ; après quoi il faudra qu'il redouble d'attention , fans fe permettre la moindre incorrection. Enfuite il tâchera de fe donner une certaine pratique de tracer les contours avec franchife , pour deſſiner alors de clair-obfcur.

D. Eſt-il néceſſaire que l'élève s'occupe long-tems à deſſiner les contours ?

R. Jufqu'à ce qu'il foit parvenu à-le faire avec la facilité requife ?

D. Cela fini , que doit-il étudier enfuite ?

R. Il commencera à ombrer , en ayant foin de faire fes deffins avec la plus grande pureté , parce qu'en acqué-rant alors cette qualité effentielle il la poffédera toute fa vie , & il la portera même dans la peinture. J'avertis auffi qu'en deffinant du clair-obfcur , il doit s'appliquer en même tems à l'anatomie & la perfpective , afin de fe préparer à deffiner enfuite d'après nature.

D. Vous avez dit qu'en deffinant pendant fix mois des figures géométriques , l'élève pourra deffiner correctement des académies , pourquoi donc voulez-vous maintenant qu'il perde fon tems à deffiner d'après des deffins & des tableaux ; tandis qu'il feroit , fans doute , plus court qu'il fe mit tout de fuite à deffiner d'après des ftatues ?

R. Vous êtes dans l'erreur ; car pour bien deffiner des ftatues , il faut favoir la perfpective. Et quoique j'aie dit , que l'élève faura alors bien pofer une figure , il ne doit cependant pas l'entreprendre encore , parce qu'il s'accoutumeroit par-là à imiter froidement & fans aucune intelligence des raccourcis ; ou il perdroit la juftefle de l'œil qu'il auroit pu acquérir.

D. Comment doit-on étudier la perfpective ?

R. On commencera cette étude après s'être exercé quel-que tems aux élémens de la géométrie , & l'on apprendra tout de fuite à mettre les figures en perfpective.

D. De foibles élémens de géométrie ne me paroissent pas devoir suffire ; car on sait que ceux qui veulent enseigner à fond la perspective , font faire non-seulement un cours complet de géométrie à leurs disciples , mais les obligent aussi à étudier l'architecture , ou du moins les règles des cinq ordres de cet art , parce qu'ils prétendent qu'il est impossible de bien mettre une chose dans le point de vue qui lui convient , si l'on ne possède pas parfaitement la géométrie.

R. Ceux qui sont de cette opinion ne se trompent certainement point. Mais je crois que, pour former un peintre, il est nécessaire que le maître ait soin que son élève sache toutes les parties de l'art en raison de l'utilité qu'il peut en retirer , & qu'il ne perde point ses premières années , qui sont les plus précieuses , à apprendre des choses qui ne lui sont pas les plus essentielles.

D. Le peintre perdroit donc son tems s'il s'occupoit à savoir à fond la perspective ?

R. Non : mais comme cette partie est la plus facile de toutes celles qui appartiennent à la peinture , il ne faut pas que l'élève y emploie trop de tems , avant d'être instruit de ce qui est le plus nécessaire ; d'autant plus que ce que la perspective offre de plus indispensable pour le peintre , sont le plan , le carré dans tous ses aspects , le triangle , le cercle , l'ovale ; mais ce qu'il doit sur-tout bien connoître , c'est la différence du point de vue , & la variété que produit le point de distance , de près ou de loin.

D. De quelle manière faut-il étudier l'anatomie ? Il y en a qui prétendent qu'elle n'eſt pas utile au peintre , & que ceux qui s'y ſont appliqués ſont tombés dans un ſtyle ſec & déſagréable.

R. Ceux qui avancent que l'anatomie n'eſt pas utile au peintre ſont dans une grande erreur ; puiſque ſans cette connoiſſance il n'eſt pas poſſible de ſe rendre raiſon des parties d'une figure nue. Mais en cela comme en toute autre choſe , il faut ſavoir employer la modéra-tion & le jugement ; car il y a une différence prodigieuſe entre ſe livrer entièrement à une partie & ſavoir en faire un bon uſage : d'autant plus que les règles ne doivent ſervir au peintre que pour ſe conformer à la nature & pour apprendre à la bien rendre.

D. Mais l'étude de l'anatomie eſt ſi longue ?

R. Elle ne prendra pas trop de tems , ſi l'on n'en-ſeigne au peintre que ce qui lui en eſt néceſſaire pour ſon art ; car il y a une grande différence entre le mé-decin & le chirurgien , qui ſont obligés de connoître toutes les parties internes de l'homme , & le peintre qui ne doit s'arrêter qu'aux effets des parties extérieures....

§. I.

INTRODUCTION GÉNÉRALE.

LA peinture eft un des trois beaux-arts qui ont pour objet l'imitation de la vérité, c'eft-à-dire, l'apparence de toutes les chofes vifibles. Les matériaux néceffaires pour cette imitation font les trois couleurs primitives; favoir, le rouge, le jaune & le bleu, auxquelles on joint le blanc & le noir, qui, fans être des couleurs, fervent à exprimer la lumière & l'obfcurité.

Toutes les couleurs intermédiaires fe compofent des trois couleurs primitives que je viens de nommer, & c'eft avec ces couleurs qu'on imite, fur une furface plane, toutes les apparences de la nature; de même, par exemple, que fi, en voyant au travers d'un verre, un payfage, un homme, un cheval, ou quelqu'autre objet, on traçoit avec des couleurs ces mêmes objets fur ce verre: ce qui formeroit un tableau parfaitement femblable à celui qu'on auroit vu au travers du verre. C'eft ainfi, quoique par des procédés différens, que le peintre difpofe fur une fuperficie plane fes couleurs avec lefquelles il produit aux yeux des fpectateurs le même effet que fi l'on voyoit les objets mêmes. Voila pourquoi l'on donne à une fuperficie couvérte de couleurs qui réveillent en nous l'idée des formes & des figures, le nom de peinture, laquelle, comme art, n'eft que la manière d'employer les couleurs de telle forte que par le moyen de leur difpofition & de leur modification elles rappellent à l'efprit du fpectateur des chofes qu'il a déja vues, ou qu'il eft poffible qu'il voie.

Ce n'eft que peu-à-peu & par degré qu'on parvient à connoître les objets que nous préfente la nature ; ce qui eft caufe que l'art a été obligé de divifer l'imitation des objets en différentes parties & en différens degrés, fans quoi il auroit été auffi impoffible de produire un bel ouvrage, qu'il l'eft de monter fur le comble d'un édifice fans le fecours d'un efcalier ou d'une échelle. A la première vue, les objets ne nous donnent que l'idée de leur exiftence. Leur forme nous rappelle enfuite que nous avons déja vu d'autres objets femblables, & auxquels nous avons donné, par convention, les noms d'homme, de cheval, &c. En continuant ainfi nos obfervations, nous trouvons la manière d'être de ces objets ; enfuite nous en découvrons les proportions générales & particulières, & enfin les moindres parties. C'eft en fuivant la même marche, que le peintre doit commencer par fe repréfenter un lieu dans lequel fe paffe une action, pour raffembler enfuite dans fon imagination les objets qui doivent le remplir ; c'eft-à-dire, ceux qui font néceffaires à l'invention. Après quoi il penfera immédiatement à la manière dont chaque objet doit être placé, tant par rapport à l'enfemble que rélativement à chaque figure & à chaque membre des figures en particulier : cette partie appartient à la compofition. Enfin, il reglera la figure ou la forme particulière de chaque chofe : c'eft cette partie qu'on appelle le deffin.

Ma

Mais comme ces formes ne peuvent pas se rendre parfaitement telles qu'elles sont sur une superficie plane, le dessin a besoin pour cela des lumières & des ombres, qui composent la partie du clair-obscur. Lorsque les formes des corps sont déterminées, il faut passer à leurs couleurs locales, & à la manière de faire connoître, plus ou moins, suivant la convenance, leur essence & leur contexture. Je ne parle ici de tout cela qu'en général; mais chacune des parties que je viens de nommer demande une étude particulière très-suivie, sans quoi il est impossible de s'en pénétrer; de même qu'on ne peut pas · parvenir à construire un édifice sans en avoir préparé les matériaux. Je m'étendrai plus amplement sur chacune de ces parties dans la suite.

Le mot *Peinture* peut se prendre· en deux sens, savoir, comme l'art même, ou comme production de l'art. Dans le second sens, toute surface sur laquelle on aura disposé différentes couleurs d'une certaine manière & suivant certains principes, est appellée peinture, laquelle sera plus ou moins parfaite, selon le talent & l'esprit de celui qui l'aura exécutée. Mais dans le premier sens, c'est-à-dire, comme art créateur, il a pour objet l'imitation exacte de la vérité, ou des objets visibles, de la manière qu'ils se présentent à notre vue. Pour parvenir à cette fin on se sert des moyens dont nous allons parler, en commençant par l'imitation.

La peinture imite l'apparence de la nature par l'emploi des cinq couleurs que nous avons désignées plus haut; savoir, le blanc, le jaune, le rouge, le bleu & le

noir, qui lui fervent de matériaux. Quoique le blanc &
le noir ne foient pas véritablement des couleurs, le
peintre doit néanmoins les regarder comme telles, par
le grand avantage qu'il en retire pour repréfenter
la lumière & l'ombre; puifque l'art n'offre point d'autre
moyen pour y parvenir, quoi que ce ne foit même
encore qu'imparfaitement, pour les raifons que je déduirai dans la fuite. Quant aux autres couleurs, telles
que l'orangé, le pourpre, le violet & le verd, ce ne
font que des teintes compofées de deux couleurs, ainfi
que nous le prouvent (outre l'expérience dans la peinture) l'arc-en-ciel & le prifme, où ces couleurs ne fe
trouvent que dans l'endroit où elles fe forment par l'interfection des rayons des trois couleurs primitives. Le
verd par conféquent fe trouve placé entre le bleu & le
jaune; l'orangé entre le jaune & le rouge; & le pourpre
ou le violet entre le rouge & le bleu. Ces cinq couleurs font donc les matériaux dont fe fert le peintre
pour faire paroître, fur une furface plane, différens
objets détachés les uns des autres, dont une partie eft
éclairée, tandis que l'autre partie fe trouve privée de la
lumière immédiate, & n'eft éclairée que par la lumière qui fe trouve mêlée dans la maffe de l'air ambiant, ou
ne reçoit que les reflets de lumière qui partent d'autres corps,
ou enfin refte totalement dans l'ombre. Cette imitation
dépend de l'uniformité des formes, & de leur rapport en
quantité & qualité avec celles de la nature; mais comme
ces parties des corps vont à l'infini, l'art du peintre confifte à favoir choifir ce qu'il doit & peut imiter.
Pour cela, il faut qu'il obferve l'effet que font les

objets en les confidérant dans leur maffe. entière , & à
la diftance convenable pour que l'œil puiffe en em-
braffer l'enfemble ; finon il n'en fera bien que quelque
partie, & non pas un tout régulier. En outre il faut
remarquer qu'il n'y a point dans la peinture de lumière
ni d'ombre véritable , c'eft-à-dire , de privation totale
de la lumière ; & que la toile ou le panneau eft une
fuperficie plane , qui reçoit la lumière fur toutes fes
parties. Comme le noir, dont on fe fert en peinture ,
n'eft pas en lui-même plus fombre que tout autre
corps noir éclairé , il faut un art particulier pour
faire qu'en peinture le noir paroiffe une privation de
la lumière. Par la même raifon , il eft néceffaire de
beaucoup de talent pour faire paroître les ombres des
ombres véritables , & non des tâches d'une couleur
plus obfcure que les couleurs locales des objets naturels. J'enfeignerai la manière de faire toutes ces chofes
à l'article où je parlerai du coloris.

La même difficulté , mais beaucoup plus grande encore, fe trouve dans les lumières, parce que le tableau
ne peut fe voir que dans une fituation où la lumière
qu'il reçoit ne réfléchiffe point vers les yeux du fpectateur, fans quoi les lumières & les ombres en forme-
roient une efpèce de miroir ; & les lumières en paroîtroient
plus ou moins claires, felon que la fuperficie en feroit
polie. Or , comme les lumières d'un tableau, quelques
blanches qu'elles foient, ne peuvent être que la clarté
de la demi-teinte d'un corps blanc, le peintre qui veut
imiter un corps d'une furface unie ou polie qui réfléchiffe la lumière , doit employer beaucoup d'art ; &

K k ij

il n'y parviendra même jamais parfaitement. Je lui confeille donc d'en éviter l'occafion & de foumettre les
objets qu'il veut peindre au pouvoir de l'art. Il y a
une infinité de cas dans lefquels il eft impoffible de
peindre un corps lumineux, & les lumières d'un objet
blanc. En un mot, il n'y a, pour ainfi dire, rien dans
la nature que le peintre puiffe copier comme il le voit;
& s'il fe trouvoit un autre artifte qui, comme M. Denner
d'Hambourg, eut la patience de faire chaque ride &
chaque cheveu avec fon ombre, & de repréfenter dans
la pupile de l'œil toute la fenêtre d'un appartement avec
les nuages qui circulent dans l'air; & quand même
il exécuteroit tout cela encore mieux que lui (chofe
unique & admirable dans fon genre) une telle peinture
ne pourroit jamais repréfenter la vérité, à moins qu'on ne
le vit toujours à la même diftance que celle où le peintre l'a
faite : en voici la raifon. En voyant un ouvrage de peinture
on y remarque toujours quelque chofe qui nous fait connoître que ce n'eft point la vérité qui fe préfente à
nos yeux. Suppofons qu'un tableau foit parfait dans
toutes fes parties, qu'il fe trouve placé dans fon vrai
point de vue, qu'il n'y ait qu'une feule diftance déterminée à laquelle on puiffe le voir, que la lumière
du lieu où on le voit foit exactement celle qu'il faudroit
pour produire le même effet de clair-obfcur fur les objets
que celui de la nature : malgré toutes ces conditions nous
ferons détrompés par la fuperficie plane, par les touches mêmes du pinceau, par le défaut d'air qui devroit
fe trouver entre les objets ifolés ; outre que le clair-
obfcur & les lumières s'affoibliront auffi-bien que les
ombres, par l'interpofition de l'air ambiant, qui dé-

truira par conséquent les effets du pénible travail du peintre. D'où j'infere que, pour bien imiter la nature, non d'une manière fervile mais judicieufe, il ne faut rendre la vérité que comme elle peut l'être, en lui donnant la difpofition propre de l'objet & de l'idée qu'on veut faire concevoir au fpectateur, en confervant à chaque forme la qualité & la propriété caractériftiques dans toutes les parties de l'art ; en repréfentant chaque chofe d'une manière nette, qui le diftingue de toutes les autres ; enfin, en imitant la nature de la manière la plus convenable pour faire comprendre au fpectateur l'idée de l'artifte.

Les grands maîtres ont fuivi deux routes pour parvenir à tout ce que nous venons de dire. Les uns ont rejeté les parties qui n'étoient pas abfolument néceffaires à leur but, & ont, par ce moyen, beaucoup détaché celles qu'ils vouloient faire paroître davantage ; d'autres ont recherché toutes les parties expreffives, & les ont fortement prononcées, pour donner une idée claire de ce qu'ils vouloient rendre. Le Corrége a été le plus grand de ceux de la première claffe, & Raphaël celui qui s'eft le plus diftingué parmi ceux de la feconde ; mais tous deux, dans leur ftyle particulier, ont porté la peinture à fon plus haut degré de perfection ; puifque, felon moi, le plus grand effort que puiffe entreprendre l'art, c'eft de faire paroître un tableau comme fi l'on voyoit les objets au travers d'un verre plus ou moins trouble ou terne. Je paffe ici fous filence plufieurs autres objections que je produirai en parlant de chaque partie de la peinture qu'elles ont pour objet.

§. I I.

Du Dessin.

PAR deffin on entend principalement le contour ou
la circonférence des objets avec les proportions de leur
longueur, de leur largeur & de leur forme. Il faut donc
qu'on examine quelles font les formes les plus gracieufes, pour s'en fervir, afin que l'ouvrage faffe un
effet agréable; ce qui doit non - feulement s'obferver
pour les figures, mais encore pour les efpaces qui reftent entre les figures, ainfi qu'entre leurs membres.
Ce font les formes les plus variées qui font les plus
agréables; & les plus défagréables font celles qui fe
répètent en elles-mêmes, telles que la carrée & la ronde:
la première, à caufe qu'étant compofée de quatre
lignes, qui forment, deux à deux, deux paralleles; &
la feconde parce qu'elle offre par - tout la même
ligne, & ne préfente aucune variété à la vue, & par
conféquent nulle grace. L'ovale ou l'éliptique n'eft pas
auffi uniforme. La triangulaire eft la moins défagréable de
toutes les figures régulières, parce que les angles en
font de nombre inégal, & que fes lignes ne forment
point de parallele.

Il faut abfolument éviter, en peinture, toute répétition
de lignes & de formes, toute efpèce de lignes paralleles,
ainfi que les angles d'un degré égal, mais fur-tout les angles
droits, parce qu'elles ne laiffent pas la liberté de varier

leur grandeur ; tandis que les autres permettent de les faire ou plus grands, ou plus petits, c'eſt-à-dire, plus aigus ou plus obtus ; & il eſt plus facile d'en varier la grandeur à volonté dans les autres figures.

Il eſt néceſſaire pour cela que le peintre ſache bien la perſpective, puiſque c'eſt par ſon moyen qu'il peut varier toutes les formes régulières, en faiſant, par exemple, d'un carré un trapèze ou une figure irrégulière ; en agrandiſſant ou en reſſerrant un triangle ; en changeant le cercle en élipſe, & en évitant ainſi toute eſpèce de répétition. Enfin, ſi un membre ſe préſente dans ſa proportion géométrique, le membre correſpondant doit être vu en raccourci, afin de produire la variété.

Aucune forme ne doit être uniforme ; les lignes droites mêmes doivent être changées en lignes ondoyantes ou ſerpentines, mais ſans que cela nuiſe à la forme principale, en obſervant que les portions de cercle tiennent en différens points de diſtance & d'élévation à la ligne droite, & ne forment aucun angle, mais faſſent ſuccèder alternativement une concave à une convexe. Cette ligne ondoyante eſt ſans contredit la plus propre à donner de la grace & de l'élegance au contour ; vu que ſans altérer la rondeur ou l'elévation d'un membre, elle ſert à le faire paroître plus ou moins leger ; puiſqu'en donnant plus de convexité aux parties ſaillantes que de concavité aux parties rentrantes, on produira la peſanteur ; au lieu qu'en opérant d'une manière contraire on obtiendra la légèreté. On doit donc chercher à donner une exacte proportion à ces deux eſpèces de formes, ainſi que je l'expliquerai plus amplement en parlant de la grace du deſſin.

On ne peut pas introduire d'angle dans un corps nud, à moins qu'un muſcle ou une partie ſe trouve caché derrière un autre, parce que dans ce cas il s'y forme un angle par une eſpèce d'interſection ; mais il faut bien obſerver alors la naiſſance de ce muſcle ou de cette partie, en quoi pluſieurs peintres ont péché, faute de ſavoir l'anatomie. Ces interſections ſe font de différentes manières. Elles ont lieu dans les membres qui ſe voient en entier, lorſque l'obliquité d'un muſcle prend ſon origine dans la partie qu'on n'apperçoit pas ; & dans les raccourcis, parce qu'il arrive ſouvent qu'un muſcle eſt interrompu quand la partie charnue couvre la concave qui la lie à la partie tendineuſe ; voila pourquoi il y a tant d'interſections dans les raccourcis, parce que toutes les formes convexes cachent ou diminuent les concaves. C'eſt par cette raiſon que les peintres attentifs évitent, autant qu'il eſt poſſible, de faire des raccourcis dans les objets gracieux; & quand ils ne peuvent pas les éviter, ils en mettent alors le moins qu'il ſe peut, & ſeulement ceux qui ſont abſolument néceſſaires. Mais on les emploie avec ſuccès dans les ſujets d'un caractère auſtère & d'une grande expreſſion, auxquels on peut donner un ſtyle altéré ; & il en eſt de même lorſqu'un membre en coupe un autre, & qu'ils forment enſemble des angles. Il faut obſerver alors où ſe fait la ligne d'interſection, parce que ſi le membre qui ſe trouve caché derrière l'autre le croiſe à la naiſſance de ſa convexité, cela bleſſera la vue, à

cauſe

caufe que ces lignes paroîtront incompatibles, vu que
l'une fe montrera en-dehors & l'autre en-dedans. S'il
n'eft abfolument pas poffible d'éviter cette rencontre
de lignes, on pourra y remédier en couvrant cette
partie de quelque draperie, ou en faifant l'interfection
dans la partie la plus droite du membre qu'on veut
cacher; & fi cela ne peut pas avoir lieu, on doit tâcher que l'interfection fe faffe alors à l'endroit où la
ligne courbe eft la plus grande, afin que la même efpèce de ligne fe trouve auffi de l'autre côté.

J'ai dit que le peintre doit éviter les figures parfaitement géométriques; il faut donc qu'il obferve que, lorfqu'il fe préfente quelque forme angulaire, il ne termine
point la ligne en angle, mais en une petite portion de
cercle; puifque de cette manière on offre à la vue une
variété de formes qui conftitue la grace. Si, au contraire, il y a une forme ronde, on peut la varier en
faifant quelques rempliffages, & en rendant la ligne ondoyante. Enfin, il faut regarder comme un principe
certain, qu'aucune figure ne doit être ni parfaitement
angulaire, ni parfaitement ronde; car rien ne bleffe davantage la vue.

Ces obfervations peuvent fe faire fur les ouvrages
des maîtres qui ont eu le meilleur deffin, & fur-
tout de ceux dont le deffin eft du meilleur goût,
tels que les Caraches & quelques-uns de leurs difciples, qui, dans le cas même qu'ils euffent eu à repréfenter, par exemple, une pierre taillée fuivant
toute la rigueur de l'art, l'auroient fans doute fait avec
des angles interrompus. Dans le deffin on comprend

toute cette partie de la peinture qui sert à déterminer les formes des corps ; & quoique cette partie ne puisse pas être séparée du clair-obscur , elle s'entend néanmoins particulièrement des traits qui forment les contours ou les dernieres extrêmités que nous voyons des corps. Cette partie est composée de deux autres principales ; savoir , de la connoissance de la forme propre à l'objet , & de la manière dont on le voit. La seconde semble appartenir à l'optique , laquelle tient à la peinture par la perspective , qui est une partie de l'optique ; & la première , quant au corps humain en particulier & à celui de tous les animaux en général , dépend de l'anatomie ; & quant aux autres corps , de la connoissance de leurs formes particulières , imprimées dans la mémoire par le moyen de la géométrie.

Il faut que nous remarquions néanmoins ici , que la géométrie propre à la peinture , n'est pas tout-à-fait la même que la géométrie ordinaire ; parce que le peintre doit connoître les raisons ou les causes des formes pour les tracer à vue d'œil & avec une main sure & légère ; car il seroit inutile de savoir la géométrie comme Euclide , si l'on n'étoit pas en état de dessiner les figures sans règle & sans compas : ce qui ne s'acquiert que par une habitude de voir les objets avec beaucoup de justesse. Voila donc la base fondamentale du dessin , sans laquelle le peintre ne peut jamais exécuter ce que lui aura enseigné la théorie ; parce que devant exprimer dans la peinture les formes qu'on voit dans la nature , telles qu'elles se présentent à la vue , & que la beauté des formes dépend de ce plus ou moins qui détermine leur caractère ; ce plus ou ce moins nous donne ou nous ôte l'idée des formes. La première chose que doit donc obferver celui qui veut parvenir à un bon deffin, c'eft la forme des objets qu'il veut imiter ; & la feconde, la manière dont ces objets fe préfentent à la vue. A la forme particulière des corps appartient encore le rapport des parties, c'eft-à-dire, l'analogie qu'il y a entr'elles, à laquelle on donne communément le nom de proportion. Je formerai de ceci un chapitre particulier lorfque je parlerai des proportions du corps humain ; en remarquant feulement ici, que chaque corps entier offre un caractère général, c'eft-à-dire, que tout corps eft compofé de formes ou carrées, ou triangulaires, ou rondes ; & quoique ces formes foient infiniment variées, elles confervent néanmoins toujours le caractère que leur a imprimé la nature, & qui fert à les diftinguer. Quand on veut donc parvenir à la beauté du deffin, il faut obferver exactement les formes caractèriftiques de chaque corps, pour en donner une idée diftincte dans les ouvrages qu'on fait, fans s'arrêter aux petits détails accidentels ; mais fans négliger cependant les parties, quelques petites qu'elles foient, qui fervent à la conftruction du corps. Quand je dis petits détails, j'entends les chofes accidentelles ; comme, par exemple, fi un corps fec avoit par accident un mufcle gros ou rond, ainfi que cela peut arriver par l'ufage continuel d'une telle partie, ou par une complexion particulière, ou par l'état de fanté de l'individu, le peintre ne doit pas l'imiter ; mais il faut qu'il fuppofe que cet homme eft conftruit d'une manière uniforme dans toutes fes parties, afin de ne

pas nuire à l'idée générale qu'il veut donner au fpectateur d'un homme fec. Il en eft de même d'un fujet
robufte, fvelte, gras, jeune ou vieux ; car dans un
corps d'un caractère déterminé il y a toujours quelque
partie, quoique belle d'ailleurs, d'une forme & d'un
caractère différent du tout, ou de la majeure partie des
autres membres qui en compofent l'enfemble ; mais ce
feroit un défaut révoltant que de bleffer l'unité générale de ce corps en imitant cette efpèce d'erreur de la
nature.

Il eft de plus néceffaire de ne point altérer, par quelque motif que ce foit, ni le caractère, ni la forme,
ni la proportion que la nature a donné à un corps ou
à quelqu'une de fes parties : voila pourquoi, par exemple, il ne faut jamais donner au mufcle une forme carrée
ou ronde, parce que ce feroit changer la nature & contrevenir à fes loix immuables, en pêchant contre la
vraifemblance ; mais on peut cependant embellir une
partie, ainfi qu'alonger plus ou moins un mufcle. De
même, fi la nature a fait une chofe grande & une autre
petite, on fe gardera de les réduire à une grandeur
égale ; & bien moins encore de faire les petites grandes,
ou les grandes petites. Ce que je viens de dire de l'idée
générale & du caractère d'une figure entière, je le dis
auffi des formes carrées & des autres ; non que je prétende qu'il faille changer la forme particulière des mufcles ou des parties ; je veux feulement faire entendre que fi
le mufcle eft d'une nature ronde, il faut en faire les mé-
plats petits, ou les carrés plus angulaires que ceux de tous
les autres mufcles, fans cependant ceffer de les faire pa-

roître ronds en comparaifon des autres , qui ont une figure différente.

Pour ce qui eft des formes , il eft néceffaire auffi que le peintre confidère qu'aucun corps n'eft , pour ainfi dire , parfaitement angulaire , ni parfaitement rond, & que la variété de ces formes fait un certain effet en peinture , qui donne l'idée de mouvement , de flexibilité & de vie. Chaque ligne a en elle-même la propriété d'exprimer une qualité du corps qu'elle circonfcrit ; ainfi , par exemple , la ligne droite donne l'idée d'extention & de dureté ou roideur ; la ligne courbe , au contraire , fait naître l'idée de flexibilité ; la ligne éliptique pofée horizontalement repréfente les corps tendres & humides ; celle qui eft ondoyante , en forme d'une *S*, imprime une image · de vie ; & ainfi toutes les autres lignes ont des fignifications différentes , fuivant la manière dont elles font employées & la place qu'elles occupent.

On pourroit s'étendre beaucoup fi l'on vouloit parler de toutes les circonftances qui exigent des obfervations particulières fur chaque forme , & de tout ce qui fe préfente , à cet égatd , dans la peinture ; mais je me bornerai ici à rappeller qu'il faut éviter les raccourcis, furtout dans les objets gracieux & beaux , qui ne fouffrent aucune altération dans leurs formes ; effet ordinaire du raccourci , parce qu'un membre ou une partie quelconque vu en raccourci n'admet qu'un feul point de vue , & paroît faux ou difforme du moment qu'il n'eft plus placé dans la fituation qui lui eft convenable.

§. I I I.

Du Clair-Obscur.

LA partie de la peinture appellée clair-obscur, ou pour mieux dire, l'art de distribuer les lumières & les ombres, peut être considéré, ainsi que les autres parties de l'art, sous deux points de vue différens ; savoir, comme nécessaire & simplement vraie, & comme vraisemblable ou idéale. Mais avant de parler des règles particulières du clair-obscur, il faut que nous fassions les observations suivantes : 1°. S'il n'y avoit point de lumière, tous les objets corporels seroient ténébreux. 2°. L'air est une masse dans laquelle il se trouve mêlé des corpuscules hétérogènes. 3°. La lumière qui tombe sur un objet en réjaillit, & forme ce qu'on appelle reflets ou reverbérations ; ce qui a plus ou moins lieu, suivant que la superficie de l'objet est polie ou rude. 4°. Tous les corps convexes réfléchissent les rayons de la lumière, suivant leur plus ou moins de courbure, comme si les reflets partoient du point central de convexité ; tandis que les concaves les unissent à l'endroit où seroit le centre de leur courbure. 5°. On ne voit la lumière sur un corps poli & plane, qu'à l'endroit où se forme un angle égal à la ligne du rayon visuel de celui qui regarde ce corps. 6°. Dans les corps rudes & bruts, dont la surface est grossière & poreuse, chaque particule est plus ou moins reluifante, & la lumière femble s'en dilater davantage, parce que les rayons en réflechiffent de toutes les parties de la fuperficie ; mais leur petiteffe fait qu'ils fe perdent, pour ainfi dire, dans le vague de l'air, & forment une lumière fpacieufe, mais foible.

C'eft la partie du clair - obfcur qui, lorfqu'elle eft bien traitée, produit le plus brillant effet dans la peinture. C'eft elle qui rend les formes plus diftinctes ; car le contour n'eft qu'une efpèce de fection particulière des corps ; & l'on fait qu'un globe fans lumière & fans ombre fait le même effet qu'un fimple difque.

C'eft donc le clair-obfcur qui, après la perfpective linéaire, contribue à faire paroître, fur une furface plane, les objets en relief & d'une forme variée & diftincte. La perfpective aërienne tient auffi au clair-obfcur ; & il eft néceffaire de faire remarquer ici qu'il n'y a, pour ainfi dire, point d'angle parfait dans la nature, & que les angles n'y font que deux petites courbes qui fe terminent en deux lignes divergentes. Il faut donc que le peintre qui entend bien le clair-obfcur évite les angles géométriques, qui le forceroient à être dur. Ces angles ne peuvent convenir qu'à quelques contours fort éclairés ; on ne doit donc pas les faire d'une manière décidée, ni d'un ton véritablement lumineux, mais en demi-teinte ; parce qu'il eft impoffible que la lumière qui tombe fur l'angle d'un corps puiffe réfléchir par angle égal vers nos yeux de la dernière extrémité du contour ; car fi la lumière pouvoit produire cet effet, l'objet entier nous paroîtroit obfcur, avec une très-foible lumière fur le contour : ce qui ne peut pas être ; mais en fuppofant que cela pourroit avoir lieu, l'objet ne fauroit plus alors faire plaifir à la vue, à caufe que toute la clarté en feroit détruite.

Nous devons remarquer auffi que les corps dont quelque partie ou le fond même de la fuperficie eft poli, réfléchiffent en partie les rayons qui y tombent, & jetent dans l'air ambiant qui les environne une nouvelle lumière, impregnée d'une teinte de la couleur locale de ces objets. J'ai cru devoir faire ces obfervations, afin qu'on comprit mieux de quelle importance il eft que les contours foient doux & fuaves ; & que fi dans la nature on en voit qui paroiffent tranchans, cela provient de ce qu'un corps éclairé fe diftingue infiniment d'un autre corps qui ne l'eft pas, & de ce qu'il y a alors entr'eux ou une véritable lumière, ou une véritable obfcurité ; ce qui ne peut pas avoir lieu dans la peinture, ainfi que nous l'avons déja remarqué plus haut.

En comparant la lumière du contour d'une figure avec celle qui fe trouve fur le relief du milieu, qui eft le plus proche de notre œil, on y trouvera toujours deux ou trois degrés de différence. Le peintre doit donc en agir de même, & dégrader d'un tiers la couleur locale du contour, afin de foutenir le relief Quelques grands maîtres, pour obtenir à-la-fois ces deux effets, ont obfervé la jufte dégradation fur l'objet principal & éclairé, & lui ont fuppofé pour fond un objet obfcur & fombre par fa nature. C'eft fuivant ces principes, par exemple, que le Corrége a fouvent opéré. Quand on veut donc produire, en peinture ou dans le deffin, l'effet d'un relief véritable, on doit premièrement examiner

quelle

quelle eſt la force qu'on peut donner à la forme & à l'attitude de l'objet qu'on veut repréſenter, pour conſidérer quelle direction prendra le rayon de lumière relativement à la ligne horizontale que l'œil forme avec l'objet. Ces obſervations ſerviront à faire comprendre les effets de la lumière ſur les corps réels, ainſi qu'à ſe former une idée des objets que l'on ne voit pas. On doit remarquer enſuite de quelle manière on placera un objet, ſoit plane ou rond, pour qu'il reçoive la lumière & puiſſe la réflechir vers l'œil avec un angle égal. Voila les conſidérations qu'il faut faire ſur le contour & le relief des corps.

Les lumières, ou plutôt les corps lumineux dont on fait uſage dans la peinture ſont de trois eſpèces ; ſavoir, le ſoleil, le feu & l'air. C'eſt de cette dernière lumière dont on ſe ſert communément dans la peinture, & on l'emploie de deux manières différentes ; ſavoir, *ferrée* & *ouverte* *. La lumière ſerrée doit être conſidérée comme un nouveau corps lumineux de la grandeur de l'ouverture ou de la fenêtre par laquelle tombe cette lumière, & comme ſi elle n'étoit éloignée qu'à cette même diſtance. Cette lumière peut être regardée comme une eſpèce de lumière de reflet ; car quoique le ſoleil ſe trouve lui-même du côté oppoſé, hors de la fenêtre, une partie de ſa

---

* Michel-Ange, ſombre & auſtère dans ſa manière, s'eſt ordinairement ſervi de la lumière *ferrée* ; tandis que le Guide, qui aima toujours le plaiſir, a choiſi la lumière *ouverte*. *Note du Traducteur.*

lumière, parfaite & invariable, entre néanmoins dans l'appartement ; voilà pourquoi le peintre doit choifir pour fon travail le jour qui vient du nord. La lumière ouverte de l'air, fans foleil, fe communique auffi de deux manières différentes : l'une quand le foleil eft couvert de nuages & que fa lumière, y perçant au travers, forme une clarté foible, mais qui vient cependant du côté où eft le foleil ; l'autre lorfque le ciel eft ferein, & que les objets qui font dans l'ombre font éclairés par l'air ambiant ; ce qui fait que la lumière paroît y tomber verticalement. Quand un objet fort éloigné en empéche un autre de recevoir les rayons du foleil, la lumière qui éclaire ce dernier objet reffemble alors à celle d'un ciel couvert de nuages.

Il eft, pour ainfi dire, inutile de parler de la lumière du foleil à découvert, parce qu'il n'eft pas poffible de la bien imiter. Je remarquerai feulement que la lumière du foleil n'admet point d'autre dégradation que celle de la pofition du corps qui la reçoit. La lumière du feu eft foumife aux mêmes règles que la lumière ferrée, & l'on doit toujours calculer fa force d'après fa grandeur. C'eft la lumière de l'air ouvert qui eft la moins favorable pour le peintre, parce que toute la maffe de l'air fe trouve également éclairée. Les ombres fe perdent quand le corps lumineux eft petit, c'eft-à-dire, lorfqu'il eft moins grand que l'objet éclairé, dont la majeure partie fe trouve privée de lumière ; & la projection des ombres qu'il produit fur d'autres objets, eft d'autant plus grande que ces objets font plus éloignés de celui qui les occafionne. Les ombres des corps qui reçoivent la lumière par une fenêtre plus grande que ces corps, se resserrent & se perdent plus ou moins promptement, suivant la grandeur de la lumière. Les corps qui sont exposés à la lumière ouverte, sans soleil, ont à peine des ombres, & ne privent que foiblement de la lumière les objets qui sont près d'eux, parce que toute la masse de l'air se trouve également impregnée de lumière. La lumière du soleil est d'une force égale dans toutes ses parties, & la projection des ombres suit la direction du corps qui les produit. Il est essentiel de remarquer aussi que les ombres ne sont jamais tout-à-fait privées de lumière, & qu'elles ne sont obscures qu'en comparaison d'autres lumières plus fortes. Les rayons qui frappent nos yeux par la réflexion d'un corps éclairé, les éblouissent de manière que nous confondons les objets qui sont éclairés d'une foible lumière. Lorsque le degré de lumière que nous appellons ombre, pour le distinguer d'une lumière plus vive, est universel, comme quand des nuages cachent entièrement le soleil, nous voyons d'une manière claire & distincte ces mêmes objets qui nous paroissoient dans l'ombre, parce qu'il n'y a plus cette lumière qui éblouissoit la vue. La même chose arrive lorsqu'on garantit l'œil avec la main contre la lumière, pour mieux discerner les objets; ainsi que nous voyons plus distinctement les objets peu éclairés lorsque nous en approchons davantage, parce qu'il se trouve alors, entre l'œil & l'objet, une moindre quantité de lumière, & que par conséquent la vue est moins éblouie. Ainsi le peintre doit en conclure que les objets qui se trouvent près de l'œil doivent se distinguer même dans l'ombre ; & qu'il ne faut par conséquent pas qu'il en fasse les ombres aussi obscures que celles des objets placés à une grande diſtance , & qui ſe confondent dans une couleur vague , par un mélange de lumière & d'obſcurité , tirant ſur le bleuâtre , à cauſe des corpuſcules éclairés qui circulent dans l'air entre l'œil & l'endroit obſcur. Enfin , il faut qu'il obſerve les loix de la perſpective aërienne , qui a ſes principes fixes comme la perſpective linéaire , relativement à la dégradation de la force du clair-obſcur. Suppoſons, par exemple , pluſieurs plans carrés , chacun d'un palme , diſpoſés en perſpective, & qu'il y ait une figure ſur le premier, ſur le ſecond , ſur le troiſième de ces plans , & ainſi de ſuite ; je dis que , ſi par la proximité de diſtance, la ſeconde figure ne diminue que d'un tiers de la grandeur de la première , la troiſième ne perdra qu'un quart de la grandeur de la ſeconde , & toutes les autres ſuivantes varieront toujours moins entr'elles , à raiſon de leur plus grand éloignement de l'œil du ſpectateur. La même choſe a donc lieu dans la perſpective aërienne ; parce que , s'il y a un degré de différence de la première à la ſeconde figure , il y en aura moins de la ſeconde à la troiſième ; & cette différence ira toujours en diminuant , ainſi qu'on peut l'obſerver par les montagnes & par les villes qu'on voit dans l'éloignement. Une maiſon qui ſe trouve proche de nous diffère infiniment en grandeur & en force de clair-obſcur d'une autre toute ſemblable vue à une lieue de diſtance ; mais ſi l'on voit une ville dans l'éloignement de quinze lieues , la maiſon qui ſe trouvera à une lieue plus endelà , n'offrira , pour ainſi dire , aucune différence d'une autre pareille qui ſera ſituée dans la ville. Il en eſt de même des montagnes qu'on voit à une grande diſtance.

Je crois qu'il n'eſt pas néceſſaire de donner de cela une démonſtration ſcientifique , puiſque l'expérience ſeule ſuffit pour prouver clairement cette vérité. La même dé‑gradation ſubſiſte dans la lumière. S'il y a , par exem‑ple , un degré de différence du premier au ſecond objet ; il y en aura beaucoup moins , à diſtance égale , du ſe‑cond au troiſième , & bien moins encore du quatrième au cinquième. La dégradation ſera plus ou moins ſenſible , ſelon que le corps lumineux ſera à une diſtance plus ou moins grande. S'il eſt proche de l'objet la dégradation ſera forte , parce que les premiers objets recevront une plus grande quantité de rayons de lumière que les ſeconds , & par conſéquent que les autres ſuivans ; à cauſe que plus les lignes des rayons s'éloignent du point de vue , plus elles deviennent égales & forment moins des angles ; & lorſque le corps lumineux eſt fort éloigné , comme le ſoleil , les rayons ſont alors , pour ainſi dire , parallèles entr'eux , & leur différence eſt ſi foible dans toute l'étendue du monde éclairé , en un même tems donné , qu'elle devient imperceptible à nos yeux.

Il y a deux cauſes générales par leſquelles la lumière la plus vive s'affoiblit & perd plus ou moins de ſon in‑tenſité : la première , c'eſt la diſtance des corps lumineux , & l'autre l'éloignement dans lequel nous voyons les ob‑jets. Lorſque ces deux cauſes ſe réuniſſent enſemble , le clair-obſcur de l'objet qu'on veut repréſenter eſt alors très-foible ; tandis que , ſi la lumière eſt éloignée & l'œil près de l'objet , la clarté générale en ſera , à la vérité , très-foible , mais la ſuperficie en ſera vive & bien déter‑minée ; parce que nos yeux étant proche de l'objet , nous en voyons d'une *manière déterminée* les points fur lefquels fe répand la lumière. Mais lorfqu'un objet eft proche de la lumière & éloigné de l'œil , la lumière générale en fera forte , mais fa force fera répandue d'une manière vague dans la maffe de la clarté ; à caufe que cette lumière étant comme un feul point dans la diftance devient infiniment petite , & fe perd dans l'efpace de l'air avant qu'elle vienne à frapper notre vue. Il en eft de même des ombres : celles des corps qui font proches de notre vue doivent être plus claires , & les corps paroîtront plus obfcurs ; & dans les endroits où la lumière ne peut pas pénétrer , les ombres feront plus fortes & plus décidées. Au contraire, les ombres générales des objets éloignés de la vue doivent être plus profondes ; mais les endroits les plus petits & les plus fortement ombrées doivent fe confondre dans la maffe générale d'ombre , jufqu'à ce que l'interpofition d'une certaine quantité d'air affoibliffe l'obfcurité des ombres , & rende indécife enfin jufqu'à la couleur locale même des objets.

Il faut obferver auffi que le clair-obfcur eft la partie de la peinture par laquelle on décide les formes , & qui fert à détacher les objets d'une furface plane , & à leur donner du relief. Les corps ne peuvent avoir que trois efpèces de formes , qui font compofées d'une fuperficie droite, ou d'une courbe , ou d'une mixte. Il n'y a qu'une efpèce de fuperficie droite , mais il y en a deux efpèces de courbes , la concave & la convexe ; & ce font les mixtes qui font les plus variées. Or , comme la partie des lumières & des ombres fert à développer les formes, il faut avoir foin que les courbes n'aient point d'angle ,

c'eft-à-dire, aucune diverfité dans le degré de réflexion. Pour bien rendre ces formes par le clair-obfcur,
on doit donc obferver que depuis le foyer de lumière
jufqu'à la demi-teinte, & de la demi-teinte jufqu'à l'ombre, ainfi que de l'ombre jufqu'au reflet, il ne doit pas
y avoir de diverfité totale de teinte ; mais qu'une dégradation imperceptible doit toujours, plus ou moins,
précéder ce changement de ton, fuivant la nature de la
courbe qu'on repréfente. Les corps angulaires, ou compofés de lignes droites, ce qui eft la même chofe, doivent avoir le clair-obfcur de teintes interrompues, fuivant
leur forme, dont la fuperficie change continuellement de
direction. Les corps mixtes doivent, par ces mémes raifons,
avoir un clair-obfcur de teintes mixtes.

---

§. I V.

Du Coloris.

L E coloris eft cette partie de la peinture qui fert non-
feulement à repréfenter les fimples apparences générales
des objets colorés, mais encore à faire connoître au fpectateur leurs qualités particulières, telles, par exemple, que
la dureté, la porofité, l'humidité, la féchereffe, ainfi
que toutes les qualités mixtes. Les matériaux propres à
cette opération font les cinq couleurs dont nous avons
parlé plus haut ; favoir, le blanc, le jaune, le rouge,
le bleu & le noir. Les couleurs fecondaires, ou les premières teintes, compofées du mêlange de ces couleurs

franches , font l'orangé , le verd , le violet , le gris cendré & le gris brun. Toutes ces couleurs fe forment de deux couleurs parfaites , mêlées enfemble ; mais fi on les rompt par une troifième , elles perdent toute leur beauté.

La nature nous donne deux efpèces de couleurs ; favoir , les obfcures tranfparentes , & les diaphanes claires. Il y a auffi des couleurs opaquement obfcures , comme la laque , l'azur , le noir d'ivoire , & autres femblables ; mais elles ne peuvent pas atteindre à cette opacité que l'on obtient par les couleurs tranfparentes. La différence qu'il y a entre un corps tranfparent & un opaque , confifte en ce que les rayons de lumière pénètrent dans le corps tranfparent & y paffent même au travers ; au lieu qu'ils s'arrêtent fur la fuperficie des corps opaques & en réfléchiffent. Les corps mixtes , dont quelques parties font diaphanes & d'autres opaques , reçoivent de même les rayons de lumière , dont une partie refte fur la fuperficie , & dont l'autre partie y entre , & impregne le corps entier de lumière qui y produit alors différentes couleurs , felon qu'elle y forme des angles répétés des rayons de lumière. Là où la fuperficie n'eft qu'imparfaitement éclairée , on voit au travers de fa tranfparence les parties internes qui ne peuvent pas réfléchir la lumière vers nos yeux ; ce qui fait qu'elles paroiffent opaques ; tandis que là où la fuperficie ne retient point les rayons de lumière , nous y voyons au travers la lumière qui eft répandue dans l'intérieur du corps : effet qui augmente la vivacité des couleurs.

La même chofe arrive dans la peinture , quand on paffe

légèrement

légèrement une couleur claire par-deffus une couleur obfcure : elle la ternit & la rend grife ; tandis qu'en mettant une
couleur obfcure par-deffus une couleur claire , on obtient,
au contraire , une plus grande vivacité. Voilà pourquoi
un corps à moitié diaphane ne préfente jamais une couleur pure dans fes parties éclairées , mais bien dans les
endroits où elle eft pénétrée de rayons de lumière , fans
que la fuperficie en foit éclairée. Il eft donc à obferver
que , pour faire des carnations délicates , il faut employer
beaucoup de teintes rompues , & qu'on ne doit fe fervir
de couleurs franches que dans les endroits où la peau
eft tirée fur les os ; parce que ces corps étant blancs par
eux-mêmes , & la peau tranfparente , la lumière paffe au
travers , pour être reçue par le corps qui fe trouve deffous. Lorfque la lumière eft fort vive dans les endroits
où il y a deffous la peau une fubftance graffe & ferme ,
elle y occafionne encore des teintes , pour ainfi dire ,
pures , qui ont plus ou moins un œil verdâtre , felon
que la graiffe eft humide dans les endroits où la peau
blanche y eft tendue par-deffus. Là où il y a beaucoup
d'humidité , les teintes font bleuâtres ; & la même chofe
a lieu par-tout où le fang eft couvert d'une peau blanche
affez épaiffe pour empêcher que la lumière ne paffe au
travers en affez grande quantité pour faire paroître rouge
la matière qui compofe le fang , qui alors opère le même
effet qu'un corps noir ; de forte que le blanc qui la
couvre n'étant pas parfaitement compacte , doit paroître
bleuâtre. Mais quand le fang n'eft enveloppé que d'une pel-
licule tranfparente , il paroit rouge dans la fuperficie ;
& là où la peau eft entrecoupée, dans fa furface, de petites

veines, où paſſe par-deſſus des endroits humides, il oc-caſionne une couleur pourprée ou violette.

De ce que je viens de dire, on peut conclure, je penſe, quelles ſont les cauſes qui donnent au corps humain ſes diverſes teintes, & comment il faut employer cette variété qui ſert à faire connoître la qualité propre à chaque partie. Nous devons donc avoir ſoin de remarquer, en général, que lorſque la ſuperficie eſt, par ſa nature, plus claire que le corps qu'elle couvre, elle paroît toujours comme mêlangée de particules d'ombres, c'eſt-à-dire, de petites taches noires. Tandis que ſi cette ſuperficie eſt, au contraire, de ſa nature, d'une teinte plus obſcure que le corps qui s'y trouve deſſous, les teintes en ſont alors plus pures & plus tranſparentes, qu'elles ne le ſeroient s'il s'y trouvoit deſſous un corps également obſcur. Les chairs dont la peau eſt plus groſſière, doivent être moins variées, parce qu'elles forment un corps plus compacte; tandis que la peau qui couvre parfaitement la chair, ou l'os qui eſt deſſous, doit être fort tranſparente.

J'ai promis, à l'article du clair-obſcur, d'enſeigner, le moyen de donner un plus grand degré de vérité à l'ombre, qu'on ne le fait ordinairement; je vais donc parler ici, ſuivant la même méthode, de la nature & des couleurs des corps éclairées. La lumière eſt une de ces choſes dont la nature eſt couverte du même voile qui cache aux yeux de l'homme la connoiſſance des premiers principes. Nous nous bornerons donc à parler de ſes effets, autant que l'expérience nous permet d'en juger. Il eſt vraiſemblable que la lumière n'eſt par elle-même douée d'aucune couleur ; mais comme elle vient à nous en traverſant des matières intermédiaires , elle ſe teint ou ſe colore par le moyen de la réfraction qu'elle fait d'un corps à l'autre , juſqu'à ce qu'elle parvienne à nos yeux. Si le *medium* au travers duquel elle paſſe , ou qui l'entoure , & avec qui elle eſt mêlée , eſt ſubtil & peu chargé de parties hétérogènes , la lumière ſera plus claire , & d'une teinte moins forte ; elle ſera auſſi alors imprégnée davantage du premier degré des couleurs , qui eſt le jaune , & même en aſſez grande quantité du ſecond degré des couleurs , ſavoir , l'orangé. Enſuite elle prend le rouge , & enfin le bleu , puis elle ſe perd dans les ténèbres. Voila donc ce qui produit les différentes couleurs des corps éclairés. Ces couleurs , tant naturelles qu'artificielles , communiquent leurs teintes aux corps qu'elles éclairent ; plus les rayons de cette lumière ſe réfléchiſſent de fois , plus ils éprouvent de réfraction , & plus auſſi leurs couleurs prennent de vigueur. C'eſt l'air qui le premier reçoit la lumière , & qui , par conſéquent , doit néceſſairement être imprégné de ſa couleur ; & plus l'air eſt épais , plus il eſt chargé de couleur. Le peintre qui obſervera bien ce que je viens de dire , en pourra tirer une grande utilité pour l'accord de ſes ouvrages , parce qu'il ſuppoſera une teinte univerſelle , qui ſe mêlera plus ou moins avec toutes ſes couleurs , ſelon la quantité de cet air coloré qu'il croira néceſſaire de ſuppoſer entre les objets. Il faut qu'il obſerve auſſi que les réflets ne portent pas ſeulement avec eux la couleur du corps éclairé dont ils partent , mais encore une partie des couleurs dont ſe trouve imprégnée la lumière : ce qui

N n ij

fert beaucoup à l'accord général du tableau, & en particulier à la difpofition des couleurs des draperies, dont nous parlerons dans la fuite.

Il y a deux chofes qui nous font appercevoir les couleurs des corps; mais fans examiner pour le moment fi les objets font colorés par la nature, ou fi les couleurs réfultent des formes fur lefquelles les rayons de la lumière produifent cet effet, nous remarquerons qu'il faut que le peintre confidère chaque objet comme s'il étoit naturellement doué par lui-même des couleurs qu'il offre à la vue. Ce qui fait que ces couleurs font vifibles, c'eft que les objets reçoivent la lumière; c'eft-à-dire, que ces objets font difpofés de manière que les rayons de la lumière viennent frapper fur leur fuperficie; & plus ces rayons tombent perpendiculairement, plus les objets en reçoivent de lumière; ce qui vient de ce que les objets font alors placés de manière que la lumière qui y tombe, peut réfléchir vers nos yeux à angle égal. Le corps qui reçoit la lumière forme un miroir lumineux, & c'eft de l'endroit où la lumière nous paroît la plus forte qu'il part le plus de rayons, qui font teints d'une couleur pareille à celle du corps éclairé. Si le corps qui reçoit la lumière eft diaphane & d'une fuperficie unie, on n'y voit la lumière réfléchie que d'un feul point; mais fi ce corps eft opaque & poreux, la lumière en fera répandue fur toute la furface, par les raifons expliquées à l'article du clair-obfcur. Dans le cas de cette porofité, la lumière fe réfléchit d'une particule du corps vers l'autre; voilà pourquoi nous appercevons alors davantage la couleur locale de ce corps, que celle de la lumière. Là où le rayon forme un petit angle fur l'objet, une partie de la couleur locale de ce corps s'y perd, & il s'y forme une teinte compofée de l'ombre & de la couleur du corps. Enfin, lorfque les rayons de lumière gliffent tout-à-fait le long d'un objet, fans pouvoir le frapper, cet objet refte parfaitement obfcur, à moins qu'il ne foit éclairé par la lumière répandue dans l'air ambiant, ou qu'il ne reçoive par reflets la lumière d'un autre corps. Cette lumière reflétée fera teinte, ou de la couleur locale du corps lumineux, ou de celle du corps qui occafionne ce reflet, mêlée avec fa propre couleur & avec celle de la lumière. Les plus fortes ombres doivent être de la couleur de la teinte de l'harmonie générale, parce qu'on fuppofe que l'air en eft déja coloré ; ce qui s'entend de même de toutes les draperies, ainfi que de tous les autres corps. Quand on voudra donc bien rendre les lumières des corps telles qu'elles font en effet, particulièrement celles des chairs, on doit employer les couleurs opaques, & bien empâter fon ouvrage, afin qu'il devienne un corps propre à recevoir la lumière & à la réfléchir en grande abondance vers les yeux.

J'ai difpofé les couleurs dans le même ordre que la lumière nous les préfente, en paffant du blanc au jaune, au rouge, au bleu, & enfin au noir. Les objets qui font donc de nature à recevoir l'apparence du blanc ou du jaune, doivent néceffairement avoir en eux des parties éclairées, ou propres à réfléchir les rayons de lumière vers nos yeux ; & cela ne peut avoir lieu que par le moyen d'une quantité de particules opaques, compofées, hétérogènes, fans interftices fuivies, & par conféquent privées de toute efpèce de tranfparence. Voilà pourquoi nous voyons qu'un verre qui eft tranfparent, à caufe de l'uniformité de fes parties, ne l'eft plus du moment qu'il a été caffé & réduit en poudre, & paroît alors blanchâtre, jufqu'à ce qu'on mêle avec fes particules un corps actuellement diaphane, telle que l'huile; ce qui lui rend une partie de fa première tranfparence, pour autant que l'huile qui s'introduit & s'infinue parfaitement entre ces particules, eft une matière uniforme & tranfparente. Voilà auffi pourquoi l'huile donne, en général, une certaine tranfparence aux couleurs, à caufe qu'elle eft un corps humide qui s'infinue & s'épaiffit fans s'évaporer, & laiffe les couleurs imprégnées de fes particules.

Un corps eft appellé diaphane, lorfque la lumière y paffe au travers, fans s'arrêter fur fa fuperficie. On donne le nom de couleurs moëlleufes à celles qui, par leur nature, font poreufes, & dont les particules étant fort petites admettent beaucoup d'huile; il faut par conféquent une grande quantité de ces couleurs pour produire le même effet qui réfulte d'une bien moindre quantité de ce qu'on appelle couleurs opaques, qui font d'une nature plus compacte ou plus denfe, de forte qu'il ne s'y mêle pas autant d'huile qu'avec les premières; & la lumière qui tombe fur de femblables couleurs fe réfléchit vers nos yeux. On peut facilement inférer de-là en quoi confifte la tranfparence des couleurs, & que l'ufage de beaucoup d'huile ne peut qu'être préjudiciable, parce qu'après un certain laps de tems, l'huile s'évapore, fe defsèche, & laiffe paroître les couleurs qui s'y trouvoient deffous couvertes de l'épaiffeur de l'huile. Cela a particulièrement lieu lorfqu'on s'eft fervi de couleurs légères & moëlleufes en commençant un ouvrage : ce qui a caufé la perte d'une infinité de beaux tableaux, ainfi qu'on le voit par ceux de l'école de Venife, la première qui ait introduit la manière de peindre avec un pinceau fort gras d'huile. Le Tintoret a fur-tout eu ce défaut, qui fe remarque auffi dans quelques magnifiques ouvrages des Carraches. C'eft pourquoi je confeille aux peintres d'employer de la toile fort claire, afin d'éviter que leurs productions ne deviennent noires. C'eft le procédé qu'ont fuivi le Titien, Rubens & Van-Dyk, qui ont toujours couché fort légèrement leurs couleurs, en fe fervant de toiles fort claires ; ce qui fait que leurs ouvrages fe font bien confervés, & font peut-être même devenus plus brillans qu'ils ne l'étoient lorfqu'ils font fortis des mains de ces maîtres.

Il faut donc empâter fortement, en employant des couleurs épaiffes & peu d'huile, pour faire le couler avec franchife, en fuivant la trace des différentes formes de l'ouvrage ; procédé qu'il faut auffi obferver en finiffant enfuite le tableau ; car c'eft en difpofant la première couche qu'on doit fonger aux principales maffes, ainfi qu'à l'enfemble de l'ouvrage ; afin qu'en y mettant la dernière main, on puiffe porter plus d'attention à chaque partie en particulier ; en obfervant néanmoins toujours, en commençant l'ouvrage, de maintenir, autant qu'il eft poffible, les teintes indécifes, tendres & amies, c'eft-

à-dire, d'un ton égal, afin de pouvoir donner, quand
on le jugera à propos, plus de vigueur aux couleurs qu'on voudra faire paroître plus brillantes que
les autres; car en fuivant une méthode contraire, on
court rifque de tomber dans un ftyle dur & crud.
En finiffant l'ouvrage, on pourra fe fervir de couleurs
moëlleufes, pour faire quelques légères corrections,
& pour glacer les ombres des objets les plus voifins de
la vue; ce qui contribuera beaucoup à donner une grande
vérité aux ombres, à caufe que les couleurs tranfparentes laiffent paffer les rayons de la lumière, de forte
qu'ils ne s'arrêtent pas fur la furperficie & ne réfléchiffent point vers les yeux; ce qui fait que ces endroits
ne paroiffent pas éclairés, mais repréfentent des ombres
véritables. De cette manière on pourra diftinguer entr'elles
deux ombres qui fe trouvent à une différente diftance,
quoiqu'elles foient d'ailleurs d'un même degré d'obfcurité,
en faifant celle qui doit paroître la plus proche de la
vue avec des couleurs moëlleufes & tranfparentes, &
celle qui en eft la plus éloignée avec des couleurs
épaiffes & opaques, qui, en recevant la lumière, font
l'effet de l'air intermédiaire. Il faut que j'avertiffe encore
ici qu'on ne doit pas employer des couleurs moëlleufes
pour repréfenter généralement toutes les efpèces de
corps, puifque ceux qui, par leur nature, font opaques,
ne demandent pas à être rendues diaphanes.

Il nous refte encore à parler de chaque couleur en
particulier, c'eft-à-dire, de l'altération que les couleurs
fubiffent par l'effet du clair - obfcur. Je commencerai
donc par le blanc. Le blanc conferve fa teinte dans la
lumière;

lumière; car la lumière colore le blanc qu'on emploie dans un tableau de la même manière qu'elle colore le blanc de l'objet ou de la draperie même. La feconde teinte doit avoir un foible œil bleuâtre, pour faire paroître la lumière colorée par le corps éclairé. Dans la troifième teinte on mettra du gris foiblement colorié de la couleur de l'accord général, en l'obfcurcilfant, à proportion*, dans les ombres; mais les reflets doivent être du même ton de couleur de la double teinte; favoir, de la lumière du jour & de celle des reflets. On cherchera donc à éviter de ne point être obligé de faire l'ombre d'une draperie blanche plus obfcure que celle d'une autre couleur locale naturellement plus fombre. Voilà ce qu'il y a à obferver en général; mais il y a des occafions où il eft abfolument impoffible de ne pas contrevenir à cette règle. Ce que je viens de dire des draperies doit s'appliquer auffi aux chairs blanches, dans lefquelles il faut pareillement maintenir les ombres claires & brillantes; & comme le blanc exclut également les trois couleurs franches, favoir, le jaune, le rouge, & le bleu, fes ombres doivent conferver auffi le même caractère, fans prendre la moindre teinte d'aucune de ces couleurs, fi ce n'eft à caufe de la raifon évidente de quelque reflet. Ceci eft une règle commune pour tous les objets qu'on repréfente, qui doivent conferver, chacune en particulier & par foi, dans leurs ombres, le même caractère qu'ils ont dans les endroits éclairés.

Le jaune eft la couleur la plus claire après le blanc. Le jaune pur eft celui qui ne tire ni fur l'orangé, ni fur le verd. Cette couleur perd une grande partie de fa beauté du moment qu'elle n'eſt pas aſſez éclairée, à cauſe qu'elle eſt naturellement claire par elle-même; tandis qu'elle devient, au contraire, plus vive & plus brillante par les reflets de fa propre teinte; vu qu'elle reçoit volontiers la lumière, & qu'elle la réfléchit fortement; à cauſe que la lumière tient plus ou moins de cette couleur, qui devient plus forte encore dans ſes reflets.

Le rouge eſt la couleur la plus vive, & tient le milieu de toutes les couleurs en général. Le rouge le plus parfait eſt celui qui eſt également éloigné de l'orangé & du violet. Cette couleur ſe dégrade promptement, tant dans les clairs que dans les ombres; mais étant mêlée avec une lumière jaune, elle la reçoit facilement. Le rouge eſt auſſi la couleur qui forme le plus miroir, & qui renvoie la lumière avec le plus de force pendant le jour; mais la nuit, ſes ombres deviennent fort profondes, & ne reçoivent que difficilement les reflets des autres couleurs, pour les raiſons que je déduirai plus bas.

Le bleu, qui eſt la troiſième couleur, eſt, pour ainſi dire, le dernier degré de la lumière, à cauſe qu'il approche des ténèbres. Ses clairs ſont ordinairement dégradés par la couleur de la lumière. Les reflets qu'il reçoit de fa propre matière ſont plus beaux que ſes clairs, parce qu'ils deviennent plus agréables par la foible teinte de jaune de la lumière qui s'y trouve mêlée. Ses ombres ſont plus fortes, mais elles ſe dégradent facilement, & reçoivent volontiers les reflets des autres couleurs; mais ne les renvoient pas avec la même facilité vers les autres corps, à moins que la lumière ne foit très-vive.

Le noir tient, dans la peinture, lieu de ténèbres ; mais cette couleur prend facilement celle de la lumière quand elle en eft frappée, & dans fes ombres mêmes elle reçoit aifément les reflets des autres couleurs.

---

§. V.

De l'Harmonie.

L'EMPLOI des couleurs dont nous venons de parler, forme la partie de la peinture à laquelle on donne communément le nom d'harmonie, quoique fort improprement felon moi. L'harmonie appartient aux chofes qui ont une mefure, foit de tems, de quantité, d'extention, ou d'une dimenfion quelconque, qui puiffe former rapport d'une partie avec une autre *. Pour

---

* Sans vouloir combattre ouvertement cette opinion de M. Mengs, j'ofe croire cependant qu'il y a une vraie harmonie de couleurs. Un rayon de lumière peut caufer aux nerfs optiques une fenfation forte ou foible ; tandis qu'un autre rayon fera, pendant ce même tems, une fenfation différente, qui fervira à tempérer & à adoucir la première ; de forte que l'une de ces deux fenfations fera défagréable par elle-même, en occafionnant à nos organes une vibration plus ou moins forte qu'il ne le faut ; au lieu qu'unies enfemble elles produiront un fentiment agréable, en corrigeant l'une la trop grande force de l'autre ; qui, à fon tour, fervira à rémédier à la

trouver donc l'harmonie des couleurs, il faudroit dabord
déterminer la valeur de chaque couleur, & le défigner par un nombre ; opération qui feroit fort abftraite
& , pour ainfi dire , impoffible, puifqu'en fuppofant
qu'on voulût marquer par des nombres les degrés des
angles de réfraction que le rayon de lumière forme dans
le prifme , cela demanderoit de grandes études , & dé-
roberoit au peintre un tems précieux pour une fcience
qui lui eft inutile. Il faut donc que le peintre obferve
que ce qu'on appelle harmonie ne l'eft pas à proprement
parler , & qu'on ne fe fert de cette métaphore dans
l'art, que pour défigner ce que les Italiens appellent
accord (*accordo*), qui, dans la peinture, produit le
même effet que l'harmonie dans la mufique. En con-
venant que l'harmonie affe dans la mufique l'effet
qu'on lui attribue généralement ; la douceur & la force
des couleurs dépendront donc auffi de l'effet qu'ils font fur
nos yeux ou fur nos nerfs optiques. Les couleurs vives
& claires ont plus de force que les couleurs mattes
& obfcures , à caufe que les rayons qu'elles réfléchiffent vers nos yeux , font à-peu-près le même
effet que pourroit produire le jour qui y tomberoit directement , & qui rempliroit de lumière tout l'intérieur
de l'œil ; ce qui, par fa trop grande force, y occafion-
neroit une fenfation douloureufe. On n'a pas le même in-

---

foibleffe de la première ; de la même manière que deux fons op-
pofés dans une certaine proportion, produifent pour l'oreille cet
accord agréable auquel on a donné , à jufte titre, le nom d' *kar-
monie.*

convénient à craindre des couleurs obfcures , parce qu'elles ne renvoient pas les rayons de lumière avec la même force. Comme les couleurs claires font celles qui produifent la plus forte impreffion fur les organes de la vue, on doit les employer dans les endroits où l'on veut que l'œil du fpectateur fe porte & s'arrête le plus , afin qu'il reconnoiffe que c'eft-là la partie que l'artifte a voulu indiquer comme la principale & la plus intéreffante. Si la fenfation qu'on veut produire doit être douce , comme dans les fujets gracieux , il eft néceffaire de maintenir , le plus qu'il eft poffible, la vue du fpectateur dans cette fenfation, pour ne la lui faire perdre qu'infenfiblement ; c'eft-à-dire, que du clair il faut le conduire à des demi-teintes, & non à l'ombre; & de même de cette première ombre, par degrés à des ombres plus fortes , fans paffer tout-à-coup de l'obfcurité aux plus grandes ténèbres. Si, au contraire, le fujet eft terrible & demande une expreffion forte, les effets du tableau doivent être analogues à ce caractère , & l'on eft obligé d'opérer en raifon inverfe de la manière précédente.

Les couleurs pures & brillantes qui ont plus de force que les mattes , doivent être employées dans les endroits les plus remarquables du tableau , & il faut en faire plus ou moins ufage, felon que le fujet eft gai ou trifte, gracieux ou fombre. Toutes les couleurs peuvent être rompues par le blanc & par le noir, en les plaçant de manière qu'il en refte peu de parties éclairées , à caufe que toutes les couleurs fe dégradent dans l'ombre, & y perdent leur vivacité. Le rouge demeure toujours dur, quand on l'emploie pur , & qu'on ne l'enveloppe pas dans le véhicule de quelque couleur moëlleufe, qui en tempère la crudité, en faifant que les rayons de la lumière ne réfléchiffent pas avec autant de force vers les yeux. Il faut de plus, que le peintre obferve de quel ton de couleur eft l'accord général; car en fuppofant, par exemple, qu'il foit rougeâtre, on pourra employer le rouge pour les figures du fecond & du troifième plans; & l'on devra fe fervir du bleu dans les endroits les plus proches de l'œil; & procéder fuivant le même raifonnement dans le cas que le ton général foit d'une teinte différente. Il eft rare néanmoins que le rouge puiffe fervir d'harmonie générale à un tableau, vu que cette couleur eft celle qui réfléchit le plus la lumière. L'orangé eft la plus dure de toutes les couleurs mixtes, étant compofé de la couleur la plus claire & d'une autre qui eft la plus pure. Le verd eft la plus agréable, à caufe qu'il eft formé du mêlange de la couleur la plus claire & de la couleur la plus obfcure; ce qui fait qu'il ébranle les nerfs optiques fans les fatiguer. Le violet eft, de toutes les couleurs compofées, la plus forte, parce qu'il approche de la couleur la plus pure, & de la plus obfcure, ce qui fait qu'il occafionne un fentiment trifte.

Il eft facile d'inférer, de ce que je viens de dire, comment on peut varier à l'infini toutes les couleurs, & de quelle manière on les emploiera avec utilité. Je pafferai fous filence une infinité d'autres obfervations, afin de ne pas devenir trop prolixe. J'ajouterai feulement ici, que, pour parvenir à un bon équilibre des couleurs dans un tableau, il faut fe rappeller ce que j'ai dit plus haut des cinq efpèces de matériaux ou couleurs que nous avons pour rendre tous les objets que préfente la nature. Parmi ces cinq couleurs il y en a deux claires, deux obfcures, & une moyenne ou intermédiaire, que je regarde comme la plus pure, parce qu'elle n'appartient ni à la lumière, ni aux ténèbres, & qu'elle reçoit & réfléchit également l'une & l'autre ; favoir, la lumière & l'obfcurité. C'eft, dis-je, de ces matériaux que fe fert le peintre ; & c'eft, en employant plus ou moins les unes & les autres, qu'il parvient à exprimer des caractères décidés & diftincts, par le moyen des fenfations que ces couleurs produifent dans l'organe de la vue. Si l'on faifoit un tableau avec du blanc & du noir feulement, il en réfulteroit un tout fans expreffion, à caufe de fa trop grande uniformité ; puifque le blanc, & le noir amortiffent toutes les couleurs, le premier dans la lumière, & le fecond dans les ombres. Mais fi l'on fe fert proportionnellement du noir, & du blanc, felon l'idée qu'on veut mettre fur la toile, en employant tantôt plus le noir & tantôt plus le blanc, & tantôt auffi des demi-teintes, on produira, malgré l'uniformité du caractère de ces deux couleurs, des fenfations variées. En rapprochant les deux extrêmes, l'expreffion fera forte & dure ; mais en mettant un grand intervalle de demi-teinte entre l'un & l'autre, le caractère en fera plus doux ; & lorfqu'on aura foin de faire fuivre à un degré de teinte une autre qui en approche le plus, en les diftinguant feulement affez l'une de l'autre pour rendre les objets diftincts & clairs, il en réfultera un ouvrage fort fuave. Si l'on fépare les clairs en maffes des autres clairs, & les ombres, de même, des autres ombres , on donnera de la nobleffe & de la grandiofité au tableau. Enfin , c'eft en employant ces différens moyens qu'on parviendra à imprimer à fes productions le caractère qu'on jugera convenable. Et fi pour cela l'on fe fert avec art des couleurs , on pourra augmenter à l'infini la fignification & l'expreffion qu'on voudra produire. Mais il faut éviter avec foin de répéter plufieurs fois la même force & la même grandeur des jours & des ombres , ainfi que les extrêmes dans les uns & les autres, & s'attacher toujours à la vérité & à la vraifemblance; en fe rappellant que le clair - obfcur eft la bafe de la partie de la peinture qu'on appelle *harmonie*, & que les couleurs ne font que des tons qui fervent à caractérifer la nature des corps ; que par conféquent on doit les employer fuivant leur caractère général & les règles du clair-obfcur.

Il eft néceffaire auffi de bien obferver, dans l'emploi des couleurs , leur équilibre, afin qu'il en réfulte un parfait accord & de la grace. Il n'y a , à proprement parler, que trois couleurs ; favoir, le jaune, le rouge & le bleu, qu'on ne doit jamais employer feuls dans un ouvrage ; & quand l'occafion fe préfentera de mettre fur la toile quelqu'une de ces couleurs pures, il faudra chercher le moyen de placer à côté une couleur rompue. Ainfi, par exemple, lorfqu'on fe verra dans le cas de fe fervir du jaune pur, on l'accompagnera de violet, qui eft produit par le mélange du rouge & du bleu. Si c'eft le rouge pur que vous employez, vous y joindrez , pour la même raifon, le verd, qui n'eft que

le

le réfultat du bleu & du jaune mêlés enfemble ; mais l'union du jaune & du rouge , qui forme le troifième mélange, ne peut pas être mife fouvent en ufage avec fruit , à caufe que la teinte eft trop vive , par les raifons que j'ai alléguées. Il eft donc néceffaire d'y joindre le bleu , ou du moins de l'accompagner de cette couleur. Ces couleurs , mifes en œuvre de la manière que je viens de le dire , en plus ou moins de quantité , ferviront à donner aux chofes le caractère qui leur convient. Mais on doit fe garder de mettre dans un tableau trop de couleurs pures & brillantes. On peut marier enfemble toutes les couleurs par le moyen du blanc & du noir : le blanc en ôte la dureté & les rend fuaves & tendres ; tandis que le noir les dégrade & les amortit. Les couleurs compofées de deux couleurs franches peuvent de même être amorties & rendues tendres , en y mêlant un peu de la troifième couleur pure. Ce que je viens de dire , doit s'appliquer non-feulement aux draperies , mais encore au coloris du nud , & même aux fonds ; en commençant toujours par fe régler fur la partie principale , avec laquelle il faut acccorder tout le refte.

§. V I.

Continuation de la Section précédente sur l'Harmonie & sur le Coloris.

L'HARMONIE, dans la peinture, est un certain effet qui plaît aux yeux ; de même que dans la musique l'harmonie est ce qui charme l'oreille.

Je n'ai parlé, dans la section précédente, que de cinq couleurs, & je me suis par conséquent éloigné des principes de Newton, qui en admet sept ; parce que j'ai pensé qu'il convenoit mieux de mettre en-avant un système fondé sur l'expérience & sur la pratique de l'art, qu'une simple théorie spéculative ; de sorte même que je me borne à n'admettre que trois couleurs principales ; savoir, le jaune, le rouge & le bleu. L'orangé est composé de jaune & de rouge ; le violet ou le pourpre de rouge & de bleu ; & le verd de bleu & de jaune ; c'est pourquoi je ne les regarde que comme des teintes, & non comme des couleurs proprement dites.

Le blanc & le noir sont nécessaires pour rendre les trois couleurs pures, ou plus claires, ou plus sombres ; car sans cela ces couleurs ne suffiroient pas pour obtenir la variété qu'il faut mettre dans un grand ouvrage de peinture ; de même qu'il seroit impossible d'exécuter sur le clavessin une sonate sur une seule octave. Le blanc & le noir servent donc à rendre l'harmonie plus grave ou plus gracieuse. Pour obtenir une bonne harmonie dans

un tableau , il eſt néceſſaire que le peintre faſſe enſorte
que toutes les couleurs , tant ſimples que compoſées , s'y
trouvent en égale quantité ; & toute la difficulté pour
compoſer un ouvrage d'un grand & bon goût , conſiſte
à trouver l'endroit où il faut placer les couleurs dont
nous venons de parler.

L'harmonie générale d'un tableau doit ſe régler toujours ſur la teinte générale que lui donne la lumière. Je
m'explique : ſi , par exemple , il eſt éclairé par le ſoleil ,
il eſt néceſſaire de maintenir l'harmonie du ton de la lumière , qui eſt jaune , à cauſe qu'elle colorera de ſa teinte
tous les objets qu'elle ira frapper directement ; & les objets reflétés ſeront éclairés par les corps qui recevront la lumière du premier corps lumineux ; de ſorte que leurs couleurs ne ſont plus ſimples , puiſque l'air intermédiaire
eſt déjà entièrement coloré par la première lumière.
C'eſt de la même manière que les objets qui diminuent
par gradation , & qui deviennent vagues par l'interpo-
ſition de l'air intermédiaire , prennent auſſi la même teinte ,
à cauſe que les corpuſcules de l'air , qui ſe trouvent entre
l'œil & les objets , ſont impregnés de la même couleur.
Les ombres participent de la même teinte par deux raiſons ;
ſavoir , 1°. parce qu'il n'y a point d'ombre qu'il n'y ait
de reflets ; ſans quoi il y auroit ténèbres parfaites , c'eſt-
à-dire , du noir ſans aucune couleur ; 2°. à cauſe que , ſi
cela pouvoit avoir lieu , il faudroit que ces ténèbres tinſ-
ſent , plus ou moins , du ton général , vu que l'air qui
ſe répand ſur les objets , ou , pour mieux dire , qui ſe
trouve entre notre œil & les objets qu'on apperçoit , formeroit une eſpèce de voile du ton de l'harmonie géné-

rale. De même , lorfqu'un tableau repréfente des objets éclairés de la lumière du jour ordinaire , fans foleil , ou de la lumière de l'air pur tombant par une fenêtre fituée au nord , l'harmonie en fera bleuâtre , & l'on doit fuivre pour cela les mêmes règles que je viens d'indiquer plus haut ; pour en agir de la même manière avec les autres jours, tant du levant que du couchant , &c. Dans toutes ces efpèces d'harmonie , il eft effentiel d'obferver quelles couleurs font les plus oppofées aux tons de l'harmonie , pour mettre ces couleurs fur le devant du tableau , afin qu'elles paroiffent faillir davantage , & mieux fe détacher des autres objets ; mais en les liant néanmoins avec ces autres objets par leur dégradation même , ainfi que je l'ai dit plus haut. Et par conféquent la couleur qui eft le plus d'accord avec l'harmonie générale , doit fe trouver fur le dernier plan , vu qu'elle s'y fondra & s'y perdra d'elle-même dans l'enfemble.

Pour parvenir à faire cette difpofition , il eft néceffaire que le peintre faffe une étude particulière de la dignité & de la qualité des couleurs ; ce qui lui fera concevoir que, lorfque je dis , par exemple , que le jaune eft une couleur claire par fa nature , il s'enfuit de-là qu'il faut l'employer par-tout où l'on veut que la lumière foit brillante , fuivant les regles dont je parlerai dans la fection fuivante. Les parties fombres font plus propres à être mifes fur le devant du tableau que les parties claires , à caufe que l'air éclaire les couleurs obfcures ; de forte que par ce moyen on fait comprendre que le peintre a fuppofé qu'il y a peu d'air ambiant entre l'œil & l'objet repréfenté ; ce qui ne peut pas être rendu avec autant d'évidence en se servant d'objets clairs ; parce que tout ce qu'on veut rendre clair en peinture , paroît toujours très-foible en comparaison de la lumière naturelle du jour. Voilà ce qui détermine les habiles artistes à mettre toujours quelque masse d'ombre sur le premier plan de leurs tableaux.

Le rouge est la couleur la plus vive, mais , en même tems , la moins fine , parce qu'il n'a , par sa nature , aucun rapport, ni avec la lumière , ni avec l'obscurité ; cependant il est propre à l'une & à l'autre , en perdant sa pureté , ainsi que je l'ai observé plus haut. Il faut l'employer là où l'on veut mettre les parties les plus brillantes & les plus saillantes ; vu que sa nature ne permet pas de le placer beaucoup en-arrière , sans le mêler avec l'orangé & le violet. Lorsqu'on voudra s'en servir dans la partie éclairée du tableau , on pourra le faire sans le rompre avec du blanc, sinon il sera toujours mat , crû & sale.

Le bleu est, par sa nature même , une couleur obscure ; il faut par conséquent s'en servir dans les parties sombres du tableau ; & l'on aura soin alors de ne pas le rompre avec du blanc, lequel produit toujours une teinte aërienne, qui, au lieu de le faire sortir, en détruiroit l'effet , en lui faisant perdre sa force & sa qualité.

L'orangé peut, par les mêmes raisons, être employé sur les parties éclairées & saillantes.

Le verd est la plus douce de toutes les couleurs , à cause qu'il est composé d'une couleur claire & d'une couleur sombre ; ce qui fait qu'il forme une demi-teinte fort agréable.

Les deux extrémes ; favoir, le blanc & le noir, s'emploient l'un & l'autre de la même manière, vu qu'ils
dégradent & annihilent, pour ainfi dire, toutes les
couleurs, fans en avoir eux-mêmes aucune qui leur
foit propre ; de forte qu'ils peuvent fervir, entre les
mains d'un artifte judicieux, à marier les couleurs les
plus difparates. Je pourrois en citer plufieurs exemples ; mais je me contenterai de ceux que j'ai trouvé
les plus frappants. Rembrant a obtenu de l'harmonie
dans fes ouvrages en mariant les couleurs les plus incompatibles par le moyen des ombres ; en ne laiffant éclairé qu'une
partie de ces couleurs, & en les féparant les unes des autres.
Mais lorfque la difpofition des objets l'obligeoit à les rap-
procher, il éclairoit alors avec art les unes, & rendoit les autres obfcures ; car s'il les avoit mifes enfemble, elles n'auroient repréfenté que lumière & ombre,
felon les règles connues du clair-obfcur. Le Barroche,
au contraire, a mis dans fes tableaux une agréable harmonie, en éclairant toutes fes couleurs avec le blanc,
par lequel il les a privées de toute leur vigueur ; & par
cette méthode il a fu marier les couleurs les moins
amies, & a donné à fes tableaux un clair-obfcur d'un grand
effet & bien raifonné. Pour donner, en un mot, une
idée du goût de ces deux maîtres, je dirai que Rembrant a peint tous fes fujets comme s'il les eût vus dans
une cave, où il n'auroit pénétré qu'un foible rayon fo-
laire, pour animer fon harmonie, fans y porter plus de
lumière qu'il n'en falloit pour pouvoir diftinguer de près
une couleur de l'autre ; tandis que le Barroche femble,
au contraire, avoir peint fes ouvrages en plein air, où

dans les nues même, & comme ſi, entourrés de toutes
parts de lumière & de reflets, ils n'euſſent, pour ainſi
dire, point du tout reçu d'ombres ; de ſorte que par
cette abondance de clarté il a fait des tableaux brillans,
& l'on pourroit même dire reſplendiſſans.

Si je ne me trompe, le peintre judicieux & ſage doit
ſe ſervir de ces·deux goûts différens, lorſque le ſujet
le demande, & non pas autrement ; mais il me paroit que,
de ces deux extrêmes, c'eſt la manière de Rembrant
qu'on doit préférer à celle du Barroche ; vu que le
goût du premier s'accorde avec la nature ; tandis que
celui du dernier ne ſubſiſte que dans l'imagination ; &
tout ce que l'eſprit invente, doit du moins s'appuyer
ſur la vérité, ainſi que l'a dit le poëte philoſophe :

Ficta voluptatis cauſa ſint proxima veris.

J'ai remarqué plus haut que c'eſt avec trois couleurs qu'on
peut former toutes les teintes. Les couleurs franches ou
pures ſont d'une plus belle teinte & d'une plus grande
vigueur, que les couleurs rompues ou mêlées ; voila
pourquoi il faut les employer dans les parties principales du tableau, & ſur leſquelles on veut que ſe fixent
particulièrement les yeux ; en ſe gardant bien ſur-tout
de les mettre dans le lointain ou au fond du tableau,
ou d'un groupe. Deux couleurs pures ne doivent jamais ſe trouver l'une à côté de l'autre ; car comme la
beauté ne conſiſte que dans une variété, pour ainſi dire,
occulte, il eſt néceſſaire que deux couleurs pures ſoient
interrompues par une troiſième qui les marie ; car ſans

cela il y aura bien variété , mais non pas union. De même les trois couleurs fimples ne font jamais un bon effet quand elles fe trouvent unies enfemble ; cependant cet effet eſt moins défagréable que celui qui réfulte de deux couleurs pures feulement. Il faut appliquer ceci , en général , aux couleurs fimples qui ont le même degré de force & de pureté ; car j'ai dit plus haut, qu'en rendant une chofe totalement claire par le moyen du blanc, & une autre tout-à-fait obfcure par l'emploi du noir , il en réfulte du clair-obfcur, & non de l'harmonie.

Il eſt donc néceſſaire , pour bien marier enfemble les couleurs , d'obferver que des trois couleurs franches il faut en mêler deux enfemble pour en former une couleur rompue , & que la troifième peut reſter pure ; & c'eſt véritablement par cette méthode qu'on obtiendra de l'harmonie & de la variété. Si le fujet demandoit qu'on n'employât que deux couleurs , on rompra alors ces deux couleurs avec la troifième. Par exemple , le violet & le jaune feront bien d'accord , fi l'on charge le violet de bleu. En chargeant le jaune de rouge il en réfultera une teinte verdâtre.

Le rouge & le verd unis enfemble font un fort bon effet. On pourra employer de même enfemble, avec fuccès , le bleu & l'orangé ; mais en obfervant que le rouge & le jaune font des couleurs trop brillantes auprès du bleu, qui eſt une couleur matte & , pour ainſi dire , fombre. De forte qu'il faut amortir la vivacité de l'orangé pour le mettre en équilibre avec l'ombre du bleu. Voilà pourquoi le bleu, d'une teinte un peu verdàtre , & le cinabre , qui forment une efpèce de couleur

aurore

aurore ou jaune doré , vont très - bien enfemble. Cette règle peut fervir à rompre & à mêler favamment toutes les couleurs , de manière qu'elles ne paroîtront ni crues ni dures , & l'on peut s'en fervir non - feulement pour les draperies & les autres objets colorés , mais encore pour les fonds des tableaux & même pour les chairs.

Je recommande aux peintres de commencer par dif-pofer & terminer les chofes principales avant toutes les autres , & de fuivre toujours les règles de l'art pour rendre les beautés de la nature , fans jamais prendre une route contraire. Le peintre doit bien étudier le fujet qu'il veut traiter , en lifant les écrivains qui en ont le mieux parlé , afin qu'il fache exactement quelle lumière & quel moment du jour il doit employer , & quels perfonnages il faut qu'il mette en fcène; enfin , dans quel fiècle l'évènement a eu lieu ; car il fe-roit ridicule de vêtir un roi de guénilles ou d'une dra-perie bigarrée , comme l'habit d'arlequin ; ainfi qu'il feroit également abfurde d'habiller une jeune fille d'é-toffes fombres , un petit garçon de couleurs fortes , & un héros en couleur de rofe ; comme auffi de donner aux foldats , qui perfécutèrent le Chrift , une uniforme à la Françoife avec des chapeaux à la Pruffienne,& de couvrir les épaules d'un philofophe d'une étoffe changeante ou d'une couleur tendre & brillante. En un mot , ce feroit manquer aux convenances de repréfenter un concile ou une affemblée des dieux avec le coloris de Rembrant ; comme il y auroit de l'inconféquence à peindre Enée aux enfers dans le goût du Barroche ; car comme il faut qu'un fujet mélancolique infpire de la trifteffe au fpectateur , il ne doit pas être

compofé avec des couleurs vives & agréables , qui flattent la vue ; mais on doit , au contraire , en faire les contraftes avec des teintes mattes & fombres. Il faut que la
lumière ne paroiffe pas celle d'un jour pur & ferein , ni que
l'harmonie charme l'œil ; de plus , les clairs doivent y être
raffemblés fur une feule partie , fans être en grand nombre , ni répandus en différens endroits du tableau , ainfi
que je le démontrerai ailleurs.

§. V I I.

De la Compofition.

LA compofition demande beaucoup d'obfervations. Il
faut d'abord que le peintre fe repréfente vivement le
fujet qu'il veut traiter , & que pour cela il ait confulté
plufieurs fois les meilleurs écrivains qui en parlent , afin
qu'il l'ait profondément imprimé dans la mémoire. Il ne
doit pas non plus fe contenter d'en lire les principaux
traits ; mais il eft effentiel qu'il étudie l'hiftoire entière,
afin qu'il connoiffe bien les caractères des perfonnages
qu'il doit mettre fur la toile ; ce qu'il ne peut favoir
fans examiner leur vie entière , pour juger du but qu'ils
peuvent avoir eu en faifant l'action qu'il veut repréfenter;
car un méchant homme fait quelquefois une bonne action.
Cependant il eft convenable que le peintre faffe connoître fon caractère , foit par l'attitude générale du
corps , ou par les traits du vifage , afin qu'on fache

la raison qui le détermine à agir de la sorte. Il est de même essentiel de se transporter au tems & au lieu de l'évènement, ainsi que de se rappeller le costume du peuple & du siècle dont il est question ; & dans le cas qu'on ne trouve aucuns indices de cela dans les livres ou dans les monumens, il faudra alors s'en procurer des notions, en remontant à la source où ces peuples peuvent avoir puisé leurs loix & leurs usages ; ainsi que les Grecs, par exemple, les ont pris des Egyptiens, & les Romains des Grecs, &c. Et pour cela il est bon de consulter les historiens, afin de s'en former une juste idée. Il y a aussi des occasions où l'on peut tirer quelqu'utilité des modes de nos jours ; puisqu'en général toutes les nations conservent plus ou moins les mœurs de leurs ancêtres, qui toutes sont fondées sur la nature, & offrent rarement une entière disparité ; de sorte qu'il est facile d'en juger par analogie, en partant des usages des anciens qui doivent en approcher le plus. Il convient aussi de désigner le lieu de la scène, soit par les arbres & les plantes, soit par la nature du sol même, par les fleuves ou par la mer, par le caractère de l'architecture, ou par le goût particulier des arts du pays ; car ce seroit une absurdité de placer l'Apollon du Belvédère dans un édifice de Babylone, ou la figure d'un personnage de nos jours dans un martyre de saint qui a eu lieu il y a mille ans.

  Il est nécessaire aussi de songer au site particulier, afin de se représenter la lumière qui convient à la scène qu'on emploie, & de faire des accessoires, ainsi qu'une architecture intérieure, qui soient de même analogues au sujet ; enfin, de considérer, en général, que les choses n'étoient pas , du tems de Cain ou d'Enoch , ce qu'elles font de nos jours ; & qu'alors on ne connoissoit pas l'ordre composite , non plus que tous les autres objets d'ornement & de luxe qui sont aujourd'hui en usage. Il faut que l'artiste se rappelle aussi en quel siècle les arts & les sciences ont été inventés & découverts , ou dans quel tems ils ont été introduits dans un pays , & à quelle époque ils y ont fleuri , & y sont parvenus à leur plus haut degré de perfection ; sans ignorer quel y a été le tems de leur décadence & de leur entière ruine.

Il ne me reste plus qu'à parler de ce qui est nécessaire pour la composition des figures. Les règles qu'il faut observer dans chaque figure en particulier , consistent principalement dans le contraste ou l'opposition des membres entr'eux , l'expression , la convenance , la qualité & l'âge de chaque personnage.

Le contraste ou l'opposition des membres consiste en ce que faisant avancer un bras , il faut faire porter en-arrière la jambe du même côté ; tandis que le bras du côté opposé se trouvera en-arrière , & la jambe en-avant. Les deux bras ne doivent pas se porter également en-avant, à cause qu'on ne peut pas reculer également les deux jambes en-arrière sans que la figure ne tombe. Il faut que la tête penche vers l'épaule qui est la plus haute , & se tourne du côté de la main qui est la plus avancée.

Aucun membre ne doit former un angle droit ; & il ne faut pas que deux membres soient parallèles entr'eux. Une main ne doit jamais se trouver exactement vis-à-vis de l'autre ; & c'est mal faire que de mettre deux extrêmités sur une ligne perpendiculaire ou horizontale. Il

eft bon auſſi d'avoir ſoin qu'un pied & les deux mains,
ou les deux pieds & une main ne ſe trouvent pas ſur une
ligne droite; car cela feroit un bien mauvais effet.

Un groupe conſiſte dans l'union de pluſieurs figures,
qui toutes doivent ſe lier entr'elles. Il faut les compoſer toujours d'un nombre impair; comme trois, cinq,
ſept, &c. De tous les nombres pairs, les moins déſa-
gréables & les moins mauvais ſont ceux qui ſont formés de deux nombres impairs; mais il ne peut jamais
réſulter de la grace de ceux de deux nombres pairs. Ceux
de la première eſpèce ſont, par exemple, ceux de ſix,
de dix, de quatorze, &c.; & ceux de la ſeconde eſpèce, ſont ceux de quatre, de huit, de douze, &c.
Chaque groupe doit former une pyramide, & il faut,
en même tems, que ſon relief ait, autant que poſſible,
une forme ronde. Les principales maſſes doivent ſe
trouver au milieu du groupe, en cherchant toujours de
mettre les moindres parties ſur les bords ou extrêmités,
afin de donner plus de grace & de légèreté au groupe.
On doit avoir ſoin auſſi de donner au groupe une profondeur proportionnée à la place qu'il occupe; c'eſt à-
dire, de ne point mettre les figures à la file, afin qu'il
en réſulte de la grace par la variété dans la grandeur
des formes, & par la diverſité qu'on y remarque
alors dans les accidens de lumière. Il faut pareillement
obſerver, ainſi que je l'ai déja dit plus haut, qu'il ne
ſe trouve jamais pluſieurs extrêmités ſur une ligne droite,
ſoit horizontale, perpendiculaire, ou oblique; qu'aucune tête ne ſe rencontre avec une autre, ſoit horizontalement ou perpendiculairement; qu'aucune extrémité,

foit tête , main ou pied , puiffe former une figure ré-
gulière , comme triangle, carré , pentagone, &c. ; que
jamais il n'y ait une égale diftance entre deux membres,
ni que les deux bras ou les deux jambes d'une figure
fe trouvent dans le même raccourci ; enfin , qu'il n'y ait
aucune répétition dans la difpofition des membres. Si ,
par exemple , on fait voir la partie de deffus de la main
droite , il faut qu'on montre la paume de la main
gauche. On doit auffi chercher toujours à faire paroître
les plus belles parties du corps , qui , en général, font
toutes les jointures , le col , les épaules , les coudes ,
les poignets, les hanches, les genoux, le dos, la poitrine. Ces parties font belles par deux raifons ; la première, parce que c'eft dans les extrêmités qu'on peut
mettre le plus d'expreffion & de favoir ; & la feconde ,
à caufe que le dos & la poitrine étant les plus grandes parties du corps de l'homme, font auffi les plus belles pour unir,
dans un groupe , une grande maffe d'une même couleur
agréable , comme l'eft celle de la chair ; ainfi que pour
donner par-là un doux repos aux yeux , foit dans le jour
ou dans l'ombre. Le corps de la femme eft agréable fous
tous fes différens afpects , lorfqu'on prend foin de
voiler les parties que la décence demande qu'on ne montre point. Il faut remarquer néanmoins qu'en dérobant
avec intelligence quelques parties aux yeux, on en
augmente la beauté & la grace. Car il eft certain qu'un
fein qui n'eft pas tout-à-fait nud paroît infiniment plus
beau ; & il en eft de même d'autres parties qui gagnent
à être à moitié cachées. Celui donc qui expofe à la
vue plus de nudité que la décence le permet , ne fait

naître dans l'efprit des fpectateurs que des idées mal-
honnêtes, fans obtenir la moindre eftime, parce que
ce n'eft point de ces chofes que dépend la beauté
de l'art. Il y a deux raifons pour lefquelles les figures des
femmes nues plaifent plus en peinture, que celles des
hommes : la première, c'eft que leur coloris eft plus
agréable, que le clair-obfcur en paroît plus rond, à
caufe de la plénitude des chairs, & que par conféquent
les maffes en font plus belles; voilà auffi pourquoi le
corps d'un beau jeune homme fait plus de plaifir à voir
que celui d'un homme nerveux & robufte. La feconde
raifon confifte, en ce qu'on a plus fouvent occafion de voir
des figures de femmes nues en peinture qu'en nature ; ce
qui eft caufe qu'elles nous paroiffent plus idéales que
le corps d'un homme que nous pouvons voir dans
l'état de nature toutes les fois que nous le voulons.
On peut y joindre une troifième raifon, qui eft facile à
deviner.

Lorfqu'il eft néceffaire de mettre enfemble plufieurs
groupes de figures, on obfervera les mêmes règles que
j'ai indiquées pour les groupes d'un nombre impair de
figures; c'eft-à-dire, qu'il faut tâcher d'employer un
nombre impair de groupes. Mais dans le cas cependant
que ce nombre de groupes, ou de pyramides, ne peut
pas avoir lieu, à caufe que le tableau n'eft pas affez
grand, on pourra alors faire un feul groupe entier, &
deux demi groupes fur les deux côtés, en cherchant
néanmoins à obferver la loi prefcrite pour la profondeur des groupes, & le nombre des figures dont ils
doivent être compofés. La figure principale doit toujours

fe trouver placée dans le milieu ; & lorfqu'il y a plufieurs figures principales, il faut alors tâcher de les mettre toutes vers le milieu, toujours fur le fecond plan, & jamais fur le premier, afin qu'elles y paroiffent comme entourées des autres objets, & qu'on puiffe les détacher les unes des autres par le moyen du clair-obfcur & de la perfpective. Il eft néceffaire auffi que toute la compofition, en général, décrive un demi cercle, foit concave ou convexe, parce que de l'une & de l'autre manière, il eft facile de faire paroître au milieu du tableau les parties principales & les plus brillantes.

Il faut d'ailleurs ne pas négliger non plus la variété, c'eft-à-dire, de préfenter principalement aux yeux toutes les plus belles parties du fujet en général, & de chaque figure en particulier ; fans tomber néanmoins dans le défaut de faire paroître toujours certaines parties & de cacher les autres. Lorfque le fujet le permet il ne faut pas négliger d'y faire entrer des individus de tout âge & de tout fexe ; ce qui produit une agréable variété dans l'expreffion & dans l'action ; en obfervant de plus qu'il y ait une parfaite fymmétrie & un bon équilibre entre toutes les parties du tableau, mais fans mettre poids fur poids, ou poids contre poids, foit fur une ligne horizontale ou perpendiculaire.

§. VIII.

§. VIII.

De la Grace.

Comme il eft , pour ainfi dire , impoffible de bien définir en quoi confifte la grace dans les ouvrages de l'art , je me contenterai de parler des effets qu'elle y produit. Il eft hors de doute qu'elle ne confifte ni dans le coloris, ni dans les formes , ni dans le clair-obfcur , pris chacun féparément , mais qu'elle eft le réfultat de toutes ces parties réunies ; de manière que s'il y en a une feule qui manque , ou qui ne foit pas bien exécutée , il ne peut plus y avoir de grace. Beaucoup de monde la confondent avec la beauté ; tandis que celle-ci n'en eft qu'une partie qui réfide dans les formes. D'autres , qui ne font pas moins dans l'erreur , la cherchent dans l'harmonie , laquelle n'a de rapport qu'au coloris , & qui d'ailleurs n'en eft que la moindre partie , puifqu'elle a befoin du clair - obfcur pour produire fon effet. Ce n'eft point non plus dans le clair-obfcur que confifte la grace, vu que fon emploi feul eft de produire la rondeur ou le relief des objets. Nous favons néanmoins que fans ces trois parties on ne peut pas atteindre à la grace dans la peinture , ce qui eft bien moins poffible encore fans la variété : de forte que , malgré toute la beauté dont une chofe eft douée, nous voyons que cette chofe ne peut pas avoir de la grace lorfqu'elle

Tome II. R r

se trouve isolée : il paroît par conséquent que la beauté
est une qualité subordonnée à la grace.

Il y a donc, suivant l'idée que je m'en forme, deux
espèces de grace : l'une naturelle & simple, & l'autre composée. Celle de la première espèce peut se trouver dans
toutes les choses, & a beaucoup d'analogie avec la
beauté ; la seconde résulte de l'union de plusieurs choses,
qui sont déjà douées de la grace primitive ou naturelle,
& qui, par cette union, forment une qualité d'un troisième ordre, qui n'est ni la beauté, ni l'harmonie, mais
qui répand un charme puissant sur les ouvrages de l'art,
& dont toutes les autres parties ne sont que des accessoires.

Je ne m'étendrai pas davantage sur l'essence de la grace,
pour m'occuper maintenant à indiquer au peintre la manière dont il peut l'acquérir. Tout ce qui peut être peint
doit avoir une forme, des couleurs, & par conséquent du
clair-obscur, des jours c'est-à-dire, & des ombres. Pour parvenir donc à en former une représentation gracieuse, il est
nécessaire de donner beaucoup de variété à chacune de ces
parties en particulier, ce qui produira la grace dans le
tout ; en ayant soin cependant de ne pas mettre une égale
variété dans chacune de ces parties, parce qu'il n'y auroit
plus alors une véritable variété, & que le fondement de
la grace y manqueroit.

Ce que je viens de dire peut se démontrer par l'esquisse
ou le seul contour d'une figure, & même par un simple
caractère d'écriture, auquel on peut donner, en variant
la force & la délicatesse du trait, une grace qu'on ne

trouve point dans ſes formes mêmes , quoique belles
d'ailleurs , lorſque les jambes en ſont par-tout d'une force
& d'une groſſeur égales : ce qui ſert à nous convaincre
que la grace conſiſte principalement dans la variété.

C'eſt à cauſe de cette même variété que nous prenons plaiſir à voir des choſes nouvelles pour nous ,
dont l'habitude de les avoir ſous les yeux diminue le mérite de la variété ; de ſorte qu'elles ceſſent bientôt de nous
être agréables. Et c'eſt par la même raiſon que les
vieillards ſont moins ſenſibles au plaiſir de la nouveauté ,
parce qu'ils ont vu tant de choſes , qu'ils ne ſont plus
frappés de leur variété , ou du moins cela a bien rarement
lieu.

Pour parvenir donc à donner cette grace aux ouvrages
de peinture , & pour qu'il en réſulte du plaiſir pour nos
ſens , il eſt néceſſaire de flatter la vue par la variété ;
puiſque , par ce moyen , on les fait jouir du plaiſir de la
nouveauté , en les faiſant paſſer ſucceſſivement d'une
choſe à une autre ; ce qui nous ſauve le dégoût produit
par une trop longue contemplation du même objet , &
nous porte à diſtinguer dans cette variété même les choſes les plus remarquables , ainſi que cela arrive à la vue
d'un bouquet de fleurs , dans·lequel une roſe , par exemple , ſe fait d'abord remarquer parmi pluſieurs autres
fleurs plus petites , leſquelles feront oublier , pour un
inſtant , la roſe qui eſt la plus grande ; & c'eſt ainſi
que la vue paſſe ſucceſſivement d'un objet à un autre ,
en jouiſſant continuellement de la nouveauté , par la variété de ces différentes choſes , dont chacune en particulier
eſt douée par elle-même d'une grace naturelle.

R r ij

§. I X.

De la Grace du Contour.

LA grace du contour confiſte en ce que nous appellons élégance , laquelle eſt la facilité jointe à la variété des formes. L'élégance peut ſe trouver même là où il n'y a point de correction ; parce que celle-ci eſt néceſſaire à la beauté , & que celle-là tient à la grace.

Pour faire mieux comprendre ceci , je me ſervirai de l'exemple de trois peintres célèbres , le Corrége , le Caravage & Rubens , qui ſe trouvent tous trois à une égale diſtance de l'extrême beauté , ou du moins de la correction ; mais qui différent beaucoup entr'eux quant à la grace & à l'élégance. Le Caravage n'avoit ni variété , ni correction ; ce qui fait que ſon deſſin eſt fort mauvais. La beauté & la correction manquoient abſolument à Rubens , qui cependant avoit plus de variété que le Caravage ; auſſi plaît-il davantage. Le Corrége , malgré quelques incorrections , mettoit tant de variété , d'élégance & de grace dans ſes ouvrages , qu'il fait oublier ces défauts ; & par ces moyens il s'eſt formé un goût particulier de deſſin , qui ſans contredit feroit le plus beau & le plus grand qu'on connoiſſe , s'il ne péchoit pas par un peu d'uniformité ; & c'eſt cette partie que les Caraches ont portée la plus loin.

Il faut donc diſtinguer dans le deſſin l'élégance de la grace , puiſque celle - ci conſiſte dans l'union de cette même élégance avec la variété ; & lorsque l'une ou l'autre de ces qualités lui manque, on ne peut plus lui donner le nom de grace. L'élégance consiste à fuir tous les extrêmes dans les formes, & dans un certain équilibre entre les contours concaves & les convexes. Rubens a trop employé les lignes convexes qui rendent les formes lourdes & communes. Le Corrége, au contraire, a su si bien unir les formes concaves avec les convexes, qu'il est parvenu par-là à la plus grande élégance & légèreté. Les Caraches qui ont cherché à l'imiter, n'ont pas su conserver cet équilibre, & ont trop aimé la ligne convexe.

On peut faire ces mêmes observations sur les statues antiques, même sans sortir du palais Farnèse, en remarquant le goût différent que présente le fameux Hercule de Glicon, & l'autre Hercule qui est à côté de celui-ci ; ainsi qu'entre les parties originales du premier & celles qui en ont été restaurées par des artistes modernes. La même observation peut se répéter en comparant la Floré du même palais avec la statue de l'empereur Commode qui n'offre pas la moindre élégance. L'Hercule de Glicon, qui est d'un style sublime, malgré sa grandeur & sa force, paroît très-léger quand on le voit à une certaine distance ; tandis que les autres statues, quoique moins grandes & moins fortes, paroissent néanmoins plus lourdes & plus grossières. La même réflexion se présente encore en voyant les statues antiques du premier ordre, tels que l'Apollon, le Laocoon, &c. ; car, en les examinant, on distinguera la différence qu'il y a entre le goût Grec & ce qu'on appelle le goût Romain, qui offre toujours une certaine dureté de ſtyle, & un défaut d'élégance.

Si le Dominicain avoit poſſédé cette partie, il auroit été excellent; mais le défaut d'élégance lui a beaucoup nui. Raphaël auroit atteint au plus haut degre d'élégance, s'il avoit quelquefois donné plus de rondeur à ſon deſſin; c'eſt-à dire, ſi, dans certaines parties, il n'avoit pas trop alongé les lignes droites : cependant il a toujours été merveilleux dans le raiſonnement de la variété des lignes, & ſans l'imperfection dont nous venons de parler, il auroit égalé le mérite des artiſtes anciens de la première claſſe. Voilà auſſi la raiſon pourquoi il fut moins heureux dans les figures de femmes & d'enfans; mais, au contraire, admirable dans celles de vieillards, de philoſophes, d'Apôtres, & de la nature nerveuſe en général; tandis qu'il tomboit dans une eſpèce de péſanteur en voulant être gracieux, à cauſe qu'il ſe ſervoit alors trop de la ligne convexe. On ne peut pas citer ici Michel-Ange, puiſqu'il a abſolument ignoré la partie de l'élégance; & comme ceux qui ont cherché à l'imiter, ſont encore plus vicieux que lui dans cette partie, il eſt inutile d'en faire mention. Il faut donc ſe propoſer, pour règle générale, qu'il ne peut pas y avoir d'élégance ſans variété ; car quand même on donneroit une rondeur bien entendue aux chairs, il eſt cependant impoſſible d'atteindre au but qu'on ſe propoſe par là, ſi cette rondeur ne ſe trouve pas dans un juſte équilibre avec les autres formes; & voilà en quoi conſiſte le principal défaut de Rubens. En un mot, toute forme quelconque qui ſe trouve répétée trop fouvent, détruit l'élégance, qu'on obtiendra, au contraire, en variant les formes avant qu'elles foient parfaitement prononcées ; car en les terminant tout-à-fait, on parviendra bien à la variété ; mais il n'y aura plus d'élégance. Voilà pourquoi, par exemple, en voulant faire une forme ronde, il faut, avant de parvenir au demi-cercle, détourner un peu la courbe & la terminer par un angle obtus. Dans la nature, qui doit toujours fervir de modèle au peintre, il n'y a aucune forme parfaitement ronde, ni parfaitement carrée ; mais tout y offre une continuelle variété de lignes. Ce qui nous refte encore à dire des contours appartient à la compofition ; ainfi nous en parlerons à l'article qui traite de cette partie.

§. X.

De la Grace dans le Clair-Obfcur.

Apres avoir parlé de la grace qui confifte dans une élégante variété des formes, examinons maintenant de quelle manière il faut la chercher dans le clair-obfcur. Nous avons déjà remarqué que les maffes de lumière & d'ombre doivent être de force & de grandeur différentes pour former un bon clair - obfcur ; ce qui, en même tems, y produira de la variété, & par conféquent de la grace. Entrons fur cela dans quelques détails.

Il faut donc commencer par faire choix d'une lu-

mière principale, pour la placer fur la partie du tableau qu'on voudra rendre la plus brillante & la plus remarquable ; en obfervant de ne pas introduire dans
tout l'ouvrage une autre lumière d'une femblable force
ou grandeur. On doit fuivre le même principe relativement aux ombres ; & , par ce moyen, on parviendra à répandre une merveilleufe grace fur tout l'ouvrage.

Après cela on diftribuera les demi - teintes en différens degrés, de manière qu'elles contribuent à donner
plus d'éclat aux deux principaux extrêmes; en ayant
foin de ne point fe laiffer éblouir par un certain clair-
obfcur fort brillant, mais faux, qui a féduit un grand
nombre de peintres par le grand relief & la force toute
particulière qu'il donne aux objets; c'eft - à - dire, par
des oppofitions violentes , en joignant les deux extrêmes ; favoir, les plus grandes lumières & les plus
fortes ombres ; ce qui détruit toute la grace & tout
l'effet des demi-teintes, & qui plus eft, fait perdre fa
beauté au coloris même ; puifque, comme je l'ai déjà
remarqué, le blanc & le noir , qui forment les deux
extrêmes , ne font pas de véritables couleurs, & que,
pour donner de la grace à un tableau, il eft néceffaire
que tout ce qui s'y trouve repréfenté foit plus ou moins
vifible , afin qu'il en réfulte une parfaite variété, dans
laquelle confifte la grace; & cela ne s'obtient que par
une dégradation bien raifonnée des jours & des ombres.

Il faut obferver auffi la valeur des couleurs, ainfi
que je l'ai déjà dit à l'article du coloris; & l'on ne
doit point, à caufe que la lumière eft beaucoup plus

agréable

agréable que l'obfcurité, détruire la grace d'une figure,
ou d'une draperie claire, en y oppofant une forte ombre, dans l'intention d'y donner plus de force, ainfi
que le font plufieurs peintres, & comme le Guerchin
en a fur-tout donné l'exemple. Il eft donc effentiel de
conferver à chaque chofe fon vrai caractère, & fa valeur particulière, en donnant aux chairs claires des
ombres qui y conviennent, & pour fonds des chofes
encore plus dégradées ; en confervant ainfi l'union fans
nuire à la variété ; car il feroit abfurde de donner des
ombres toutes noires à une draperie blanche, puifque
la nature de cette couleur ne peut fubir de changement,
& que ni les clairs, ni les ombres ne peuvent pas en être
altérés.

C'eft à la nature même qu'il faut attribuer le plaifir
que nous prenons à voir des chofes claires. La clarté
reffemble à la lumière, laquelle nous eft d'un grand
fecours. Auffi voit-on que les peintres, dont les ouvrages font fombres, ont eu les idées & le caractère
de la même teinte ; car tout cela dépend du tempéra-
ment.

Il faut donc donner aux productions de l'art le ton le
plus gai qu'il eft poffible ; & lorfqu'on a à repréfenter
quelque fujet trifte dans un air ouvert, on doit faire
tomber la lumière de côté, afin de produire beaucoup
d'ombre.

En un mot, fans expreffion il ne peut pas y avoir de
propriété ; de même que fans propriété il n'y a point de
beauté, & fans beauté point de grace : ainfi, par exemple, fi l'on donne à une figure de femme le contour

mâle de l'homme, il n'y aura ni la propriété, ni la beauté ; & moins encore la grace convenable au sujet, quelque beau que puisse d'ailleurs être ce contour.

§. X I.

De la Grace dans la Composition.

J'ai déjà observé plusieurs fois, que c'est la variété qui, dans toutes les parties de la peinture, forme la grace, je vais maintenant expliquer comment on peut obtenir cette variété dans la composition. Il faut remarquer, avant tout, que la variété doit se trouver unie à toutes les autres parties que j'ai indiquées comme nécessaires pour former une bonne composition ; variété qu'il ne sera pas difficile d'obtenir, puisque la peinture est un art libre, qui permet de faire un choix dans la nature de ce qu'on juge le meilleur & le plus convenable au sujet qu'on traite. Toute l'erreur d'un grand nombre de peintres, qui ne savent pas unir la raison avec le goût, provient de ce qu'ils donnent plus d'attention & de soin aux accessoires qu'à l'objet principal. Pour éviter ce défaut, il est essentiel de commencer toujours par placer, avant toute autre chose, la principale figure, & de lui donner toute la dignité & toute la propriété qui convient à son caractère. Après quoi l'on disposera les principales figures de chaque groupe, pour passer tout de suite à chaque figure en

particulier, en obfervant de ne rien faire , qu'après
avoir fongé à ce qui mérite d'être placé auparavant. De
cette manière , on facilite à l'efprit le moyen de concevoir
& de difpofer avec intelligence toutes les parties , & de
remarquer fi l'on n'eft point tombé dans quelque faute
ou dans quelque répétition. Cela fini , on examinera
attentivement l'ouvrage pour voir fi l'on y a obfervé
exactement toutes les règles de la compofition ; & l'on
y trouvera certainement la propriété & la variété convenables , parce que toutes ces parties font néceffairement liées l'une à l'autre.

Il faut chercher à introduire dans un tableau quelconque des figures de tout âge, de tout fexe & de toutes
les claffes ; ainfi que les différentes impreffions que les
objets étrangers peuvent faire fur ces perfonnages : par
ce moyen on obtiendra la propriété , & avec elle la variété , la beauté , & enfin la grace. Si à cela on joint l'attention de donner à chaque figure les vêtemens convenables à fa condition , à fon âge & à fon fexe , en obfervant , en même tems , les règles du clair-obfcur , du
deffin , &c. on répandra fur le tableau une variété merveilleufe & une beauté particulière , dont la réunion produira un ouvrage parfait & plein de la plus grande grace.

Quant à la propriété , il eft néceffaire d'avertir que s'il
arrive qu'on ait à peindre quelqu'objet , qui par lui-même
n'ait aucune grace , il faut chercher à lui en donner , en
rendant belles les parties qui lui font le plus particulières , & en les faifant paroître plus que les autres. Par
exemple , il n'y a point de figure humaine plus groffière
& plus laide que celle des fatyres , des faunes , des cen-

taures & des tritons ; cependant il eſt poſſible de leur donner de la beauté & même de la grace , en obſervant bien la propriété de leur nature. Dans les parties hu-maines d'un centaure , on peut exprimer la force du cheval , en rendant les os plus forts que ne le ſont ceux de l'homme. Dans les ſatyres on fera connoître l'érotique ſéchereſſe de la nature du bouc ; ainſi qu'il faudra indi-quer la fineſſe & la muſcoſité de la peau d'un triton ; en ayant ſoin de ne point remplir ſes muſcles de cette ſubſ-tance chaude , qui , dans les animaux ſanguins , gonfle les veines & les chairs. On doit porter la même attention dans toutes les autres choſes qu'on veut rendre ; & par cette méthode on parviendra à unir la propriété à la va-riété , d'où réſultera la grace.

---

§. X I I.

Des Proportions du Corps humain.

IL y a une infinité de ſyſtêmes ſur les proportions du corps humain ; mais à peine y en a-t-il deux qui s'accor-dent ; & tous ceux que j'ai vu juſqu'ici m'ont paru peu ſatisfaiſans & peu propres à inſtruire le peintre. D'ailleurs quelques écrivains ont trop limité les combinaiſons qui doivent ſervir à produire une proportion uniforme dans les figures. D'autres , parmi leſquels ſe trouve Albert Durer , ont indiqué une grande quantité & variété de proportions , mais qui ne peuvent être utiles qu'à ceux qui veulent imiter leur goût. Je me hafarderai donc à propofer quelques idées fur cette matière, qui pourront fervir à tous les goûts, parce que je me fondrai fur les principes de la nature & de l'art.

On partage ordinairement la figure de l'homme en un certain nombre de têtes ou de faces ; mais cette méthode n'eft bonne que pour les fculpteurs feulement, & non pour les peintres qui ne voient jamais exactement la grandeur des têtes, à caufe qu'il s'en perd au moins un tiers de la quatrième partie fupérieure par la perfpective ; & l'on ne peut pas non plus dans la peinture mefurer la groffeur des membres avec la même précifion que dans la fculpture, parce qu'ils fembleroient maigres & grêles fur une fuperficie plane, en comparaifon de ce qu'ils paroiffent vus en perfpective ; à caufe qu'en regardant les objets avec les deux yeux, le contour nous en femble plus grand qu'il ne l'eft en effet, fuivant leur jufte diamètre ; & cela a lieu, tant dans la nature même que dans les ouvrages de fculpture, mais ne fubfifte point dans la peinture. Les anciens avoient déjà obfervé cette loi d'optique ; voilà pourquoi les figures des bas-reliefs font plus groffes, proportion gardée, que celles en ronde-boffe ; je parle ici de ces beaux bas-reliefs qui peuvent être mis en parallèle avec les ftatues du même tems.

Les peintres doivent mettre infiniment plus de variété dans leurs productions que les fculpteurs, & font par conféquent renfermés dans des bornes moins circonfcrites. Raphaël qui, en quelque forte, ne fit que multiplier le goût antique du fecond ordre, en l'uniffant avec une certaine vérité que n'offre point la fculpture, s'eft fervi , foit par goût , foit par principe , de toutes fortes de proportions , fans qu'on puiſſe dire que l'une foit meilleure que l'autre ; je connois même quelques figures de lui qui n'ont que ſix têtes & demie de hauteur : proportion qui ne feroit pas fupportable chez tout autre peintre que Raphaël.

La conſtruction du corps humain eſt d'une telle ſymmétrie , qu'elle nous donne l'idée de ſes mouvemens ; & c'eſt cet accord des membres qu'il faut obſerver pour pouvoir parvenir à une parfaite correction de deſſin. Je vais donc en parler ſuccintement , & propoſer ce que je crois néceſſaire pour l'obtenir.

Après avoir conçu l'idée de la figure qu'on veut mettre ſur la toile , on commencera par en deſſiner la tête d'une grandeur arbitraire ; en obſervant néanmoins comme une règle générale , que la plus grande tête qu'on puiſſe admettre en peinture , eſt celle de la neuvième partie de la figure ; & la plus petite , celle de la ſixième partie : ce ſont là les deux extrêmes ; car la dimenſion ordinaire eſt d'une huitième ou d'une ſeptième partie. **La** longueur du col ſera égale à la moitié de la tête.....

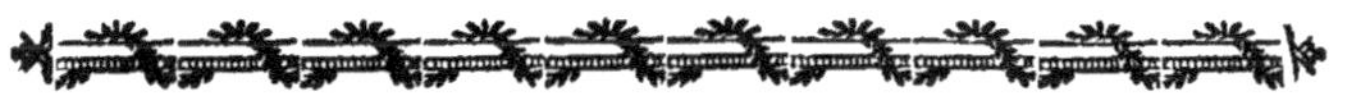

NOTE
DE M. D'AZARA.

MALGRÉ les foins & les peines qu'on s'eſt donnés pour extraire des manuſcrits de M. Mengs les principes qu'il vouloit établir ſur les proportions du corps humain, il n'a pas été poſſible de former de ces fragmens un ſyſtême ſuivi qui peut ſervir de regle dans une matière auſſi importante & auſſi difficile ; de ſorte qu'on a penſé qu'il valoit mieux ſupprimer le reſte de ce chapitre, que d'expoſer des principes qui pourroient induire en erreur.

Ceux qui voudront connoître les proportions de la tête ſeule, pourront avoir recours à M. Winckelmann, qui a expliqué le ſyſtême de M. Mengs ſur cet objet, dans ſa première édition de l'*Hiſtoire de l'Art* ; quoiqu'il paroiſſe d'ailleurs, que M. Winckelmann n'a pas trop bien compris lui-même cette matière, que ſon traduƈteur François a rendu moins intelligible encore ; de ſorte que dans la dernière édition de ce livre, on a ſupprimé preſqu'entiérement cet article. Je parle ici de la traduction Italienne qui en a été publiée depuis peu à Milan, dans laquelle il paroît qu'on n'a pas ẑauſſi mal interprêté, ni autant défiguré cet auteur.

Il n'y a qu'un artiste savant, d'un goût délicat, & qui ait étudié les ouvrages de M. Mengs, qui puisse se charger avec succès de ce travail. Mais ce grand effort ne peut être attendu que de quelque jeune artiste, bien instruit des bonnes regles de l'art; & non de ces maîtres déja formés, qui ne regardent comme beau que ce qui tient à la pratique vicieuse dont ils se sont pénétrés dans leur jeunesse, & qu'il leur impossible d'abandonner dans un âge mûr ; qui d'ailleurs, sont révoltés de ce que M. Mengs, leur contemporain, se soit élevé à un si haut degré au-dessus d'eux, qu'ils sont tous obligés de le reconnoître pour leur maître. Ces artistes dédaignent de regarder les ouvrages de M. Mengs, ou du moins ne les voyent qu'avec des yeux prévenus; souvent même ils les méprisent sans avoir jamais été à même de les voir. Ce que je viens de dire a été constaté plusieurs fois à Rome par des faits. Il y a quelque tems que dans une assemblée d'artistes & d'amateurs de toute espèce, on examina & loua deux portraits peints par un jeune Venitien; lorsqu'un de ces grands hommes, peintre de son métier, (qui n'est point de Rome, à la vérité, mais d'un pays qui n'a jamais produit de peintres, ni de sculpteurs, même médiocres, quoiqu'on y achete à haut prix les ouvrages de l'art) entendant que le jeune artiste dont on venoit de faire l'éloge, étoit, dans ce tems même, occupé à copier le portrait du Pape Rezzonico fait par Mengs, s'écria (*petulanti splene cachinno*) qu'une pareille étude feroit la perte de son talent. Mais il ignoroit que ce jeune homme n'étoit occupé, depuis qu'il se trouvoit

à

à Rome, qu'à étudier les ouvrages de M. Mengs, par-
ticuliérement ceux du Mufée du Vatican, où l'on garde
les manufcrits de papyrus. L'envie elle-même ne pourroit pas montrer plus de démence. Ces peintures de
M. Mengs ont eu le même fort que celles des loges du
Vatican, qu'on grave néanmoins ; ce qui fit dire à
M. Mengs qu'on traduifoit Raphaël en Vénitien : le
débit de ces gravures eft cependant confidérable.

XXXXXXXXXXXXXXXXXXXXXXXX:XXXXXXXXXX

ADDITIONS.

Les Notes suivantes sont aussi de M. le Chevalier d'Azara, qui en a enrichi une nouvelle édition des Œuvres de M. Mengs, en deux volumes in-8°, faite à Bassano, en 1783 ; c'est-à-dire, trois ans après celle sortie de l'Imprimerie Royale de Parme, sur laquelle nous avons fait notre Traduction. Comme cette édition nous est parvenue trop tard pour placer ces Notes dans le corps de l'ouvrage, nous avons cru devoir les donner ici par supplément, en indiquant les endroits où elles doivent être intercallées.

Tome I, page 16, après le premier paragraphe. Dans ce tems vint à Rome M. Webb, jeune voyageur Anglois, qui n'avoit d'autres notions des beaux-arts, que celles qu'il en avoit puisées dans les auteurs Grecs & Latins qu'il venoit de lire au Collége, dont il ne faisoit alors que sortir. Plein de feu & du desir de se faire avantageusement connoître, il chercha les moyens de s'introduire chez M. Mengs, qui, remarquant l'amour de ce jeune homme pour l'antiquité, se livra bientôt à lui, & l'instruifit, comme s'il eût été fon fils , de tout ce qu'il favoit fur l'art , & lui donna même une copie de fes *Réflexions fur la Beauté & fur le Goût dans la peinture* ; & de fes *Réflexions fur Raphaël, fur le Corrége & fur le Titien.* De retour dans fa patrie , M. Webb s'empreffa de publier fes *Recherches fur les Beautés de la peinture* * , livre qui ne contient abfolument que le fyftême de M. Mengs , délayé dans quelques paffages de Paufanias & de Pline; fans que M. Webb ait jamais daigné nommer la fource où il avoit puifé tout fon favoir. Il a même ofé avancer, afin de mieux cacher fon plagiat , qu'il n'y avoit de nos jours aucun peintre de mérite, ni perfonne qui connut les idées fur l'art qu'il alloit publier. Cependant M. Mengs ne faifoit que rire, quand M. Marron, moi-même & plufieurs autres perfonnes lui faifoient remarquer cette charlatanerie littéraire.

Voici comment M. Winckelmann s'eft expliqué à ce fujet dans une lettre adreffée à M. L. Ufteri, en 1761. » Je fuis charmé que ma mémoire foit plus heureufe que la » vôtre au fujet de l'ouvrage Anglois. Je vous ai mar- » qué, dans le tems, que ce qu'il y a de meilleur dans » ce livre , eft tiré d'un manufcrit fur la peinture que » Mengs communiqua à l'auteur. Cependant le *Fat* ofe » avancer qu'il n'y a point de peintre qui foit en état » de faire par lui-même les obfervations qu'il donne ; » tandis que c'eft de M. Mengs qu'il a emprunté ces ob- » fervations ».

---

* Webb, *Inquiry into the Beauties of Painting.*

Tome I, pag. 41, lignes 8 & 9, il est dit : « Dans la
» suite on fit placer son buste en bronze dans le Pan-
» théon ». Ce buste est aujourd'hui en marbre, à cause que
le bronze ne faisoit pas un bon effet dans cet endroit.

Tome I, page 46, après le premier paragraphe. Rien
ne prouve mieux que le fait suivant les grandes connoissances que M. Mengs avoit acquises de l'antique. Le
bruit couroit dans le monde qu'on vendoit à Rome des
peintures antiques volées à Herculanum. Le roi de
Naples donna ordre de faire arrêter le voleur, qu'on ne
tarda point à découvrir & à mettre en prison, où il con-
fessa bientôt que ces prétendues peintures antiques étoient
l'ouvrage de ses mains, qu'il vendoit comme des productions des anciens, afin d'en tirer un meilleur prix.
On se convainquit de cette supercherie, en lui faisant
faire, dans sa prison, quelques tableaux dans le goût
de ceux d'Herculanum, qu'il contrefit à merveille. Il
avoua qu'il en avoit fait un grand nombre que les Anglois avoient achetés pour des ouvrages antiques, &
qu'ils montroient en Angleterre comme des chefs-d'œuvre
précieux. Il dit aussi qu'il en avoit vendu à Rome, &
qu'il s'en trouvoit de semblables dans le cabinet du collége Romain, dont le Pere Ambroise, alors Jésuite, en
a fait graver plusieurs pour son Virgile, & dont il
a donné l'explication avec un ton vraiment doctoral &
imposant.

Dans ce même tems, M. Casanova, éleve de
M. Mengs, fit deux tableaux, dans le même goût antique ; & pour se jouer de M. Winckelmann, avec qui

il n'étoit plus alors lié d'amitié, il fit courir fous main le bruit, que ces deux tableaux venoient d'être découverts dans une fouille faite près de Rome. Le bon Winckelmann ajouta foi à cette efpieglerie, & donna une defcription pompeufe de ces prétendus ouvrages antiques, dans la premiere édition Allemande de fon *Hiftoire de l'Art*. Mais notre antiquaire ayant découvert, peu de tems après, cette fupercherie, en fut vivement affecté, & s'en plaignit amèrement dans plufieurs Journaux. Il employa même, dit-on, des protections à Paris, pour faire fupprimer les deux planches & leur explication, dans la traduction Françoife de fon ouvrage, qu'on imprimoit alors dans cette ville.

Cette idée de contrefaire les peintures antiques vint auffi à M. Mengs, qui fit un tableau haut de fix palmes, & à peu près de la même largeur, repréfentant Jupiter affis fur fon trône, avec une efcabelle fous fes pieds, embraffant Ganymède, qui, de la main gauche, tient un vafe, & une coupe de la main droite. Cette idée heureufe eft rendue avec toute la beauté idéale poffible dans la figure de Ganymède; tandis que celle de Jupiter offre une grandiofité toute divine; de forte qu'on peut dire qu'Homère n'a point conçu d'idée auffi fublime du maître des dieux, que celle que le pinçeau de Mengs en a donnée dans ce tableau. L'art avec lequel il a imité le mur antique, les fentes & les dommages qu'il a feint que l'enduit avoit fouffert en enlevant cette peinture du mur, les parties qu'il a fuppofé avoir été reftaurées, & la différence qu'il a mife dans l'exécution de ces mêmes parties & celles du prétendu original ; tout y fert à montrer jufqu'à quel degré l'art peut être porté pour accréditer l'impofture.

Ce tableau, & les deux que M. Cafanova fit pour tromper M. Winckelmann, fe trouvoient dans le cabinet de M. Diel de Marfeille. Mais à fa mort, le Jupiter de M. Mengs refta entre les mains de Madame Smith, qui logeoit avec lui, & qui demeure aujourd'hui dans la rue de la Croix.

M. Winckelmann a regardé auffi cette peinture comme antique, & en a donné une favante defcription dans fon *Hiftoire de l'Art;* mais il n'en a jamais montré de l'humeur à M. Mengs, comme il l'avoit fait à M. Cafanova; foit qu'il en ait voulu davantage à ce dernier, à caufe qu'il avoit fait ces deux tableaux dans l'unique deffin de mettre le favoir de M. Winckelmann en défaut; ou peut-être bien, ce qui même eft le plus probable, parce qu'il eft refté jufqu'à fa mort dans l'idée que le tableau du Jupiter étoit véritablement un ouvrage antique.

Je fais que M. Mengs a laiffé, dans l'intérieur de l'enduit de ce tableau, une marque pour faire reconnoître que c'eft un ouvrage de fa main. Cependant il lui vint, avant de mourir, un regret d'avoir fait cette fupercherie, & il recommanda avec beaucoup d'inftance à Madame Marron, fa fœur, de rendre public qu'il étoit l'auteur de cet ouvrage.

Tome I, page 54, *après le premier paragraphe,* Je me rappelle un autre trait de M. Mengs, qui caractérife trop fa manière de penfer pour l'omettre ici. Le roi

actuel de Pologne voulut avoir un tableau allégorique
de M. Mengs, je ne fais fur quel fujet. Lorfque le mi-
niftre de cette cour à Rome s'acquitta de fa commiffion
auprès de cet artifte, celui-ci répondit qu'il feroit
charmé de fatisfaire à l'ordre dont l'honoroit Sa Majefté
Polonoife; mais qu'étant, pour le moment, chargé de
vingt-fix tableaux pour d'autres fouverains, il étoit jufte
qu'il fatisfit auparavant à ces demandes, fuivant l'ordre
du tems qu'il les avoit reçues; que de plus, il avoit
promis à fes amis de leur faire quelques tableaux, &
que c'étoit par ceux-là qu'il vouloit commencer, *parce
qu'il préféroit l'amitié à toutes les dignités & à tous les
honneurs du monde.*

Tome I, page 54, après le fecond paragraphe. En parlant plufieurs fois à M. Mengs de la fituation de fa famille, je lui confeillai de deftiner un de fes fils à la
peinture; mais il me répondit toujours négativement,
en m'ajoutant : *Si mon fils avoit un talent inférieur au mien,
j'en aurois beaucoup de chagrin ; & je ferois au défefpoir,
s'il en poffédoit plus que moi.* Voilà un enthoufiafme dont
les grands hommes feuls font fufceptibles. Et en effet,
que peut-on efpérer de celui qui ne s'eftime pas
foi-même ? Zeuxis, qui faifoit préfent de fes tableaux,
parce qu'il croyoit qu'on ne pouvoit pas affez les payer;
Parrhafius qui s'étoit arrogé le furnom de Αβροδιαιτης,
& tant d'autres artiftes du premier ordre avoient conçu
une bien plus haute idée d'eux-mêmes, que M. Mengs;
& tous croyoient qu'il étoit jufte : *Sumere fuperbiam
quæfitam meritis.*

Tome I, *page* 57, *à la suite du dernier paragraphe des Mémoires sur la vie & sur les ouvrages de M. Mengs.* Les ouvrages de M. Mengs ont produit un essaim de critiques de toutes les especes. Pour faire connoître jusqu'à quel point a monté ce délire, je rapporterai ici quelques incartades de M. Richard Cumberland, Anglois, qui, au commencement de la derniere guerre, passa en Espagne, où il fut chargé infructueusement de quelques négociations politiques. De retour dans sa patrie, il espéra de se distinguer plus heureusement en publiant un livre intitulé : *Anecdotes of eminent Painters in Spain*, &c. *deux volumes in-*12 *Londres* 1782.

M. Cumberland commence par déclarer qu'il a entrepis cet ouvrage pour faire connoître en Angleterre les meilleurs peintres Espagnols, & le grand nombre de leurs ouvrages; de même que ceux des peintres étrangers, qui se trouvent en grande quantité dans ce royaume, & qui sont peu connus ailleurs, & particulièrement des Anglois. Mais pour ne point donner les vies de ces peintres, que d'autres ont déjà publiées, & faute d'avoir les connoissances nécessaires en peinture, ainsi qu'il en convient lui-même plusieurs fois ingénuement, il a cru bien faire de publier un recueil d'*anecdotes*, c'est-à-dire, d'inepties ennuyeuses, qui n'offrent pas la moindre instruction, pas même pour les simples amateurs de l'art ; car il n'a daigné caractériser aucun de ces peintres, ni d'écrire aucun de leurs ouvrages ; il avance même que la description d'un tableau est aussi inutile que celle d'une bataille.

Il a cependant jugé à propos de donner la description

faite

faite par M. Mengs du tableau de *lo Spasimo di
Sicilia* de Raphaël ; & à cette occasion , il a manifesté
son goût & son intelligence , en disant : « Quant à
» l'effet général , il me semble que la composition man-
» que d'harmonie ; les chairs en sont noires & grossières ;
» les figures & les objets du fond n'ont point une juste
» dégradation , & ne fuient pas , comme on le voit dans
» la nature ; défauts qu'il faut peut-être attribuer aux
» retouches qu'on a faites à ce tableau , & aux diffé-
» rens vernis qu'on y a appliqués. Dans le groupe ,
» il y a une jambe qui n'appartient à aucune figure , ce
» qui fournit une nouvelle preuve que ce tableau a été
» rétabli par des mains étrangeres ; car on ne peut cer-
» tainement pas accuser Raphaël de cette faute grof-
» fière ».

Mais s'il n'y a point de défaut dans ce tableau , s'il
n'a jamais été restauré , & si c'est un des plus beaux
ouvrages de Raphaël & des mieux conservés de ce maître , que devra-t-on penser alors de la perspicacité de
M. Cumberland ?

Après avoir donné ses anecdotes sur les peintres Espagnols du seizième & dix-septième siècles ; notre auteur
éclairé dit : Que dans notre siècle l'Espagne n'a point
produit d'artistes de ce mérite , & il observe que cette
décadence n'est pas particulière à l'Espagne , mais qu'elle
a de même lieu en Flandres , en France , & principalement en Italie. « Il ne faut pas en attribuer la faute
» aux princes de la maison de Bourbon , qui règne en
» Espagne , si la récompense peut être regardée comme
» la mesure de l'encouragement. Les plus zélés admira-

» teurs de M. Mengs n'oferont dire que fes talens
» n'aient pas été affez confidérés , ni affez récompenfés
» par fa majefté Catholique, au fervice & aux gages de
» laquelle ce peintre eft mort. La réputation de cet ar-
» tifte eft fort célèbre en Europe, & c'eft peut-être
» celle de tous les peintres modernes qui l'eft le plus;
» mais il n'a été folidement encouragé qu'en Efpagne.
» En Allemagne il n'a peint que des miniatures; il n'a
» fait que des copies pour l'Angleterre; fugitif de
» Drefde, & dans la pénurie à Rome, ce ne fut qu'à
» la cour de Madrid qu'il reçut honneur & récompenfe,
» & qu'il exerça dignement fon art; ainfi qu'on avoit
» vu le Titien à la cour de Charles-Quint, Coello
» auprès de Philippe II, & Velafques fous Philippe
» IV, princes pendant le règne defquels l'Efpagne a
» produit fes plus grands peintres, & a attiré chez elle
» les meilleurs artiftes étrangers ».

Enfuite, M. Cumberland, tàchant de découvrir les
caufes de cette décadence des arts, bat la campagne,
fe perd dans fes raifonnemens, & finit par croire qu'il
en faut chercher la raifon en Efpagne, dans la perte de
l'orgueilleufe indépendance des Aragonois, & de l'in-
flexible dignité des Caftillans; ainfi que dans l'indiffé-
rence que les moines gourmands & fainéans ont pour les
arts; qui font de même négligés par les miniftres, depuis qu'on ne les choifit plus dans le corps de la nobleffe.

Il n'y a point d'artifte fur lequel M. Cumberland
s'étende davantage que fur M. Mengs, dont il dit :
« Plufieurs juges des mieux accrédités ont regardé Mengs

» comme la plus grande lumière de l'art des tems
» modernes ; & l'on feroit mal fa cour en Efpagne fi
» l'on n'applaudiſſoit pas aux éloges qu'on fait de ce
» peintre. Quelques admirateurs enthoufiaftes fe font
» même joints à M. d'Azara , fon éditeur , pour le com-
» parer à Raphaël & au Corrége ».

Il donne enfuite un extrait de la vie de M. Mengs , publiée par le même Azara. Ici M. Mengs n'eft plus fugitif hors de Saxe, ni dans le befoin à Rome ; mais il
fe trouve tout-à-coup étre quelque chofe, puifque
M. Cumberland , après avoir établi plufieurs théories fur
le jugement qu'on doit porter des peintres morts & encore exiftans , (*de vivis nil nifi bonum, de mortuis nil
nifi verum,*) dit : Que M. Mengs , quoique idolâtre de
Raphaël , dont il a étudié les ouvrages avec plus de
foin que Pafcal n'a jamais étudié la bible, a néanmoins
trouvé que Raphaël étoit inférieur aux anciens peintres
Grecs dans la beauté idéale, qui manquoit à Raphaël;
& que M. Mengs a fondé ce jugement fur de fimples
hypothèfes , & non fur des preuves de fait. Il paroît
donc par-là que M. Cumberland a lu & bien retenu
les œuvres de M. Mengs.

M. Cumberland va plus loin encore , & ajoute : « Que
» M. Mengs aimoit la vérité ; mais qu'il ne l'avoit pas
» toujours trouvée ; & que fauvage , mélancolique & in-
» fociable , il croyoit ne dire que des vérités , tandis qu'il
» ne difoit que des impertinences , & ne parloit qu'avec
» mépris des peintres mêmes dont le talent étoit fupé-
» rieur au fien ». Il cite fur-le-champ , comme une
preuve de cette inculpation , que M. Mengs a dit :

Que le livre de M. Reynolds, peintre Anglois, est fait pour induire en erreur les jeunes artistes ; parce que ses raisonnemens portent sur des principes superficiels & erronés, qui ne sont adoptés que par cet auteur. Voilà une faute que M. Cumberland ne peut pas pardonner à M. Mengs, & que cet artiste doit expier. « Si Mengs eût été en
» état de produire une composition aussi tragique & aussi
» pathétique que celle d'Ugolino*, je suis convaincu
» qu'une pareille condamnation ne seroit jamais échappée
» de sa bouche ; mais l'adulation l'avoit rendu vain,
» & ses maux avoient aigri son esprit. Il se voyoit à
» Rome sans rivaux ; & comme il n'avoit plus les arts sous
» les yeux, il pensoit qu'ils n'éxistoient plus nulle part
» que sur sa palette. Le tems n'est pas loin, que nos
» amateurs (c'est-à-dire, les Anglois,) pousseront leurs
» voyages jusqu'en Espagne, & ils verront alors avec
» indignation, par ses ouvrages, combien ses decrets
» dogmatiques sont peu fondés ; & c'est alors aussi que
» nous pourrons dire, avec connoissance de cause, que

---

* Ce sujet est tiré de *l'Enfer du Dante, ch.* 33, *v.* 168 *suiv.*, où le comte Ugolino est dépeint mourant de faim avec ses quatre enfans, en prison. Dans le tableau de M. Reynolds, ce père infortuné est représenté dans une parfaite apathie, & comme pétrifié par le sentiment de son malheur ; tandis qu'un de ses fils tombe en agonie, un autre veut le secourir ; le troisième se cache le visage, & le plus jeune se tient effrayé aux genoux de son père. Les regards de tous ces enfans sont fixés sur le comte qui n'entend plus, qui ne voit plus. Il y a une fort belle gravure de ce tableau. *Note du Traducteur.*

» fa *Nativité*, quoique fi fuperbement encadrée , & fi
» artiftement couverte, qu'il n'eft pas permis *au zéphir*
» *même d'y toucher trop rudement ;* ce tableau doit ce-
» pendant plus fon éclat au verre qui le couvre qu'à
» fa propre beauté. Que d'ailleurs l'Enfant Jefus eft une
» efpèce d'avorton , & fi petit qu'il paroît copié d'après
» un embrion confervé dans un bocal (*copied from a*
» *bottle.*) Que Mengs ne fait donner ni un caractère
» de vie, ni un caractère de mort à fes figures ; qu'il
» ignore également l'art d'infpirer la terreur & de ré-
» veiller les paffions ; que fes compofitions n'annoncent
» ni feu , ni imagination ; & qu'en cherchant à éviter
» chaque défaut en particulier , il eft tombé dans tous
» en général ; que d'ailleurs fon pinceau eft auffi timide
» que fervile. Qu'ayant contracté le goût & les idées
» d'un peintre de miniature , il a fait voir dans fes plus
» grandes compofitions , une délicateffe infinie de
» pinceau qui prouve la *main* d'un habile artifte, mais
» non pas ces élans de l'*ame* qui caractérifent le maître.
» Que lorfqu'il y a de la beauté , elle n'échauffe point
» l'imagination ; de même que fes fujets triftes n'ex-
» citent point la pitié. Que l'ange qui , vient faluer
» Marie , eft un meffager fans agilité dans fon vol ,
» & fans grace dans fon action. Que, quoiqu'il ait con-
» damné , d'un ton d'oracle, Rubens, au vil rang de
» copifte hollandois , il étoit néanmoins auffi peu
» en état de peindre l'Adoration des rois de Rubens,
» que de créer l'étoile qui fervit de guide aux Mages.
» Mais ce font là des difcutions au-deffus de ma portée.
» J'abandonne donc Mengs à des critiques plus habiles,

„ & Reynolds à de meilleurs défenseurs que je ne le suis ;
„ content si la postérité les admire tous deux , & convaincu
„ que la gloire de notre concitoyen est au-dessus de
„ l'envie & de la détraction.

Peu satisfait encore de ces sarcasmes, l'élégant Cumberland ajoute , que le tableau du Christ mort, peint par Rubens , qui est dans la salle du chapitre de l'Escurial , est d'une force & d'une expression singulières , & qu'il n'a jamais vu d'ouvrage de peinture où les passions soient rendues d'une manière plus étonnante. « Lorsque, parmi un grand nombre
„ de chefs-d'œuvre de Raphaël & du Titien , on porte
„ les yeux sur ce tableau , ils y demeurent fixés , &
„ l'on sent que Rubens y a rendu les passions plutôt
„ en poëte qu'en peintre. En voyant cet ouvrage je
„ me rappellai la critique amère de Mengs , lorsqu'il
„ compare la copie que Rubens a faite du Titien à la
„ traduction Flamande d'un auteur élégant ; & je ne
„ pus m'empêcher de faire , en moi-même , une compa-
„ raison de ce tableau avec celui de Mengs qui repré-
„ sente le même sujet. La scène & les personnages ,
„ ainsi que la catastrophe , sont exactement les mêmes.
„ Mais chez Mengs tout est froid, insipe & sans vie,
„ exécuté d'une manière méthodique & mésuré au com-
„ pas ; ses personnages ressemblent à une troupe de
„ gens postés dans des attitudes académiques & payés
„ pour leur peine. Le corps du Christ est exposé de la
„ même manière à la vue dans les deux tableaux ; mais
„ quelle différence ! quel contraste ! Mengs, à la vé-
„ rité, s'est donné beaucoup de peine pour faire un
„ cadavre ; il a arrondi les muscles, il a rendu la peau

» lisse, & lui a donné un coloris qui ne ressemble en
» rien à de la chair : c'est une figure de cire luisante,
» qui n'offre aucun signe des douleurs que le Christ
» vient de souffrir. Qu'après cela on regarde le tableau
» de Rubens, & on y verra la personne qui a expié
» nos iniquités sur la croix, & dont la mort nous a
» sauvés. Cependant Mengs est le peintre que le pré-
» jugé de la cour a élevé, en Espagne, au-dessus
» de toute comparaison ; de sorte que ce seroit un crime
» d'état que de ne point l'admirer ; & le culte qu'on
» lui rend est regardé comme canonique, & fait, pour
» ainsi dire, partie de l'idolâtrie qui caractérise la re-
» ligion du pays. Mengs est le seul critique qui, en
» parlant, *ex professo*, de la collection des peintures du
» palais du roi, à Madrid, ne fasse pas l'éloge, & ne
» donne pas même la description du tableau de l'*Ado-*
» *ration*, qui est le principal ouvrage de Rubens ; de
» sorte qu'on croiroit qu'il ne cite le nom de ce grand
» maître que pour faire un inutile sacrifice au Titien,
» que Rubens eut, suivant Mengs, la témérité de
» copier ».

*Tome I. p. 152. A la fin des Réflexions sur la Beauté
& sur le Goût dans la peinture.* M. Mengs a dit, & a
bien dit, que les anciens ne mettoient dans leurs ouvrages qu'un petit nombre de figures, afin de rendre
plus sensible la perfection de celles qu'ils y introduisoient ;
tandis que les modernes, au contraire, cherchent à
cacher leurs imperfections en multipliant les objets. L'é-
cole de Cortone & celle de Naples, qui lui doit son

exiſtence, (les deux ſeules qui règnent aujourd'hui en Italie) ont pour principe, dans leur compoſition, de remplir de grands eſpaces par des figures & d'autres objets, ſans laiſſer vuide aucun endroit du tableau. Ils ne s'inquiètent point ſi leurs compoſitions ſont confuſes, & ne ſignifient rien, pourvu que les attitudes des figures & les couleurs locales forment des contraſtes, & ce qu'ils appellent de *l'effet;* de ſorte qu'on peut dire, que ce n'eſt ni l'expreſſion, ni l'idée du ſujet, mais la manière dont ils rempliront le champ de leurs tableaux qui les occupe principalement. J'ai vu dans les ouvrages de Corrado, des figures dont le coloris du viſage eſt verd & bleu, parce qu'il croyoit que par ce moyen il contraſtoit merveilleuſement bien avec celui d'autres figures, d'un coloris différent.

Comme ce ſont là des choſes tout-à-fait nouvelles, il a fallu qu'ils créaſſent des mots nouveaux ; c'eſt pourquoi ils ont imaginé le nom de *Peintres machiniſtes, Peintres à machines, (Macchiniſti, Pittori di macchine.)* Ils diſent même que ceux qui font des compoſitions ſages & bien entendues, où il n'y a que le nombre néceſſaire de figures, ſans rien d'inutile ou de gratuit, & ſans attitudes forcées ou chargées, ne ſont que des artiſtes froids, ſans feu, ſans ame & ſans talent. En un mot, en cela comme en bien d'autres choſes, un certain eſprit a prévalu ſur le jugement, & le goût s'eſt totalement dépravé.

Il eſt bon de citer à cette occaſion un paſſage du *Traité de la peinture,* de Léon-Baptiſte Alberti * ; car

---

* Alberti naquit à Florence d'une famille noble. Il a donné en laquoique

quoique cet auteur ait écrit à une époque où l'art étoit
encore dans fon enfance, il nous prouve cependant que
la raifon triomphe dans tous les tems, lorfque les pré-
jugés ne l'étouffent point. Voici comment il s'exprime:
« Et je blâme certainement les peintres qui, pour pa-
» roître fertiles, & pour ne point laiffer d'efpace vuide
» dans leurs ouvrages, ne fuivent aucune règle dans
» leurs compofitions, mais placent tout au hafard &
» fans ordre; de forte que leurs productions ne pré-
» fentent aucun fujet déterminé, & ne font que des
» tumultes confus ; tandis que celui qui veut mettre
» de la dignité dans l'hiftoire, doit fur-tout chercher
» la fimplicité. Car, ainfi qu'un prince acquiert de la
» majefté, en exprimant fes volontés en peu de pa-
» roles, pourvu que fes ordres foient remplis ; de même
» un tableau d'hiftoire augmente en dignité quand il
» n'y a que le nombre requis de figures ; & cette va-
» riété limitée lui donne de la grace. Je hais la foli-
» tude dans les fujets d'hiftoire ; mais je fuis loin auffi
» d'approuver cette abondance qui nuit à la dignité. Et
» j'aime beaucoup à trouver dans les tableaux d'hiftoire,
» ce que je vois obfervé par les poëtes tragiques & comi-
» ques, qui, pour repréfenter leur fujet, n'emploient que
» le moins de perfonnages qu'il leur eft poffible ».

---

tin un Traité d'architecture divifé en douze livres, imprimé en
1481 ; il a auffi écrit fur la peinture, fur la fculpture, & fur plufieurs autres fciences. On voit à Florence, à Rimini & à Mantoue
de fes ouvrages d'architecture qui font d'un bon goût. *Note du Tra-*
ducteur.

Tome I. p, 179. A la fin du premier paragraphe. C'eſt le ſens
du toucher qui nous apprend que les objets font véritablement placés hors de nous ; & c'eſt par la répétition continuelle de cette obſervation que l'ame acquiert enfin l'habitude de juger ſainement de la véritable ſituation des choſes.
Note. Je n'ignore point qu'il y a pluſieurs autres ſyſtêmes
contraires à la théorie que je viens d'expoſer ſur la viſion,
qui tous, peut-être, ont été produits par un eſprit de
ſingularité ou de contradiction ; c'eſt pourquoi je ne
m'arrêterai point à les réfuter. Je ferai ſeulement mention ici de celui de M. l'abbé de Condillac, à cauſe
que le nom de cet écrivain pourroit donner quelque
poids à ſon opinion, & par conſéquent autoriſer une
erreur. M. l'abbé de Condillac n'a fait ſon *Traité des animaux* que dans l'intention d'offuſquer, s'il étoit poſſible, la
gloire de l'illuſtre M. de Buffon ; & il a oſé entreprendre
d'attaquer, avec le ſecours de la ſeule métaphyſique,
un homme garni de toutes les armes des mathématiques,
de la phyſique, de l'hiſtoire naturelle, de la philoſophie
& de l'éloquence.

Il ſoutient que nous ne voyons les objets ni doubles,
ni renverſés, parce qu'il ne ſe peint aucune image ſur
la rétine ; ne pouvant point ſe former d'image là où il
n'y a point de couleur. Il ne ſe fait, dit-il, qu'un certain
ébranlement dans la rétine ; or, un ébranlement n'eſt
pas une couleur, & ne peut être que la cauſe occa-
ſionnelle d'une modification de l'ame. Et quand même
les objets viendroient ſe peindre renverſés & doubles
ſur la rétine, on ne peut cependant pas en conclure
qu'il y ait dans l'ame une ſenſation double & renverſée.

Ces argumens font fi foibles, que rien ne feroit plus facile que de les réfuter avec évidence , fi le tems le permettoit. Qu'on fixe la vue fur un objet , & qu'on fépare les yeux avec force , on le verra double ; parce que l'ame ne reçoit plus alors les fenfations de la manière qu'elle a l'habitude d'en être affectée. Comment M. l'abbé de Condillac a-t il pu s'imaginer que la rétine puiffe éprouver un ébranlement fans contact ? Et ce contact , par quelle autre caufe peut-il être produit, fi ce n'eft par la lumière ? Qui eft-ce qui s'imagineroit que l'auteur d'un excellent traité contre les fyftêmes , tomberoit lui-même dans un des moins raifonnables & des plus dangereux de tous , qui eft celui des *caufes occafionnelles* du bon père Malebranche ?

Tome I. *p. 196. Note pour la fin du dernier paragraphe.* Quelques perfonnes plus jaloufes de la réputation de Michel-Ange , que de celle de tout autre artifte , & peut-être que de la leur propre même , ont été fcandalifées de la févérité avec laquelle je l'ai jugé. Pour tranquillifer leur efprit à cet égard , je pourrois citer ici plufieurs femblables jugemens que des grands maîtres de l'art ont portés fur cet artifte prétendu divin;mais pour ne pas abufer de la patience du Lecteur , je me contenterai de rapporter ce que le favant M. Fuesfli , qui a publié en Allemand , à Zurich , le *Traité* de M. Mengs *fur la Beauté & fur le Goût dans la peinture* , dit dans une lettre qui fe trouve à la fin du fecond volume des *Lettres familières de M. Winckelmann.* « Tous les artiftes font de leurs faints des vieillards ; » fans doute , parce qu'ils s'imaginent que l'âge eft

» néceffaire pour donner de la fainteté ; & ce qu'ils ne
» peuvent leur imprimer de majefté & de gravité, ils le rem-
» placent par des rides & des longues barbes. On en
» voit un exemple dans le Moïfe de l'églife de S. Pierre-
» aux-liens, du cifeau de Michel-Ange, qui a facrifié
» la beauté à la précifion anatomique & à fa paffion
» favorite, le terrible, ou plutôt le gigantefque. On ne
» peut s'empêcher de rire quand on lit le commence-
» ment de la defcription que le judicieux Richardfon
» donne de cette ftatue : *Comme cette pièce eft très-fameufe,*
» *il ne faut pas douter qu'elle ne foit auffi très-excellente.*
» (*Tome* III. *p. 545.)* S'il eft vrai que Michel-Ange
» ait étudié le bras du fameux fatyre de la *villa* Ludo-
» vifi, qu'on regarde à tort comme antique, il eft très-
» probable auffi qu'il a étudié de même la tête de ce
» fatyre, pour en donner le caractère à fon Moïfe ; car
» toutes deux, comme Richardfon le dit lui-même, ref-
» femblent à une tête de bouc. Il y a fans doute dans
» l'enfemble de cette figure quelque chofe de monftrueu-
» fement grand, qu'on ne peut difputer à Michel-Ange :
» c'étoit une tempête qui a préfagé les beaux jours de
» Raphaël ».

Tome II. *p.* 21. *Note pour la fin de la première ligne.* C'eft
peut-être une erreur de croire que le lieu où l'on a
trouvé l'Apollon étoit un palais de Néron ; car fi cela
étoit ainfi, Pline en auroit certainement parlé, ainfi
qu'il fait mention du Laocoon & des autres belles ftatues
de fon tems. Il eft plus probable que cet ouvrage eft du
tems d'Hadrien, lorfque l'art fut arrivé à fon plus haut

degré de perfection fous les empereurs. Il eft donc à croire que l'endroit où cet Apollon fut découvert à été la *villa* qu'Hadrien avoit à Anzio , où , fuivant Philoftrate , dans la vie d'Apollonius de Thiane. (*Lib.* VIII, *c. 8.*) cet empereur avoit dépofé un livre & plufieurs lettres de ce philofophe ; & il ajoute que cette *villa* étoit de toutes les maifons impériales celle où Hadrien fe plaifoit le plus. Ὅτι δὴ καί τινας τῶν τȣ Ἀπολλωίȣ ἐπιστολῶν καταμεῖναι ἐς τὰ Βασίλεια, τὰ ἐν τῷ Ἀντίῳ, οἷς μάλιστα διὰ τῶν περὶ τὴν Ἰταλίαν Βασιλείων ἔχαιρεν.

Je ne crois pas non plus que cet Apollon foit occupé à tuer le ferpent Pythien ; je penfe plutòt qu'il décoche fes flèches fur la malheureufe famille de Niobé.

Tome II. *page.* 182. *Note pour la fin du premier paragraphe.* Un ex-jéfuite de Parme , fauva, lors de l'extinction de fon ordre , un tableau repréfentant le même fujet, qu'il a vendu depuis au prince Chigi , à Rome. C'eft, à ne point en douter , un tableau original du Corrége , de même que celui qui eft à Capo-di-monte. Ce tableau avoit beaucoup fouffert & a été rétabli, particulièrement dans les draperies. La tête & le pied de la Vierge, de même que l'Enfant, qui ont été bien confervés, font fi divinement exécutés qu'il n'y a peut-être rien de plus beau au monde.

Tome II. *page.* 221. *Note pour la fin du paragraphe.* La vie du Corrége compofée par M. Mengs, telle que je viens de la publier, a été imprimée à Finale, en 1781, par un certain M. Charles - Jofeph Ratti ; lequel, fai-

fant femblant d'ignorer que les œuvres de M. Mengs
exiftaffent, fe dit l'auteur de cette vie du Corrége,
qu'il s'approprie comme fon propre ouvrage ; & pour
rendre la chofe plus probable, il s'eft permis de joindre
à cette vie, une lettre qu'il prétend que M. Mengs
lui a écrite, en 1774, de Madrid ; dans laquelle il fait
dire à cet artifte, qu'il l'engage à fe hâter de raffembler
& de publier promptement les Mémoires fur la vie &
fur les ouvrages du Corrége. De manière que M. Ratti
a publié cette vie, comme fi M. Mengs n'y eût jamais
eu aucune part ; & néanmoins, c'eft exactement celle que
M. Mengs a compofée. Il eft vrai que M. Ratti l'a ha-
billée à fa mode, en renverfant le fens & les phrafes
par-tout où il eft queftion de l'art ; & il a cru produire un chef-d'œuvre en la chargeant d'une érudition
tout-à-fait fingulière. Par exemple, il dit que *Corrége eft
une des plus illuftres villes de la Lombardie*, & qu'elle a
produit de grands hommes en tout genre, jufqu'à des
cardinaux même ; & pour prouver cette affertion, M. Ratti
cite des épitaphes, des teftamens, des titres, des dignités,
des tombeaux, des chronologies & plufieurs autres pareils
témoignages, très-utiles, fans doute, aux artiftes & à l'avancement de l'art. Il nomme auffi tous les difciples du Corrége,
qui, felon lui, ne font pas en petit nombre, & qui tous ont
été de grands & de très-grands maîtres. Enfuite il fait l'énu-
mération des imitateurs du Corrége, parmi lefquels Lanfranc fe trouve placé comme un archi-Corrégien, & le
Ferrari comme un plus grand archi-Corrégien encore ;
fans doute, à caufe que ces deux peintres étoient
Génois. Il termine enfin fa légende par M. Mengs, qu'il

prétend avoir été aussi le partisan & l'imitateur très-fidele du Corrége; sans dire néanmoins en quoi & de quelle manière il l'a imité.

Si M. Ratti avoit si fort envie d'être imprimé, il auroit du moins dû publier des choses qui fussent à lui. M. Ratti est un Génois boîteux, avec une bouche de travers, qui possède le misérable talent de contrefaire les gestes & les ridicules des personnes qu'il voit. C'est par ce mérite singulier qu'il fit la connoissance de M. Mengs, qui, malgré son caractère, naturellement sérieux, aimoit à se distraire quelquefois avec des gens de cette trempe gaie & burlesque; de manière qu'il prit M. Ratti tellement en amitié qu'il le logea dans sa maison, & qu'il fournit à tous ses besoins. Et pour mieux contribuer, encore à sa fortune, il chercha à le faire passer pour peintre. Pour cet effet, il lui fit plusieurs ébauches d'un tableau de Nativité, qu'il devoit exécuter pour l'église des négocians de Barcelone. Le soi-disant peintre choisit la plus belle de ces ébauches, haute d'environ six palmes (qui est un vrai chef-d'œuvre dont je suis possesseur); & fit ainsi son tableau, sans autre peine que celle de le craticuler & de le colorier : ce qui lui mérita un honneur immortel.

M. Ratti auroit continué, sans doute, à jouir de l'amitié de M. Mengs, & même à vivre chez lui, s'il n'avoit pas conçu le fol projet d'aspirer à la main d'une des filles de son bienfaiteur. Mais à peine eut-on découvert cette ridicule prétention de sa part, qu'il fut renvoyé à la grande satisfaction de tout le monde & particulièrement de Madame Mengs, à qui les manières cavalières & peu honnêtes de M. Ratti déplaifoient infiniment.

Cependant M. Ratti a confervé une fi grande reconnoiffance pour fon ancien bienfaiteur, qu'à peine celui-ci eût-il ceffé de vivre, qu'il publia fa vie, dans laquelle M. Mengs ne fe reconnoîtroit certainement pas s'il pouvoit la lire. Il s'y nomme par-tout l'ami & le difciple de Mengs. Il vient auffi de faire réimprimer la vie du Corrége par M. Mengs, comme un ouvrage de fa propre compofition. A merveille, M. Charles-Jofeph Ratti !

Il faut joindre aux gravures faites d'après les ouvrages de M. Mengs, dont il eft parlé à la page 60 du premier volume, plufieurs têtes qu'il a deffinées au trait avec quelques ombres, d'après le célèbre tableau de Raphaël, connu fous le nom de l'*Ecole d'Athènes*, qui eft au Vatican ; & que D. Alberic Mengs, fon fils, fait actuellement graver à Madrid, par D. Domingo Cunego. Il en a déjà paru environ une vingtaine de feuilles.

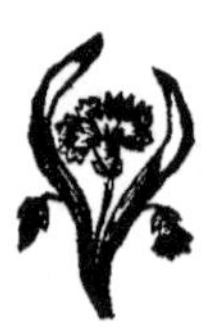

ODE

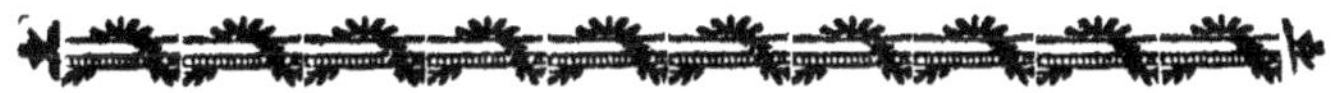

ODE

In Morte **DEL CAVALIERE**

ANTON-RAFFAELE MENGS.

ITALIA!.... O me felice
Sotto il ciel più fereno !
Bella d'arti , e d'artefice
Reina , e genetrice
Nacqui anch'io nel tuo feno.

LE palme alzo agli Dei
E il don d'Italia cuna
Pregio più , che in eftrania
Terra non pregerei
Don di regia fortuna.

SE nacquer lungo il Nilo ,
Se Grecia le fè belle ,
Nacquero , e s'abbellirono
Sol per prender afilo
Tra noi l'arti forelle.

Tome II.   Y y

Venner, com'io fent' oggi,
Dubbie d'april le aurette:
Dagli occhi il vel fi tolfero
In faccia ai Tofchi poggi;
E il divin piè fi ftette.

Quante man corfer pronte!
Quant' alme innamorate!
Ecco alle Dee rifplendere
Tutta la luce in fronte
Della natia beltade.

D'eccelso orgoglio o come
In ifitati moti
L'accefo cor m'inveftono,
S'anzio, s'odo il tuo nome,
S'odo il tuo, Buonarotti!

Ovunque il guardo io giro,
Cento m'invitan fegni
D'are, che al gufto alzaronfi;
Quanti ogn'aere, ch'io fpiro,
Spiran fovrani ingegni.

Dell' arti io vi faluto
Monumenti diletti;
In voi pafcendo l'anima,
In Genio anch'io mi muto
Ebbro de' voftri afpetti.

O D E.

Altri fra il tuon de' cavi
Metalli ami aggirarsi ,
Mirar genti, che spirano
Morte e di ferro gravi
Lauri di sangue sparsi.

Tu , Italia , in mezzo all' arti
Pacifica ti resta ;
Italia , ecco in tuo imperio ;
No , il ciel non potea darti
Sorte miglior di questa.

Forse lagnarti vuoi
De' tuoi domini angusti ?
Di povertade ? Ah ! medita
Sù tutti i fasti tuoi
Sarian lamenti ingiusti.

Grecia potuto avria
Lagnarsi ? un sol sospiro
Trasse ella mai d'invidia
Sull' alta Signoria
Dei successor di Ciro ?

Ma dell' onor più vero
Tutte le vie ti sono
Sempre , se vuoi , domestiche :
Scopristi un emisfero
E altrui ne festi un dono.

Tal apre intatte felve
Un lion generofo,
Poi le abbandona, e libere
V'han le minori belve
Il pafcolo, e il ripofo.

Di tue richezze il fonte
Avrai tu fola a vile,
Se mal fuo grado apparezzale
D'oltremar, d'oltremonte
Ogni fpirito gentile?

Qual corra a te non penfi
Eftrania ognor famiglia
Sù tuoi tefori eftatica
E in preda a mille fenfi
D'invidia, e maraviglia.

Reso alle patrie rive,
Se oltraggi alcun frappone
Al vero inevitabile,
Quel, che fua invidia fcrive,
Detefta fua ragione.

Ma fe l'invidia cede,
L'induftre peregrino
Giura per te dementica
D'aver la patria, e chiede
Farfi tuo cittadino.

Quegli, ch' Italia or piangi;
Tuo cittadino fi feo;
Quì per man delle Grazie
Libò fenza compagni
Il puro latte Acheo.

E quì, dov' egli fiffe
L'avide ciglia, e il core,
Sentì l' influffo magico
De' gran modelli, e diffe:
Anch' io fon Dipintore.

Disse, e a un lavoro accinto
Ne' fuoi color s'infufe.
Quel non fo che dell' anima
Ricercator, quel cinto
Che a pochi dan le Mufe.

Il già Romano igegno
Piacque a Natura o quanto'
Effa all' orecchio diffegli:
Copiami, tu fei degno;
Eccomi fenza manto.

E allor gl' ingenui volti
Parlanti agl' intelletti
Dal facil tocco fcefero,
E in un fol tocco accolti
Mille contrari affetti.

La muta Poesia
Fra tinte d'alma piene
Tutta brillò : vedeasi,
Com' ella si partia
Dalla Scuola d'Atene.

L'ombre poscia e il d'intorno
Guidò profonda vista,
Figlia de' geni, ond' unico,
Fu Lionardo un giorno
Filosofo ed Artista.

Che non unì? Le ardenti
Movenze, il meditato
De' gruppi bel disordine,
I dolci sfuggimenti
Lo sfumar dilicato;

E il fior più lusinghiero
(Meglio meglio il vicino
Secol vedrà, s'io mentone)
Di quanti all' arti diero
Parma, Vinegia, Urbino.

Zeusi così sceglieva
E il bel di cinque univa
Fanciulle di Calabria,
Allorchè dipingeva
La bellissim' Argiva.

O a quefto fecol dato
In riftoro dell' arti !
Quì la tua propria immagine
Spira tal , che paffato
Non fo ben figurarti :

Quì ancor la tua gradita
Compagna.... ahi , che dir ofo !
Cor raro ! cor fenfibile !
Pagafti colla vita
Il tuo amor virtuofo.

Tu dillo , e folo il puoi ,
Se il tuo ingegno , o il tuo cuore ,
Ambo di tempre eteree ,
Ambo foli fra noi ,
Ebbe tempra migliore !

S'egli è ver , che convenga
A buon Pittore affai
Sentir , amibil anima
D'apoteofi degna ,
Che non fentifti mai !

Ho core anch' io , che fente
La tua mancanza , o primo
Dell' arti amor ; ma povera
Di facre aure è la mente ;
Sento , ma non efprimo.

SULLA tua tombo immoto
Staſſene il Guſto : ahi ! Bello
Chi ſa , chi ſa , qual medita
Far mai ſecol rimoto
Del terzo Raffaelo !

Fin du Tome ſecond.

INDICE

INDICE

DES PIECES ET DES CHAPITRES.

TOME PREMIER.

SECTION PREMIERE.

De la Beauté.

Tome II.   Z z

CHAPITRE IV.

CHAPITRE V.

TOME II.

Fin de l'Indice des Pieces, &c.

TABLE
DES MATIERES

Contenues dans les deux Volumes.

A.

B.

E.

G.

H.

O.

P.

Q.

R.

S.

V.

Z.

Fin de la Table des Matières.

FAUTES A CORRIGER.

TOME PREMIER.

PAGE 16, ligne 10, après enfant, *effacez* ; *& mettez*,
ibid. 12 en pieds, *lisez* en pied.
30 3 ambient, *lisez* ambiant.
34 18 à un bacchanale dans lequel, *lisez* à une bacchanale dans laquelle.
35 1 desquels, *lisez* desquelles.
175 13 le Caravache, *lisez* le Caravage.
221 18 & 21 des couleurs, *lisez* de couleurs.
237 9 après général, *effacez* & , *& mettez*,
255 22 il a su opposer, *lisez* il a su y opposer.
256 12 un peu trop uniformes, *effacez* un peu.

TOME SECOND.

4 11 quelques peu, *lisez* quelque peu.
32 1 épiloquent, *lisez* épiloguent.
71 20 feuillier, *lisez* feuiller.
85 10 propention, *lisez* propenfion.
107 9 après Michel-Ange, *lisez* après par Michel-
Ange.
158 20 les parties seules, *lisez* les seules parties.
168 22 & épaisseur de couleurs, *lisez* & d'une épaisseur
de couleurs.
251 11 & 12 en dessinant avec soin, *lisez* en dessinant pendant un mois avec soin.
292 2 & le désigner, *lisez* & la désigner.
314 18 des jours, c'est-à-dire, des ombres, *lisez* c'est-
à-dire, des jours & des ombres.
327 5 qui peut, *lisez* qui puisse.
328 8 leur impossible, *lisez* leur est impossible.
342, *ligne dernière*, un cadavre, *lisez* un beau cadavre.